21 世纪高等学校大学生安全教育教材

大学生安全教育读本

Security Education for College Students

主编 徐 峰 叶玉清 田 伟

东北大学出版社
·沈 阳·

ⓒ 徐　峰　叶玉清　田　伟　2010

图书在版编目（CIP）数据

大学生安全教育读本／徐峰，叶玉清，田伟主编. —沈阳：东北大学出版社，2010.5（2017.10重印）
ISBN 978-7-81102-805-8

Ⅰ. 大… Ⅱ. ①徐… ②叶… ③田… Ⅲ. 大学生—安全教育—高等学校—教材 Ⅳ. G645.5

中国版本图书馆 CIP 数据核字（2010）第 037614 号

出 版 者：	东北大学出版社
	地　址：沈阳市和平区文化路3号巷11号
	邮编：110004
	电话：024—83687331（市场部）　83680267（社务室）
	传真：024—83680180（市场部）　83680265（社务室）
	E-mail：neuph @ neupress.com
	http：// www.neupress.com
印 刷 者：	辽宁星海彩色印刷有限公司
发 行 者：	东北大学出版社
幅面尺寸：	170mm×235mm
字　　数：	288 千字
印　　张：	17.5
出版时间：	2010 年 5 月第 1 版
印刷时间：	2017 年 10 月第 4 次印刷

责任编辑：郭爱民　　　　　　　　　　　　责任校对：王艺霏
封面设计：唯　美　　　　　　　　　　　　责任出版：唐敏智

ISBN 978-7-81102-805-8　　　　　　　　　　　　定　价：42.00 元

《大学生安全教育读本》编委会

主　编　徐　峰　叶玉清　田　伟
副主编　王　业　陈晓蕾　丛　潜　刘云飞
编　委　（以姓氏笔画为序）
　　　　　王　帅　王　禹　刘　昂　刘晓东
　　　　　孙宝成　陈晓蕾　宝景春　张恩思
　　　　　姜铭奎　夏风云

前　言

　　大学生的安全历来为全社会所高度关注。这是因为，大学生是国家的宝贵财富，是中国特色社会主义事业的建设者和接班人。大学生的安全不仅关系到大学生自身的健康成长，对国家的建设和发展也有着很大的影响。随着我国高等教育的迅速发展，高校办学规模不断扩大，校园社会化现象日趋明显，各种社会思潮频现大学校园，危及大学生人身财产安全的案件时有发生。身处"象牙塔"中的大学生并非生活在"保险箱"中，他们在成长过程中面临许多危险和不安全因素，许多安全事件是由于大学生缺乏安全知识或个人安全防范意识不足造成的。在许多发达国家，新生在入学的第一天就要接受有关安全和生存方面的教育。学习和掌握一些安全知识，将会使大学生们终生受益。

　　如何让"80后"和"90后"大学生全面接受安全教育，系统掌握安全知识，牢固树立安全意识，已经引起我国教育工作者的高度重视。一些大学已经在大学生中开设了安全教育课、安全知识讲座，组织开展安全训练，并在保护学生安全、维护校园稳定、构建和谐校园、促进人才培养等方面起到了积极作用。加强对大学生安全防范教育和遵纪守法教育，使大学生自觉增强安全防范意识和遵纪守法意识，已成为目前大学生日常思想政治教育工作的重要环节。

本书以大学校园里发生过的各种不安全案例为主线，围绕大学生经常遇到的政治安全、饮食安全、宿舍安全、交通安全、人身安全、社交安全、网络安全、心理安全、求职安全、防灾避灾等方面的问题，按照"案例警示""案例评析""对策建议""安全训练"4个板块讲解大学生在学习生活中可能遇到的安全事故及其预防方法，向大学生传授如何自救和求救、面对突发事件时如何保护自己等技能，是一本以促进大学生强化安全意识、掌握安全知识和技能、培养自救自护能力为目标的安全教育读本。本书在编写过程中，力求体现以下特点。

人文性。以大学生的发展为本，从大学生的生活体验出发，尊重大学生身心发展的规律，用案例的形式展开指导，为他们的健康成长服务，帮助他们最大限度地预防安全事故的发生和减少安全事件造成的伤害，易于为大学生朋友所接受。

实用性。安全教育贯穿于生命发展的全过程，贯穿于大学生生活的全过程。本书立足于学生安全生活的需要，提供预防和应对安全事故最基本、最有效的知识、方法和技能，以使学生能够科学、及时、有效地解决在实际生活中遇到的各类安全问题，保障大学生健康成长。

实践性。从大学生的生活实际出发，通过对案例的分析和点评，以案喻理，启发大学生增强安全防范意识，丰富安全防范知识，并通过"对策建议"及"安全训练"提高学生的安全防范技能。

综合性。以大学生的日常生活为主线，从政治安全、饮食安全、宿舍安全、交通安全、人身安全、社交安全、网络安全、心理安全、求职安全、防灾避灾等10个方面对大学生学习、生活和社交中遇到的各类安全问题进行剖析，为保障大学生的安全提供较为全面的解决方案。

本书第一章由徐峰、夏风云编写，第二章由姜铭奎、王业编写，第三章由王帅、刘云飞编写，第四章由夏风云、徐峰编写，第五章由宝景春、丛潜编写，第六章由刘昂、田伟编写，第七章由张恩思、田伟编写，第八章由王业、刘晓东编写，第九章由陈晓蕾、叶玉清编写，第十章由孙宝成、叶玉清编写，第十一章由王禹、叶玉清编写。徐峰、叶玉清、王业、田伟参加了本书编写提纲的设计工作，装帧设计由杨薇薇完成。全书最后由徐峰、王业统稿。东北大学教务处刘常升等同志对本书的出版给予了有力的支持和帮助，在此一并表示由衷的感谢！

  本书可作为普通高等学校、高职高专、成人高校、继续教育学院和民办高校等学校开设的安全教育课的教材使用，也可作为安全教育的参考书。希望通过本书进一步加强大学生安全教育，增强大学生的安全意识，提高大学生的安全防范能力，引导大学生珍爱生命、遵章守纪、和谐发展，为大学生的健康成长发挥应有的作用，为我国全面建设小康社会贡献力量。由于编者水平所限，加之时间仓促，在本书编写过程中可能会存在疏漏甚至错误，恳请广大读者提出宝贵的意见，以便再版时加以改进，使之不断臻于完善。

  最后祝大学生们健康成长，学业有成！

本书编委会

2010 年 3 月于沈阳

目 录

第一章 绪 论 ··· 1
　第一节 大学生安全形势 ································· 2
　第二节 大学生安全教育的内容和要点 ····················· 3
　　一 大学生安全教育的主要内容 ······················· 3
　　二 安全教育要点 ··································· 6
　第三节 在大学生中开展安全教育的意义 ··················· 7

第二章 政治安全 ··· 9
　第一节 远离非法组织 ··································· 9
　　一 远离邪教组织 ·································· 10
　　二 远离非法传销 ·································· 20
　　三 远离恐怖组织 ·································· 27
　第二节 切勿违法犯罪 ·································· 33
　第三节 切勿传信谣言 ·································· 38

第三章 饮食安全 ·· 44
　第一节 食品卫生常识 ·································· 45
　第二节 饮食卫生习惯 ·································· 50
　第三节 食物中毒的救治 ································ 56

第四章 宿舍安全 ·· 67
　第一节 谨慎防盗 ······································ 67
　第二节 注意防火 ······································ 77
　第三节 设施安全 ······································ 89

第五章　交通安全 ………………………………………………… 100

第一节　交通事故的危害 …………………………………… 100
第二节　交通安全常识 ……………………………………… 101
　一　道路交通基本知识 …………………………………… 101
　二　道路交通安全常识 …………………………………… 104
第三节　重视出行安全 ……………………………………… 109
　一　校园内易发生的交通事故 …………………………… 109
　二　校园外常见的交通事故 ……………………………… 111
　三　出现交通事故的急救处理 …………………………… 115
第四节　良好出行习惯 ……………………………………… 119
　一　大学生不良出行习惯 ………………………………… 119
　二　大学生规范交通行为的途径 ………………………… 121

第六章　人身安全 ………………………………………………… 124

第一节　实验实习安全 ……………………………………… 124
　一　实习安全 ……………………………………………… 124
　二　实验安全 ……………………………………………… 129
第二节　预防传染疾病 ……………………………………… 131
第三节　远离校园暴力 ……………………………………… 134
第四节　避免意外伤害 ……………………………………… 138

第七章　社交安全 ………………………………………………… 147

第一节　慎重结交朋友 ……………………………………… 147
　一　朋友的标准 …………………………………………… 147
　二　朋友之交有尺度 ……………………………………… 150
　三　以礼待人，以心交心 ………………………………… 151
　四　网络交友应慎重 ……………………………………… 153
第二节　识破诈骗伎俩 ……………………………………… 154
　一　大学生上当受骗的原因 ……………………………… 155
　二　犯罪分子的诈骗手段 ………………………………… 157
　三　常见诈骗伎俩及防骗提醒 …………………………… 161
　四　女大学生受骗原因及对策 …………………………… 162

五　预防诈骗，维护个人安全…………………………………… 164
第八章　网络安全…………………………………………………………… 166
　第一节　正确利用网络………………………………………………… 166
　第二节　远离网络犯罪………………………………………………… 172
　第三节　谨防网络陷阱………………………………………………… 177
第九章　心理安全…………………………………………………………… 184
　第一节　关注心理健康………………………………………………… 184
　　一　大一新生的迷茫：角色转变与心理健康………………………… 185
　　二　大二学生的烦恼：人际关系与心理健康………………………… 190
　　三　大三学生的困惑：爱情与心理健康……………………………… 193
　　四　大四学生的选择：就业与心理健康……………………………… 196
　第二节　开展心理咨询………………………………………………… 200
　　一　焦虑症…………………………………………………………… 201
　　二　恐怖症…………………………………………………………… 205
　　三　抑郁症…………………………………………………………… 208
　　四　神经衰弱………………………………………………………… 212
第十章　求职安全…………………………………………………………… 215
　第一节　识别黑心中介………………………………………………… 215
　第二节　规避就业陷阱………………………………………………… 222
　　一　警惕网络骗局…………………………………………………… 223
　　二　识破合同陷阱…………………………………………………… 228
　　三　远离传销陷阱…………………………………………………… 232
　　四　认清高薪诱惑…………………………………………………… 235
　　五　"试用期"陷阱…………………………………………………… 239
第十一章　防灾避灾………………………………………………………… 242
　第一节　地　震………………………………………………………… 242
　第二节　雷　击………………………………………………………… 254
　第三节　洪　水………………………………………………………… 259
参考文献……………………………………………………………………… 267

第一章 绪论

2006年12月,时任教育部部长周济在2007年度教育工作会议上强调:"开展创建和谐校园活动,加强安全教育,增强师生员工的安全防范意识,建立安全机制,切实做好校园保卫工作,努力建设平安、健康、文明的校园,让学生放心,让家长放心,让社会放心。"伴随着我国高等教育的迅速发展,高校办学规模不断扩大,校园社会化现象日趋明显,一些治安案件,危及大学生身心健康与财产安全案件,诱发大学生违法犯罪案件等在高校中居高不下,造成了恶劣的社会影响,引起社会各界的高度关注。在这种形势下,大学生安全教育成为一项十分紧迫和重要的任务,安全教育不仅是学校素质教育的一个重要内容,也是大学生知识体系不可缺少的一个组成部分。抓好大学生安全教育,对于加强高等院校的日常管理,保持学校正常的教学、科研及生活秩序,保障学生人身和财物安全,促进学生健康心理的形成,维护社会稳定等都具有十分重要的现实意义和战略意义。

第一节　大学生安全形势

近年来，大学生安全问题屡屡出现，大学生面临的安全形势比较严峻，不容乐观。

随着高校招生规模的扩大以及市场经济发展所带来的负面影响，大学生面临的安全隐患日益增多，公共安全事故频繁发生，一幕幕惨剧令人震惊。2003年的"非典"，对大学生的正常学习和生活造成了很大影响；2004年，长春大学发生的食物中毒事件，导致近百名大学生被送往医院抢救；2008年，上海商学院学生宿舍发生火灾事故，造成4名女大学生死亡；2009年，一场蔓延全球的"甲流"也给我国高校正常的教学、科研秩序带来了很大影响。此外，盗窃、诈骗、抢劫、流氓滋扰、交通事故、网络犯罪、求职陷阱等治安案件和意外伤亡事故等也严重威胁着大学生的生命财产安全。

当前，我国高校在公共安全教育方面还存在很多薄弱环节：一是对大学生安全教育的认识落后于形势的发展，未能充分认识到安全是师生进行正常学习、工作的基本保障；二是不能正确处理安全教育与其他专业课的关系，现实生活中偏重于加强学生专业课的传授，忽视对学生安全防范的教育，认为安全教育可有可无，未将大学生的安全教育列入学校的教学日程中；三是高校的发展速度与配套的公共安全设施存在明显差距；四是校园应急救援队伍分散在各个部门，缺乏统一、协调的应急预案体系，校园应急救援力量被大大削弱。

此外，大学生自身安全防范意识淡漠，缺乏基本的识灾、防灾能力和自我保护意识，也是导致伤亡事故发生和扩大的重要原因，甚至可以说是当前高校公共安全领域最大的隐患。当代大学生多是独生子女，许多学生又是第一次离开父母单独生活，依赖性强，自我保护能力差，缺乏安全防范对策知识和保障安全的技能，加之大学生一直生活在学校这个相对封闭、单纯的社会环境中，意识不到周围存在的安全隐患，容易麻痹大意、放松警惕，因而出现了大学生上当受骗、人身受到侵害、产生心理障碍、发生意外身亡等现象。这些严峻的现实鞭策着高校应尽快将安全教育纳入到学校日常的教学环节中，以强化学生的安全意识为基础，以传授学生安全防范对策为重点，以现场模拟演练为突破口，辅以必要的安全技能训练，提高大学生识灾、防灾和救灾的能力。

大学生安全问题破坏了无数个家庭的完整和幸福，不仅直接对大学生本人造成身心伤害和财产损失，也严重影响了社会的和谐、稳定及健康发展。安全问题涉及各个领域，且极为细微，学生安全问题无小事。高校应切实抓好安全教育，以学生为本，营造出一个安全、和谐、健康的校园环境。

第二节　大学生安全教育的内容和要点

大学生安全教育，是指高等学校为了维护学校的正常秩序，维护大学生的人身、财产安全和身心健康，提高大学生的安全防范意识与自我保护技能，从学校实际情况出发，依照国家有关法律、法规，制定各种安全教育与管理的规章制度，并对大学生进行国家法律法规、学校安全规章和纪律、安全知识与防范技能的教育与管理活动。高等学校应将学生安全教育作为一项经常性的工作，纳入到学校工作的重要议事日程。

一　大学生安全教育的主要内容

安全教育是学校素质教育的重要组成部分，其内容极其广泛，包括法律法规、道德、安全防范知识、新形势及新情况等各方面的教育。针对大学生这一特殊群体，在总结以往校园案件的基础上，本书认为可从以下几方面有针对性地开展大学生安全教育工作。

（一）政治安全教育

政治安全关系到国家存亡、民族兴衰。没有政治安全，就没有和平稳定的社会主义现代化建设环境，更谈不上和谐、安全、健康的校园环境。因此，每个大学生都有维护政治安全的责任和义务。提高大学生的政治安全意识，应重点抓好"三项教育"：一是教育学生远离非法组织，包括各种非法传销、邪教、恐怖组织以及各种破坏民族团结、进行国家分裂活动的非法组织；二是进一步强化大学生法律意识，教育学生遵纪守法，严格自律，不参加非法活动，如非法游行示威、罢课、聚众闹事、违法上访，恶意诽谤他人等；三是教育大学生切忌传信谣言，并且要对诸如造谣生事、制造矛盾、蛊惑人心、煽动对立情绪、蓄意破坏安定团结良好局面的行为进行严肃处理，提高大学生的政治敏锐性，强化政治责任意识。

（二）饮食安全教育

学生饮食安全是学校保证大学生健康安全的重要一环，也是学校安全教育工作的重要方面。大学生对营养和膳食知识的匮乏，食物中毒事件的多次发生，时刻提醒高校要高度重视大学生的饮食安全教育，加强食品卫生常识的宣传和教育，培养学生良好的饮食卫生习惯，并保证学校饮用水、食堂饭菜、超市食品等的卫生与安全，为大学生健康成长提供最基础的保证。

（三）宿舍安全教育

高校学生宿舍是人员极为密集的居住和学习场所，也是被盗、被骗和火灾等事故的高危易发地带，这些事故的发生通常是由于大学生日常安全防范意识不强造成的。所以，在宿舍安全教育中，要重点进行防盗、防火教育。一是教育学生注意防盗，加强宣传教育，提高学生的安全防范意识，教育学生要自觉遵守学生宿舍安全管理规定，增强防盗意识。二是教育学生注意防火，加强安全用电、用火教育，预防电气火灾和明火火灾的发生；加强安全逃生教育，使大学生掌握必要的消防安全逃生知识，在遇到火灾时，能够保持冷静，选择最有效的逃生方式，保护自己及他人的生命安全。此外，高校要进一步开展宿舍设施安全教育，更新、维护和完善宿舍设施，努力营造良好的住宿环境。

（四）交通安全教育

如今在大中城市，道路密如织网，车辆川流不息，交通环境日益复杂，加之大学生交通安全意识普遍不强，交通事故经常发生，我国每年都有大学生因交通事故而丧失年轻的生命。如何开展交通安全教育，降低和减少大学生交通事故的发生，成为高校面临的一项重要任务。一是要加大交通安全常识的普及力度，使广大学生牢固树立起"安全第一、预防为主"的安全意识。二是教育学生注意出行安全，行车、走路集中精神，注意观察，避免交通事故发生。三是教育学生养成文明的出行习惯，自觉树立起红绿灯意识、停车线意识、斑马线意识、靠右行意识和路权意识，养成遵守交通法规的良好习惯。

(五) 人身安全教育

人身安全是指个人的生命、健康、行动等与人的身体直接相关的平安和健康，不受到威胁，不出事故，没有危险。根据大学生所处环境的特殊性和自身所具备的特点，高校发生人身伤害事故的类型主要有：一是实验实习造成的人身伤害，如火灾、爆炸、中毒、电磁辐射、细菌感染、触电和灼伤等；二是人为因素造成的人身伤害，如校园暴力和传染病等；三是意外事故造成的人身伤害，如运动损伤、溺水和烧伤等。因此，加强人身安全教育学习，提高自我保护和安全防范能力，已成为大学生自身安全的迫切需求。

(六) 社交安全教育

伴随着改革开放的浪潮，高校与社会的联系变得日益紧密，大学生社交活动的频度不断增加，广度和内容也不断拓宽和深化。这些变化必然带来大学生在社会交往活动中不安全因素的增多，即社交安全问题，如轻率地结交朋友以致上当受骗等。这就要求高校必须加强对大学生社交能力与素质的培养，自尊自爱，提高警惕，善于识骗避险。

(七) 网络安全教育

计算机网络在给大学生带来巨大便利和丰富信息资源的同时，也引发了许多安全问题。大学生涉及的网络安全问题主要有两种：一种是参与网上的违法犯罪活动，如染指色情网站、散布谣言等；另一种是遭遇网络陷阱，如网上购物或网上交友被骗，其人身、财产安全受到网络违法犯罪行为的侵害。为此，高校必须适应新形势发展的需要，加强网络安全教育，通过宣传网络法律知识和加强网络安全教育，使大学生学会辨别网络上的是与非，懂得如何在网络中保护自己，避免上当受骗、误入歧途。

(八) 心理安全教育

新形势和新时期下，大学生的安全需求不仅仅是物质的，更是精神的。良好的心理素质是保障学生安全的内在原因，健康的心理在很大程度上能杜绝心理性安全事故的发生。因此，学校要特别重视学生的心理安全教育，培养学生健康的心态。一是关注学生心理健康，引进心理健康教育内容，开展健全人格教育、环境适应教育、心理卫生知识教育、挫折应对教育以及心理疾病防治等教育，预防心理疾病，促进人格完善。二是开展心理咨询，运用心理学知识对咨询者的心理、行为、生活和工作等方面及时进行心理危机干预，帮助大学生化解心理压力，克服心理障碍，恢复心理平衡，维护身心健康。

（九）求职安全教育

随着大学毕业生就业形势的日益严峻，针对大学生就业的求职陷阱也越来越多，如虚假招聘、黑心中介收取高额手续费、不兑现承诺等。因此，高校要重视维护毕业生的合法权益，为毕业生就业撑起一把"保护伞"。求职安全教育主要包括以下两方面内容：一方面要组织大学生系统学习《中华人民共和国劳动法》《中华人民共和国合同法》，学习国家颁布的相关法律法规和当地政府的规章制度，使大学生知法、懂法、用法，在求职时学会用法律手段来捍卫自己的合法权益；另一方面要通过典型案例分析等方式教育大学生学会识别虚假招聘信息和黑心中介，通过正规就业渠道寻找工作，规避就业陷阱。

（十）防灾避灾教育

我国是自然灾害比较严重的国家，常见的自然灾害主要有地震、雷击和洪水等。自然灾害影响面大，涉及人数多，损失惨重，而且很难预防。2008年5月12日四川汶川发生了8.0级强烈地震，造成了极其巨大的人员伤亡和经济损失，大自然再一次向人类展示了其强大的破坏力。因此，在高校大学生中开展防灾避灾的安全教育，使其掌握自然灾害的急救防范知识是极其必要的。

二 安全教育要点

开展安全教育的目的是，使学生形成对自身周围安全问题的警惕和负责态度，培养学生抵御周围安全隐患的技能，选择正确的防御方法，在危险情境中自救和互救。安全教育是一项大的工程，其中安全意识是基础，生存自救技能是重点。

（一）培养学生树立良好的安全意识

中国有句古话叫做"居安思危，思则有备，有备无患"。安全教育最重要的是培养大学生的安全意识，无论是针对自然灾害还是针对人为的突发事件，进行安全防范和自我保护的教育，增强安全意识，始终是开展一切安全教育的首要任务和基础工作。安全意识包括以下几方面。

（1）对意外事故的规避意识。趋利避害是人的本能，但是意外和灾害的降临却难以掌控，所以在日常生活中要加强预防，与人为善，注意个人隐私安全，熟悉生活安全常识，对安全隐患保持警惕。

（2）灾难自救意识。灾难自救意识是指在日常生活中提高警觉，学会独立判断和避免一些灾难，而不是完全依赖外界的救援。遇到突发灾害和安全事故，要保持强烈的求生欲望，处变不惊，保持清醒和理智，正确判断，果断采取措施，克服困难，摆脱困境。

（3）生命第一的意识。生命对每个人来说只有一次，充分认识人的生命与健康的价值，强化"善待生命，珍惜健康"的理念，是每一个大学生应该树立的情感观。

（二）教育学生掌握一定的生存自救技能

不少大学生在遇到安全问题时，因处置不当、激化矛盾而加重危害的现象屡有发生，问题的出现往往是因为缺少生存自救技能。因此，掌握一定的生存自救技能，对于应对突发事件，保护自己的生命财产安全有着重要的作用。

生存自救技能以训练学生掌握必要的防灾避难知识和求生技能为主要任务，比如灭火器的使用、漂浮游泳、遇到地震如何逃生、如何防雷击、女大学生防身术的训练、包扎和止血等。本书依据不同的安全教育类型，详细地介绍了在不同情景下如何进行相应的生存自救，从而帮助大学生掌握更多的自救知识和技能，一旦身处险境，能果断采取行动、化险为夷。

第三节 在大学生中开展安全教育的意义

大学生安全教育是社会不断向前发展对教育领域提出的新课题，在国家高度重视人民生命安全，大学生安全形势又日趋复杂的今天，开展大学生安全教育有着十分重要的现实意义。

（1）适应高校治安形势，合理维护大学校园安全。当前，我国高校周边治安环境复杂，校园治安形势严峻。加强大学生安全教育，提高他们的安全防范能力，可以有效地减少和避免发生在大学生中的各种安全问题，从而起到维护高校安全和稳定的积极作用。

（2）完善高等教育体系，弥补以往安全教育的不足。高校大学生由于涉世未深，对社会的阴暗面缺乏全面和深刻的认识，加之高校安全教育开展不足，大学生安全意识淡薄，安全防范技能欠佳。加强高校安全教育，有利于进一步完善高等教育体系，弥补以往高等教育中对安全知识和安全意识教育的不足，提高大学生的生存自救技能和面对突发事件的应急处理能力，为实现经济社会持续、健康、稳定的发展提供有力保障。

（3）培养大学生综合能力，提高大学生综合素质。随着我国改革的不断深入，人才的竞争越来越激烈，抗压受挫和处理危机的能力成为考验现代人才素质的一个重要指标。加强在校大学生的安全教育，能够增强学生的生存本领，提高心理抗压能力，练就知觉敏锐、反应灵敏、情绪积极、意志顽强的心理素质，从而为迅速适应现实社会打下良好基础。

（4）满足和谐社会发展需要，保护国家人才资源。马斯洛需求层次理论告诉我们，人类最基本的需求是维持人类自身生存和延续的生理需求、安全需求。大学生是国家优质人才资源，他们渴望一个安全、和谐、宁静的学习和生活环境，以消除恐惧和不安。因此，加强高校安全教育，对于保证大学生的正常学习生活和健康成长，为国家输送人才资源，建立和谐社会，具有重要意义。

大学生安全教育是高校改革和教育过程中的一项重要任务，也是一项长期性的系统工程，是维护大学生安全的一项基础教育，是学生素质教育的一部分，是人才保障的根本教育，需要社会、学校和家庭的紧密配合。我们要以"三个代表"重要思想和科学发展观为指导，进一步明确安全教育的教学目标、内容和方式，积极促进大学生安全教育。要使大学生通过安全教育，树立积极正确的安全观，把安全问题与个人发展和国家需要、社会发展相结合；在知识上掌握与安全问题相关的法律法规和校纪校规，了解安全信息、相关的安全问题分类知识以及安全保障的基本知识；在技能上掌握安全防范技能与安全管理技能，掌握自我保护技能、沟通技能、解决问题技能等，成为国家需要的具有良好安全意识和能力的高素质合格人才。

第二章
政治安全

所谓政治安全，是指在校大学生应树立正确的思想意识、政治观念及道德规范，形成健康向上的价值观。本章指导大学生如何提高警惕，抵御境内外敌对势力、非法组织的渗透，防止因政治思想错误或政治行为过失而导致政治伤害。

第一节 远离非法组织

当前，我国面临的环境和形势复杂多变，安全形势不容乐观。进入新世纪，境外敌对势力"西化""分化"中国的图谋丝毫没有放弃，恐怖主义、邪教组织、"藏独""疆独"等民族分裂分子对我国实施的恐怖、破坏活动频繁加剧。高校也越来越成为这些敌对势力的觊觎之地。

当前社会上存在的非法组织主要包括邪教组织、非法传销组织和恐怖组织，他们利用大学生们思想尚不够成熟、好奇心强等特点，采取麻痹思想、物质利诱、出国担保等手段，对大学生进行渗透和拉拢，这必将对大学生的成长成才产生不利影响，甚至危及国家安全。大学生是祖国的未来、民族的希望，因此，要使自己成为有理想、有道德、有文化、有纪律的社会主义建设者和接班人,就必须远离社会上的非法组织。

一 远离邪教组织

【案例一】

"法轮功"痴迷者自焚 12岁小姑娘殒命

2001年1月23日(除夕),正当人们准备喜迎蛇年春节的时候,7名来自河南省开封市的"法轮功"痴迷者却在李洪志的妖言蛊惑下,在北京天安门广场点火自焚:2人被及时发现并被制止;1人当场被烧死;4人严重灼伤,面目全非。

12岁的小姑娘刘思影全身烧伤面积达40%,头部、面部四度烧伤,双眼睑外翻,呼吸困难,颜面和双手基本毁损。3月17日下午,她的病情突然加重,经北京积水潭医院全力抢救无效,于当晚19时45分死亡。她的母亲刘春玲也在这次自焚事件中死亡。

小思影本是一个天资聪颖、健康向上的孩子。可是,罪恶的"法轮功"却毒害了她,摧残了她,毁灭了她。这次自焚,是她走火入魔的妈妈带她来的,而她自己也受到练功者散布的升入"天国"的蛊惑,幻想到"法轮世界"当"法王"。

(资料来源:人民网 2001-01-30)

【案例二】

练功治病 孰料练死

何炎坤,男,1951年1月生,中山人,初中文化,中山市某厂技术工人,因练"法轮功"致死。

何炎坤之妻郭科娣自1998年6月开始在西街小公园学练"法轮功"。经过1个多月的"修炼",郭变得思想古怪,行动诡秘,并经常对人说自己肚子里已经有个"法轮",坐在床上练功,身体会自动浮起来。当时何炎坤有轻微高血压,郭科娣便动员何说:"不用去看医生,也不用吃药,跟我练'法轮功'就行了，李洪志大师会保护你。"她还经常鼓吹练"法轮功"可以保家人平安，有难"法轮"会为他们挡。何炎坤对其妻之言深信不疑。1998年7月开始，何跟着郭一起练"法轮功"，每天早晚练两次。练了1个多月，何也变得沉默寡言。

在单位，何炎坤听不进厂领导的劝告，直到临死前的一个星期，何请假在家，整天修炼"法轮功"。厂领导到他家看望他时，劝他有病到医院治，他却说："只要练'法轮功'就会没事的，拉血尿是因练功把头脑里的淤血排出来的缘故。"厂领导试图做其妻郭科娣的思想工作，劝何去求医，但遭到郭的讥笑。何炎坤的弟弟何润坤听说哥哥已病得很严重，上门去劝哥哥到医院医治，不料郭科娣却拦着大门不让他进，说："何炎坤正在练功，有李洪志保护他，过了这一关就没事了。"

郭科娣之弟郭冼坤见姐夫因血压高而喘得厉害，硬是把姐夫送到医院，但拿回家的药何炎坤就是不吃。1998年9月21日晚，何炎坤在练过"法轮功"后病情恶化，当场昏倒在地。郭这时才慌忙叫人把何送去医院，但为时已晚。何因一时愚昧，迷信了李洪志"法轮功"的歪理邪说，贻误了治病良机，撇下两个未成年的女儿，踏上不归路。何炎坤死后，何妻才醒悟过来，说："是李洪志的'法轮功'把我丈夫害死的，早知道就不练了！"

（资料来源：《南方都市报》2001-02-04）

 **案例评析**

以上两个案例只是"法轮功"邪教组织所致众多悲剧中的普通例子。无论是12岁的小姑娘刘思影在天安门广场的自焚事件，还是中山市"法轮功"痴迷者何炎坤的死亡案例，都用血淋淋的事实向我们揭示了邪教"法轮功"的卑劣行径。李洪志及其"法轮功"为了达到其不可告人的目的，妖言惑众，蛊惑人心，对其痴迷者实行精神控制。这些无知的痴迷者被其迷惑，丧失了基本的判断能力，甚至为其献出了自己的生命。邪教组织严重妨害社会管理秩序，危害他人身心。我们通过探讨邪教组织的特点和危害，来帮助同学们加强防范。

（一）邪教组织的特点

邪教是指冒用宗教的名义，歪曲宗教教义，掺杂大量迷信，具有社危害的非法组织。邪教是一种邪恶势力,根本不是什么宗教。根据调查,邪教一般具有以下特点。

1. 反正统性

神化的教主崇拜。传统宗教的崇拜对象是超人间的神,如基督教的上帝、佛教的佛、道教的太上老君等。它们的教职人员只是神的仆人,并不是神本身或神的化身,不让信众将他们作为神来崇拜。邪教的教主均自封为"神""主""活基督",称王称帝。他们集神权和教权于一身,扮演着世界创造者、主宰者和救世主的角色,宣扬自己所谓的种种特异能力,迷惑信徒,并企图"改朝换代",有明显的政治野心和政治色彩。

2. 反现世性

制造邪说,蛊惑人心。传统宗教教义除强调追求天国幸福之外,还关注人们的现世生活,给人们以安慰、劝勉和鼓励,如基督教教人博爱、忍耐、宽容,佛教教人慈悲、宽大,伊斯兰教主张两世吉庆等。在某种程度上,传统宗教可以发挥稳定社会、扶助人生的作用。邪教则偏执一端,狂热地刻意渲染灾劫的恐怖性和紧迫性,扬言世界末日将至、天国将临、唯入其教方可获救等异端邪说,制造恐怖不安气氛,扰乱社会秩序。由此往往导致两类极端行动的发生:一是煽动信徒在所谓的"世界末日"来临之际集体"升天"自杀、"寻主";二是为建立地上"天国"而暴力攻击现实社会,达到其"改朝换代"的罪恶目的。

3. 反社会性

非法、非人道的教内生活。传统宗教力求与社会相适应,积极倡导服务社会,造福人群,如佛教的"庄严国土,利乐有情",基督教的"荣神益人",道教的"慈爱和同,济世度人",伊斯兰教的"善行"。传统宗教教内制度并不危及宪法、法律赋予信徒的基本权利,宗教教职人员对信徒不是施以暴力相胁迫,而是采取劝诫的方法。邪教立言行事违背公认的社会伦理道德准则和法律准则,使用欺骗和恐怖的手段,对教徒的精神生活和世俗生活进行控制,对他们的合法权利进行强力剥夺,对他们的身心进行残酷摧残。邪教表现为诈骗钱财,盘剥群众,破坏家庭;蹂躏女性,摧残生命;装神弄鬼,致人伤残或死亡;建立封建家长式制度,实行专制统治;秘密结社,从事违法犯罪活动。

4. 反政府性

企图推翻人民政府的领导。传统宗教并不以颠覆现政权、建立神权政治为目标，而是寻求与政权相协调，在社会生活中发挥民间团体的辅助作用，走爱国爱教的道路。邪教的种种反社会行为与法律相抵触。教主权势欲极其膨胀，发展为敌视现政权甚至谋求取而代之的政治意图，企图推翻政府。邪教的这一倾向表现在组织形式上，是政教合一型结构的出现：或模仿内阁制，或模仿封建帝制。

（二）邪教组织的危害

1. 精神控制，残害大众生命

邪教利用欺骗恐吓的手段不仅控制教徒的世俗生活，还对他们的精神进行全面控制，对他们的合法权利进行强力剥夺，对他们的身心进行残酷摧残。

世界各国的邪教几乎都对其信徒进行精神控制。"奥姆真理教"强迫信徒在封闭的真理教村庄进行集体修行，不准信徒与外界联系，让信徒们不停地观看该教自制的有关地狱清净的录像带，促使他们进入虚幻的鬼神世界，以鬼神的威力对他们进行慑服；"人民圣殿教" 914 名教徒在教主煽动下，自愿服毒在圭亚那热带丛林中集体自杀；"大卫教派"的教徒与武装警察对峙 51 天后，有 86 人放火自焚于骆驼山庄。李洪志及其"法轮功"邪教，对"法轮功"练习者实施精神控制的过程是步步紧逼、三步到位：一是引诱，李洪志以祛病、健身为诱饵，以"真、善、忍"为幌子，鼓吹修炼"法轮功"不仅能祛病、健身、修行，而且惠及亲友；二是"洗脑"，李洪志要求练功者不仅练功，还要"学法"，反复背诵，反复抄写，必须与其他学说一刀两断，必须把其他念头统统了结；三是恐吓，李洪志鼓吹自己"法身"无数、"法身"无处不在，可以监控每个人的思想言行，以使"法轮功"练习者对其产生顺者昌、逆者亡的敬畏和恐惧，进而绝对服从其役使。

"法轮功"靠精神控制，在短短几年时间内，致使 1600 余人命丧黄泉。因练习"法轮功"而致病、致残、致疯者更是不计其数。

2. 巧立名目，敛取不义之财

千方百计榨取信徒的钱财，是一切邪教的共同特点。美国"人民圣殿教"的教主吉姆·琼斯要求信徒将收入的 25% 上交，琼斯个人存款竟高达 1500 万美元。日本"奥姆真理教"的教主麻原彰晃更是一个骗钱敛财的吸血鬼和暴发户。为了聚敛钱财，麻原彰晃设立各种仪式及"灵性"物品，参加"血仪式"需要"布施" 100 万日元，仅卖"头法轮"就赚了20多亿日元。

最初，李洪志家里的桌子上放着一个"功德箱"。后来，开班"传功"，一张"听课证"就卖50多元。通过组织销售非法出版物获取暴利，是"法轮功"敛财的主要手段之一。从1992年开始至1999年底，已查明的以"法轮大法研究会"名义向全国"法轮功"组织发行书籍1057万册、音像制品500万盘（盒）、图片129万张（幅），总销售额达1.61亿元，非法获利4100万元。

3. 散布歪理邪说，从事非法活动

邪教组织的头目为了自己的利益，不断散布各种歪理邪说，蛊惑人心，破坏生产生活秩序，极大地玷污了科学文明。一些邪教组织散布谬论，胡说什么"世界末日很快来到，届时将有三分之一的人'死于非命'"，叫人们赶快认罪、悔改、信主，"信教的上天堂，不信的下地狱"。还有的宣称整个人类要毁灭，只有加入他们的组织才能躲过灾难而得救，以此来恐吓群众，发展其组织。

同时，众多邪教组织从事杀人、放火、强奸、蛊惑信徒自杀自焚、制造恐怖事件等各种违法犯罪活动，甚至危害国家政权。有的邪教组织以"过经""转灵气""与神同工"等邪说为手段，拐卖、骗奸、强奸妇女。有的要信徒奉献出个人的一切，包括肉体。

"法轮功"邪教组织不仅在互联网上建立了专门宣传"法轮功"的反动网站，利用高科技手段进行反动宣传，对政府进行造谣污蔑，还公然与民族分裂势力勾结，共同实施了一系列分裂祖国的活动。尤其是充当反华走卒，采用各种卑劣手段，频频向西方反华势力献媚，更是为国人所不齿。

对策建议

自20世纪80年代以来，邪教活动在我国发展蔓延很快，参与人数多，严重影响了社会稳定，特别是危害农村地区群众的生产生活秩序和经济发展，成为侵蚀瓦解基层政权、与我争夺群众的一股邪恶势力。根据中央有关文件精神和《刑法》的规定，对邪教的活动要进行严厉查禁、取缔和打击。

（一）认识邪教组织

邪教组织，是指那些以宗教为名，行邪道说教、妖言惑众之实，妨害社会管理秩序，危害社会稳定和他人身心健康的组织。

邪教是人类的一大公害，也是当今世界各国政府面临的严重社会问题之一。邪教的名称林林总总、光怪陆离，尽管门类不同、年代迥异，但其反科学、反人类、反社会、反政府的本性却如出一辙。邪教具有极强的欺骗性、破坏性和顽固性。他们不仅编造和散布歪理邪说，制造思想混乱，而且构筑"秘密王国"，制造恐怖事件，危害群众生命和财产安全。不仅盘剥信徒的钱财，非法牟取暴利，扰乱国家经济秩序，而且勾结甚至投靠敌对政治势力，伺机乱政夺权。大量的事实充分证明，邪教严重威胁国家安全。它们的活动危害人们的生命，更破坏和阻碍社会的发展。

（二）邪教与宗教的区别

从世界上各种邪教的特征和危害上看，邪教绝不是宗教。邪教与宗教的区别表现在以下几方面。

1. 从信仰观念上看

传统宗教中，人与神是有区别的，再有权威、再德高望重的神职人员（僧侣、主教、牧师、道士等）也不得自称为神。传统宗教的最高信仰和追求并不是人力的神化与夸大，而是人类对超越客观认识存在规律的整体把握。中国的五大宗教中，佛教中的佛，道教中的道，基督教、天主教中的上帝，伊斯兰教中的真主安拉，基本上都是这种同义的不同称号。而邪教教主则都自封为"神""主""活基督"，甚至称王称帝。他们集神权和教权于一身，扮演着世界的"创造者"、"主宰者"兼"救世主"的角色，要求信徒对教主百依百顺、绝对信仰。

2. 从宗教学的角度来看

传统宗教有自己的经典、哲学理论基础、教理教义思想及神学体系，都有自己成套的世界观、社会观、人生观和价值观，且随着社会的发展进步不断地适应时代。而邪教所谓的教义，都是对传统宗教、气功等剽窃篡改后肆意歪曲，并糅合一些危言耸听的妄语拼凑而成的"大杂烩"。

3. 从活动方式来看

宗教的传教活动是在固定场所公开宣讲的，比如僧侣在寺庙中公开的讲经，主教、神父在教堂公开布道，这是人们能够经常看到的。而邪教大多采取秘密结社的方式,进行秘密活动,往往表现得非常神秘,隐藏起来,说明有不可告人之处。

4. 从道德法律行为上看

宗教不反社会,不反人类,而邪教则反社会、反人类。传统宗教力求与社会相适应,遵纪守法,并以积极的态度、超凡脱俗的精神为社会服务。在我国,宗教界拥护中国共产党的领导,拥护社会主义制度,倡导信徒融于社会,积极与社会主义社会相适应,服务社会,奉献社会,慈俭济人,造福大家,维护社会和谐。邪教则完全相反,虽然它盗用了宗教的一些用语,但它的本质是反社会的,蛊惑煽动成员仇视社会,发泄对现实的不满,反对政府,危害社会,甚至带有政治野心,鼓吹、煽动推翻中国共产党的领导和社会主义制度;公然违背社会伦理道德准则和法律规范,使用欺骗和恐吓等手段操纵信徒的精神和世俗生活;实行专制统治、私欲膨胀、诈骗钱财、盘剥信徒、破坏家庭、摧残生命,从事违法犯罪活动,危害社会,破坏正常的生产生活秩序,危害群众身心健康和生命财产安全;传播邪教,鼓吹"世界末日论"和"一切靠神的恩赐"等歪理邪说,致使一些群众受骗上当,整天忙于信"教"传"教",荒废学业和工作而沉湎于迷途之中;邪教还利用未成年人识别判断能力较低的弱点,极力在未成年人中发展成员,侵蚀和毒害未成年人,给他们的身心健康和成长造成难以挽回的损害。

(三)世界范围内的邪教组织

据不完全统计,全世界有邪教组织3300多个,数千万人不同程度地卷入其中。美国邪教组织的数量最多且影响最大,美国《新闻周刊》的报道认为,仅在美国就有数千个狂热宗派和邪教组织。在西欧和南欧,有1300多个危险宗派和邪教组织,其中英国就有600多个。法国反邪教报告称,法国有邪教团体170多个,其中40余个具有危险性。西班牙有200多个"具有破坏性"的邪教组织。有人估计,东南亚有上百人自称佛祖转世,非洲也有数百个自称"教主"者。

1. 美国

(1)和平教团运动。它成立于1922年,创立人是黑人迪瓦因。成立10年后,该教派发展到数万人,成为当时影响最大的黑人教派团体,并宣称在加拿大、英国、澳大利亚、瑞典、奥地利和德国等国家拥有上百万信徒。20世纪40年代,他们在美国有60多个分会,其中在纽约州就有

30多个。

（2）造物者世界教会。它成立于1973年，创立人为柯立森。柯立森原为佛罗里达州议员，他的教会成立后吸引了不少新纳粹分子和仇视亚裔移民分子。该组织在全世界共有44个分支机构。

（3）人民圣殿教。它成立于1955年，创立人是新教牧师琼斯，总部原在旧金山。1978年11月，该教信徒在教主琼斯的胁迫下，在南美圭亚那琼斯镇集体自杀，造成了914人丧生的震惊世界的惨案。

2. 加拿大

耶稣基督原教旨主义最后审判圣徒会，是一个跨国邪教组织，在加拿大不列颠哥伦比亚省南部利斯特镇以及美国犹他州和亚利桑那州拥有信徒3万名。该教派声称"世界末日临近"，"只有结成天体伉俪的人才能幸免于难"。邪教头目以此邪说欺骗教徒，让年龄在13～16岁的美国幼女和少女嫁给他们，一名头目可"娶妻"多达几十人。

在加拿大的利斯特镇，全镇居民不过千人。镇内44岁的该教会主教兼大商人温斯顿一人竟"娶妻"30名，生子多达80人。1999年，这名主教又"娶"了数名年龄在16岁左右的美国"妻子"。他还任该镇一所学校的学监，并要求全校184名学生"严格保守神圣的秘密"。

3. 墨西哥

撒旦崇拜教。该教曾有信徒上万人，在教庆仪式上将动物和人杀死，以祭拜其偶像——魔鬼撒旦。撒旦崇拜教广泛流行在墨西哥、澳大利亚等地。1989年4月，墨西哥有13人在"撒旦崇拜"的仪式中被当做活祭杀害。其中除1人遭枪击、1人被滚水煮死外，其余11人均被活活虐待而死。

2000年8月11日，特拉斯卡拉州媒体报道，巫师特奥多罗·马丁内斯在该州特特拉市的一间小屋内举行宗教仪式，替8人"驱邪"。其中7人参加巫术仪式是为了"纯洁灵魂"，还有一名15岁少年是因为"中邪"而接受治疗。马丁内斯和8人进入一间密封的房屋，然后在祭坛前点燃了木炭。4小时后，包括马丁内斯在内的7人因为一氧化碳中毒而死亡，另2人中毒后被送往医院治疗。

4. 秘鲁

基亚班巴圣灵降临组织，该教的教主是胡安斯佩等几个牧师。2000年3月，秘鲁警方在库斯科省热带雨林中救出了86名因为绝食40天而濒临死亡的邪教信徒。他们把绝食行动看做等待世界末日的一种仪式。该邪教头目在被警方捉捕前要求信徒们卖掉所有财产,并将钱交给他们,作为给神的贡品。

5. 英国

1999年7月3日,星期六,英国为了揭露邪教"世界末日"的欺骗性,在国家电视台第四频道播出了一个长达7小时的特别节目"诺查·丹玛斯之夜"。节目制片人耶尔专门找来6个世界知名的邪教人物,和他们一起等待丹玛斯预言的世界末日,并由他们解释自己的信仰。这6人中有2人的形象是生前录像,因为美国"大卫教派"的教主考雷什和"天堂之门"的教主阿普尔怀特已死亡。节目播出之后,所谓的"世纪预言"和邪教教主的言论受到极大嘲讽。

6. 德国

德国将800个新兴教派划定为"异端"。少年撒旦教曾有信徒上万人,该教在教庆仪式上将动物和人杀死,以祭拜其偶像——魔鬼撒旦。1993年,17岁的少年撒旦教信徒汉德列克与同伙将自己15岁的同学桑德罗骗到森林里电死作为祭品。

少年撒旦教与撒旦崇拜教还广泛流行在墨西哥、澳大利亚等地。

7. 法国

根据法国国民议会邪教调查委员会发表的统计报告,有173个新兴教派被划定为"异端",成员在10万人以上,大部分是不满30岁的青年,其中很多人有刑事犯罪前科。

太阳圣殿教成立于瑞士。1994年10月4日,该教派53个教徒在加拿大魁北克和瑞士自杀。事后,教主朱雷将总部迁到法国。1995年12月,太阳圣殿教的信徒在法国伊泽尔省韦科尔高原上再次制造集体自杀事件,造成包括3名儿童在内的16人死亡。

8. 瑞士

太阳圣殿教原名"复兴圣殿会",成立于1977年,创立人是原德国纳粹盖世太保军官奥里加斯,总部设在日内瓦。1983年,在扎伊尔出生的路科·朱雷与法裔加拿大人德芒布罗一起成立了太阳圣殿教。他们先后在瑞士、法国、加拿大和澳大利亚等地吸收了数百个信徒。

他们在澳大利亚等地购买军火,转卖给第三世界国家牟取暴利,然后在瑞士银行洗钱。为了扩大组织,有一对瑞士夫妇变卖农场给朱雷捐献了

15万英镑，朱雷用10万英镑在加拿大莫林高地购买了一套住房，一些信徒也跟随他前往。根据调查，他在瑞士和加拿大的银行有大量存款，其中仅从教徒身上搜刮的钱财就多达1亿美元，并用这些钱从事军火走私活动。1994年10月4日，该教派53个教徒在加拿大魁北克和瑞士自杀。事后，警方在日内瓦邮局发现了教主朱雷寄往澳大利亚的邮包，瑞士一些内阁部长和报界也收到了自杀教徒生前寄出的信件。信件内容大意是，鉴于地球即将毁灭，为躲避世界末日，他们决定离开这个地球。

9. 希腊

黑魔教组织经常举行集会，男女均穿黑袍戴面罩，一男一女排列起来向右转圈，然后由每个女人与她前面的男人做爱。他们崇尚群交，认为这样女人容易怀孕，可以加强魔鬼的力量。该教发展的教徒主要是青少年。他们一旦入教，就很难解脱。凡是入教后再想摆脱组织控制的教徒，往往会被杀害。

10. 俄罗斯

前苏联解体后，各种邪教势力乘虚而入。如日本的"奥姆真理教"就首先在俄罗斯设立了分部，全俄加入各种邪教组织者达数万人。

圣约书教会（又名"最后的圣约书神庙"）创立于20世纪90年代初。教主是谢尔盖·多洛普。他曾经是一名警察小队长，因为信奉神秘、不务正业而被警察局开除。他长着络腮胡子，一头黑发，与耶稣有几分相似，因此他索性宣称自己就是耶稣，在西伯利亚建立了自己的根据地——太阳城。圣约书教会有数千个信徒，据称是俄罗斯本地最大的邪教团体。

 **安全训练**

为了国家和社会的安定，为了同学们的成长成才，大学生应树立正确的世界观，理性认识宗教，分清宗教和邪教的区别，认识到邪教的本质及其危害。我们的城市发展和社会进步，需要良好的、稳定的社会秩序，以科学发展观为统领，构建和谐社会、实现中华民族的伟大复兴，是当前和今后相当长一段时期我们国家的主要和中心的任务，因此，胡锦涛总书记提出的以"八荣八耻"为主要内容的社会主义荣辱观教育，也是围绕此中心任务，以期着力提高中华民族的道德素养和文明素质。其中，我们坚定不移地反对邪教，坚持弘扬正气，为广大人民构筑坚实的心灵安全保

障,避免受到邪教的侵蚀和危害。

远离邪教组织,自觉抵制"法轮功"是每一个人的责任。对于同学们来说,只有不断学习科学文化知识,树立正确的世界观、人生观和价值观,才能在思想心灵深处筑起抵御各种异端邪说的坚不可摧的万里长城。

二 远离非法传销

【案例一】

大学生被骗到广东搞传销 拒绝后遭毒打割手指

某日凌晨,被一名同学骗到广东佛山的某高校刚毕业的刘某,因拒绝加入传销组织而遭到惨无人道的毒打,被残忍地割烂右手3指,后又被扔到广州市芳村区,幸被"120"及时送到医院。

遭毒打后被扔至马路边

记者昨日中午在芳村区某医院见到了被打得面目全非的刘某。他浑身黑肿,由于头部已严重受伤,眼睛也不能睁开,身上有多处血迹,左手血肉模糊,右手3指被刀割,每个手指都缝了3针,伤势严重。

记者了解到,刘某今年24岁,系西北某高校刚刚毕业的学生。几天前,他接到一黄姓同学的电话,邀其到佛山去。待抵达后,刘某发现同学被挟于非法传销者手中,而他也是被骗来的。在佛山人民礼堂附近窝点的非法传销者要挟刘某加入一项3000元瑞士手表的传销活动当中,被刘拒绝后遂对其毒打。刘某被歹徒驾车扔至30多公里外的广州市芳村区一医院附近的马路边,他随身携带的身份证、毕业证、学位证和银行卡等均被抢走。

被刀割手指依然不陷泥潭

"这个传销团伙开始威胁我,既然来了就要做,不做就要承担下场。"

面对记者，受伤的刘某表示自己虽然被打，但是一点都不后悔，因为他没有因此妥协而陷入传销的泥潭。

"我去了以后马上就明白他们是搞传销的了。"刘某艰难地告诉记者，在这里搞传销的人，他们五六个人围着他拼命地演说，甚至又唱又跳，劝说他加入传销，但他坚决表示不参与传销。见他比较固执，传销团伙失去了耐心。当他要走的时候，对方突然下了毒手。为了逼他就范，还用刀一点点割他的3个右手指。

"他们狠命踢打我的眼睛，是怕我报警找到他们的窝点。"刘某说，他们这里的头头叫江某，是个女的。记者在医生那里了解到，刘某的双眼受伤尤其严重，眼睛内充血，视力下降；左眼最危险，有可能视力受损。

希望公安救出受骗同学

骗他的是一名同学，救他的也是一名同学。幸好刘某记得在广州工作的同学王某的电话，通过医生与他取得了联系。王当即赶到医院照顾刘某，并为其垫付了医药费。据刘某讲，黄姓同学打电话让他去佛山做药品销售工作，说月薪可达2000多元，比他现在每月800多元的工作要高很多。结果没想到落入圈套，他被打后黄姓同学不见了踪影。

"我不恨骗我的同学，我知道他身陷其中身不由己。"尽管刘某身心受到重创，但他仍然为同学担心，希望公安机关能够把他的同学救出来。

（资料来源：《信息时报》2004-09-19）

【案例二】
高二女生陷入非法传销窝点　大学生成团伙骨干

被骗陷入非法传销窝点的高二女生得解救后，一步三回头，泪流满面地与民警挥手告别时说："我把这次经历当成是人生道路的一堂大课。"

义乌被骗，被带到东阳搞传销

2009年8月5日傍晚，义乌火车站。一辆警车在入站口停下，从车上下来一名神情疲惫的年轻女子。同时，还有一名年长的民警下车，递给年轻女子一张回湖南老家的火车票及200元钱。

王某，湖南省涟源县人，某校高二女学生。暑假里她认识了一个自称"姓李的"网友，再三邀请她到义乌玩。她就独自坐火车到义乌。"姓李的"在火车站接上王某后，没有带她在义乌玩，而是直接将她带到东阳。到东阳时已是7月26日深夜了。

在去东阳的出租车上，"姓李的"说手机没电了，借王某的手机打个电话。他打了电话后就没再将手机还给她。"姓李的"将她带到东阳市区关山路某号三楼，并将她交给他人"照顾"，此后就再也没有露面。

进入房间后，王某就失去了自由。她进去时，套间内共有三个房间，一间住着5个男人，一间住着7个女人。第二天上午，她才知道另一间是用来给他们上课的教室。

上课内容是所谓的"网络营销"，自称"帮大家打开致富之门"。更有人"开导"王某等学生"要先学会实践，再学习知识"。

直到8月5日中午11时许，民警开门进来，她才重见阳光。

警方连续冲击三个传销窝点

2009年7月底，东阳市公安局白云派出所在日常工作中发现，辖区又有非法传销窝点出现。所长陈焕进抽调精干警力，秘密展开侦查。至8月4日晚，已基本摸清三个传销窝点情况，待机采取行动。

8月5日，在经侦、工商的配合下，派出所分三组对人民路×号、中山路×号、关山路×号的三处传销窝点进行冲击。出发前，先请锁匠帮助开门。结果在东阳市人民路×号等三处传销窝点共查获涉嫌传销的人员30名。

民警进入关山路×号窝点时，一名女子当场跪在民警跟前，哭求："救救我。"民警赶紧将她扶起。

当天下午，派出所民警顺藤摸瓜，又将在两家宾馆挥霍的传销团伙"领导"徐某（30岁，山东人）、何某（21岁，湖南人）、鲁某（29岁，湖南人）抓获。

大学生成传销团伙骨干

徐某、何某、鲁某3人于8月6日下午，分别因涉嫌非法拘禁罪、组织领导传销罪被东阳市公安局刑事拘留。

徐某、鲁某、何某3人都是大学生，能说会道，极能笼络人心。被骗来的受害人每天过着非人的日子，可他们这些"领导"吃住在宾馆。

何某2009年6月毕业于北京某高校，没有去找正当工作，先是在江苏省镇江搞传销，8月初到东阳继续干非法传销勾当。

被骗陷入困境的众人中，张某就是跪在民警跟前的那名女子。张某34岁，她是被朋友以到东阳一家眼镜厂当主管为由骗过来的。来之前，她就知道传销的可恶，因她有一表哥曾被骗入传销窝点，深受其害。一说到传销，表哥就恨得咬牙切齿。

钟某原来也是受害者，丈夫在印度尼西亚承包建筑工程，她在家无聊上网聊天，结果被网友骗到东阳，陷入传销窝点，也交了2800元钱加盟。可是，后来她也成了害人者，当了"家长"（也称小主任），是关山路窝点的负责人。

查清案情后，派出所协助受害者尽快与家人联系。最快赶到的是湖南人梁某的两个表哥。梁某还有两个表兄弟被骗做传销，家人焦急，派两个表哥四处寻找。他们一开始以为被骗到了浦江县。接到电话后，就立即赶来接走表弟。

到8月11日为止，所有被骗者都已返乡。另有张某等5人因非法限制他人人身自由被东阳市公安局处以行政拘留。放任不管的房东也受到了公安机关处罚。

非法传销是危害社会的毒瘤

非法传销是危害社会的"毒瘤"，又被称为"经济邪教"。传销活动是以高额回报为诱饵，以聚敛钱财为目的的经济违法犯罪活动。不仅扰乱社会主义市场经济正常运行秩序，侵害消费者合法权益，而且严重影响了社会的和谐与稳定。

"近年来，传销活动不断改头换面、变换伎俩，但终究掩盖不了违法的本质。"办案民警提醒，传销组织者长期租住在外地，利用手机等通讯工具异地遥控指挥，不同级别互不往来；通常以招工、直销、加盟经营、QQ交友等为名，诱骗群众参与传销。

（资料来源：《浙中新报》2009-08-12）

 **案例评析**

近年来，非法传销组织逐渐侵害大学生并有愈演愈烈之势。大学生好奇心强，社会经验缺乏，因此较容易上当受骗。有的学生为了兼职赚钱或

找工作而轻信非法传销组织谎言，甚至被"洗脑"，深陷泥潭，不能自拔。

非法传销组织鼓吹："一个人从穷光蛋到百万富翁，最'慢'需要一年；参加传销，就可以坐在家里数钱。""今天睡地板，明天当老板，成功就在眼前……"在许多非法传销活动中，传销已经转变为"拉人头"的欺诈活动。它们没有可供销售的商品，即使有也只是行骗的"道具"，销售和购买的都不是商品本身。整个传销网络完全是依靠下线人员上交的金钱维系运作。

上面的两个案例中，几名学生均被传销组织欺骗。刘某能够坚持不加入传销组织，却受到了人身伤害。而第一个案例中的黄某，第二个案例中的徐某、鲁某、何某，却深深地陷入了非法传销组织的泥潭，自己被骗后又转向欺骗别人，给社会及其他受害者都带来了极大的伤害。

对策建议

传销是指组织者或经营者发展人员，通过被发展人员以其直接或者间接发展的人员数量或者销售业绩为依据计算给付报酬，或者要求被发展人员以交纳一定费用为条件取得加入资格等方式牟取非法利益，扰乱经济秩序，影响社会稳定的行为。每一名大学生都必须充分认识到传销的特征和危害，珍爱自己，远离传销。

（一）直销与传销的区别

区别之一：是否以销售产品为企业营运的基础。直销以销售产品作为公司收益的来源。而非法传销则以"拉人头"牟利或借销售伪劣或质次价高的产品变相拉人牟利，甚至根本无产品。

区别之二：有没有高额入门费。直销企业的推销员无须缴付任何高额入门费，也不会被强制认购货品。而在非法传销中，参加者通过缴纳高额入门费或被要求先认购一定数量的产品以变相缴纳高额入门费作为参与的条件，鼓励不择手段地拉人加入以赚取利润。其公司的利润也是以入门费为主，实际上是一种变相融资行为。

区别之三：是否设立店铺经营。直销企业设立开架式或柜台式店铺，推销人员都直接与公司签订合同，其从业行为直接接受公司的规范与管理。而非法传销的经营者通过发展人员、组织网络从事无店铺或"地下"

经营活动。我国经历了1998年全面整顿"金字塔式"传销后，很多外来直销企业纷纷转型。从那时起，"店铺雇佣推销员"的模式就成了规范直销企业的主要销售模式。这种特殊的直销经营方式，让推销员归属到店，这样不仅与公司关系直接，而且还便于管理。

区别之四：报酬是否按劳分配。直销企业为愿意勤奋工作的人提供务实创收的机会，而非一夜暴富。每名推销人员只能按其个人销售额计算报酬，由公司从营运经费中拨出，在公司统一扣税后直接发放至其指定账户，不存在上下线关系。而非法传销通过以高额回报为诱饵招揽人员从事变相传销活动，参加者的上线从下线的入会费或所谓业绩中提取报酬。

区别之五：是否有退出、退货保障。直销企业的推销人员可根据个人意愿自由选择继续经营或退出，企业为顾客提供完善的退货保障。而非法传销通常强制约定不可退货或退货条件非常苛刻，消费者已购买的产品难以退货。

（二）非法传销的危害

非法传销组织被称为"经济邪教"，被全世界人民所痛恨。近年来，以"拉人头"、收取"入门费"等方式组织传销的违法犯罪活动时有发生，严重扰乱了社会秩序，影响了社会稳定。

1. 扰乱市场经济秩序，侵害国家利益

在非法传销活动中，通常伴随着偷税漏税、制售假冒伪劣商品、走私贩私、非法集资、虚假宣传等大量违法行为，严重扰乱社会主义市场经济秩序。

2. 给参与者及其家庭造成伤害

由于传销人员诱骗的对象多为亲属、朋友、同事和同学等，其不择手段的欺诈行为引发的亲友成仇、父子反目甚至家破人亡的惨剧时有发生。因被"洗脑"而过分投入，有的人精神接近崩溃边缘；有的则变得极端自私，唯利是图；有的做了不道德的事而丝毫没有内疚感，不以欺骗为辱，反以欺骗为荣。传销和变相传销给参与者造成经济损失的同时，也给其家庭造成了巨大伤害。

3. 给社会稳定带来伤害

传销导致大多数参与者血本无归，一些人员参与偷盗、抢劫、械斗、强奸和卖淫等违法犯罪活动，给社会治安带来隐患。

 **安全训练**

为什么有人明明知道是传销,还会上当呢?最重要的原因就是传销组织采用"精神洗脑术",极力夸大社会贫富悬殊和城乡差别,强调传销是致富的"最后一班车",利用人们急于致富、坐享其成的心理,宣扬快富怪理论。

"天上不会掉馅饼。如果真的掉下来,那么不是圈套就是陷阱!"因此,同学们必须注意以下几方面。

1. 提高防范意识,学会自我保护

社会环境千变万化,同学们必须学会自我保护。要积极参加学校组织的安全教育活动,多了解、多掌握相关知识。大学生在实际学习和生活中往往容易受到来自社会和内部的侵害。因此,学生自我防卫能力显得十分重要。在遇到不法侵害的威胁时,应及时向公安保卫部门报警,以求得他们的帮助。对于体能较弱的学生(特别是女生)来说,不能"硬拼",一定要沉着冷静,善于动脑,巧于周旋,学会"智斗",用自己的智慧来赢得呼救及报案机会。

2. 交友要谨慎,避免以感情代替理智

如果只是感情用事,往往容易上当受骗。交友最基本的原则有两条。一是交善良的人。真正的友情应该建立在志同道合、高尚的道德情操基础之上,是真诚的感情交流而不是简单的利益关系。二是严格做到"四戒",即:戒交低级下流之辈,戒交挥金如土之流,戒交吃喝嫖赌之徒,戒交游手好闲之人。

3. 树立积极向上的思想观点

树立正确的金钱观、择业观和就业观,树立正确的人生观、价值观和世界观,发扬艰苦奋斗精神。生活中做到不贪小便宜,不贪意外之财,不轻信花言巧语。只有志存高远,脚踏实地,努力学习,增长本领,才能真正成功。

同学们正处于精力充沛、充满梦想和渴望成长的年龄,为了自己和家人的幸福,必须时刻警惕非法传销组织的侵害,避免误陷泥潭。

如果你或者家人受过传销的欺诈,那么有下面几个解决办法可供参考。

（1）如果是推荐人、介绍人蒙骗的，可先找推荐人、介绍人，让他赔偿损失，因为他是第一责任人；也可以找推荐人的家人，他们有义务协助讨回损失。

（2）如果是"讲师""成功人士"蒙骗的，可找"讲师""成功人士"，让他赔偿损失，知道他们的行踪后向公安、工商部门举报。

（3）当知道传销的窝点、聚会场所和课堂时，要及时与当地公安机关下属的刑警队、经济侦查大队或者与当地工商机关公平交易局、消费者协会联系，及时向当地的电视台、报纸、广播等媒体提供线索，以便及时打击传销。

三 远离恐怖组织

【案例一】

孟买恐怖袭击事件造成数百人伤亡

印度孟买警方11月27日说，在26日晚至27日凌晨发生的孟买连环恐怖袭击事件中死亡人数已上升到101人。孟买泰姬玛哈酒店内的人质已于27日下午全部得到营救。

当地警方说，死者中包括孟买"反恐"特种部队司令和11名警察。袭击事件还造成250多人受伤，伤亡人数可能还会增加。

当地警方说，已抓获9名武装分子。发生恐怖袭击的地点共有10处，包括孟买市中心的CST火车站、维多利亚火车站、泰姬玛哈酒店、奥贝罗伊酒店、孟买市政府大楼等著名建筑和重要设施。

在泰姬玛哈酒店执行营救人质任务的印度国家安全部队的一名军官说，泰姬玛哈酒店内的人质27日下午3时左右已经全部得到营救，而奥贝罗伊酒店的人质营救工作仍在进行当中。

印度总理辛格和国大党主席索尼亚27日都发表声明，对袭击事件予以谴责。辛格还呼吁印度全国保持"和平与和谐"。

27日，学校全部停课，火车停驶。警方要求市民尽量闭门不出，因为不排除发生更多袭击事件的可能性。

一个自称"德干圣战者"的组织宣布对这起连环恐怖袭击事件负责。

孟买恐怖袭击事件发生后，联合国、欧盟、北约等国际组织以及美国、英国、日本、新加坡、马来西亚、孟加拉、以色列、阿拉伯联合酋长国、俄罗斯、委内瑞拉、塞浦路斯和匈牙利等国对这一恐怖袭击事件表示强烈谴责。

（资料来源：新华网 2008-11-27）

【案例二】

新疆挫败炸飞机阴谋　少女被骗当人体炸弹

2008年3月7日，我国挫败了一起企图在民航客机上制造空难的恐怖活动。"这是一起案情性质非常清楚的恐怖袭击活动。"一位官方人士向《环球时报》记者说。

据他透露，在这架从乌鲁木齐飞往北京的客机上，企图制造一起机毁人亡恐怖事件的是一名来自新疆库车的19岁维吾尔族女子。这名女子是从乌鲁木齐地窝堡机场的商务贵宾安检通道进入候机厅并登机的。当时她随身携带了一瓶矿泉水和两听易拉罐"饮料"。按照民航管理部门的规定，不允许带饮料进候机厅和上飞机。当时，在商务通道的安检处负责操作的是一名年纪较大的安检人员。当时这名女子打开矿泉水瓶喝了两口。这名安检人员看见矿泉水瓶已打开了，而且对方只是一名不到20岁的姑娘，于是放松了警惕，没有让她打开易拉罐。正是这个疏忽，使该女子把两听易拉罐"饮料"带上了飞机。实际上，两听易拉罐里装的根本不是什么饮料，而是汽油。万幸的是，这名女子在卫生间里的行为被空乘人员发现并被制止，最终没有酿成灾难。

（资料来源：东莞阳光网 2008-03-13）

 案例评析

自20世纪60年代末以来，恐怖主义在世界范围内日趋泛滥，严重危害了当地局势的稳定和人们的生命财产安全。近年来，恐怖事件接连发生。美国"9·11"事件、印度尼西亚"巴厘岛事件"、俄罗斯"别斯兰

人质事件"、西班牙"马德里火车连环爆炸案"、印度"孟买事件"等恐怖袭击事件历历在目，发人深省。案例二中，恐怖组织蒙骗一个19岁的女孩子来充当人体炸弹，这充分暴露了恐怖组织的残忍和残暴。恐怖分子以残忍的手段残害无辜百姓，破坏社会安定环境，其行为令人发指。人们对恐怖主义已越来越憎恨。

对策建议

现代国际恐怖主义兴起于20世纪60年代末，盛行于70年代，猖獗于80年代。有人把这股恐怖主义狂潮称为"20世纪的政治瘟疫"，也有人把它和政治腐败、环境污染并称为21世纪人类面临的三大威胁。根据其政治倾向，一般可分为政府行为和非政府行为两大类。自冷战结束以来，非政府行为的恐怖主义大量发生。面对恐怖组织，应该对大学生加强防范恐怖组织的教育。

1. 了解恐怖组织

年轻化和低龄化是恐怖分子的主要特点。世界各地恐怖组织分子，大多数年龄都在30岁以下，更多的集中在22～25岁之间。恐怖分子中还不乏少年甚至儿童恐怖分子。例如，为了掩人耳目，不引起警方注意，有的恐怖组织常常招募14～15岁的少年和中学生作为自杀式炸弹手。在北爱尔兰和西班牙就有十几岁的恐怖分子，有的炸弹手不过13岁，有的甚至更年少。

恐怖组织甚至强调指出，16～22岁的年轻人最适合培养成为恐怖分子。在这个年龄段，最容易将他们训练成毫不质疑、任凭恐怖组织头目支配和指挥的无情杀手。

恐怖组织极大地危害人类的生命及财产安全，制造社会恐慌。它们通过制造绑架、暗杀、爆炸和劫机等恐怖事端，甚至利用人体当做炸弹，危害人类。据不完全统计，仅1990—2001年，境内外"东突"恐怖势力在我国新疆就制造了至少200起恐怖暴力事件，导致各民族群众、基层干部和宗教人士等162人丧生，440多人受伤。

恐怖活动严重破坏了各国的民族和睦，引发社会动荡。从恐怖主义的历史和现实来看，"民族主义乃是恐怖主义最持久的根源之一，也是恐怖主义最强有力与最致命的根源之一"。世界上很多恐怖组织就是打着"民

族独立复兴"的旗号，制造各种针对其他民族的恐怖活动，从而激发民族矛盾，影响国家政府形象，造成政局动荡、社会不安。

2. 世界上的恐怖组织

目前，世界上有案可查的恐怖组织达1000多个，其中比较活跃且影响较大的不下几十个。例如：

基地组织：闻名世界的恐怖组织，头目是本·拉登。基地组织及其分支在世界各地制造了多起恐怖事件，包括美国"9·11"事件。

奥姆真理教：日本的邪教组织，1995年策划并制造了东京"地铁毒气"事件。

哈拉卡特·安萨尔组织：争取让克什米尔并入巴基斯坦的一个伊斯兰组织。

日本赤军派：第二次世界大战后活跃在日本的恐怖组织。

斯里兰卡泰米尔伊拉姆猛虎解放组织：为争取泰米尔人独立而建立的一个以爆炸和枪杀为主要斗争形式的民族解放组织。

民族和自由组织：西班牙巴斯克的分裂组织。

库尔德斯坦工人党：土耳其的库尔德分裂组织。

3. 中国的恐怖组织

2003年12月15日，中国公安部公布了第一批认定的4个"东突"恐怖组织。这4个组织分别是"东突厥斯坦伊斯兰运动""东突厥斯坦解放组织""世界维吾尔青年代表大会""东突厥斯坦新闻信息中心"。

"东突厥斯坦伊斯兰运动"（简称"东伊运"），与"基地"组织系共生关系，是"东突"恐怖势力中最具危害性的恐怖组织之一。1997年，由艾山·买合苏木和阿不都卡德尔·亚甫泉纠集一伙"东突"分子在新疆建立。1998年初至1999年底，"东伊运"指挥库来西团伙在新疆和田地区秘密建立多处制爆窝点，培训人员，制造手雷、爆炸装置5000余枚，发展组织成员1000余人，先后制造了一系列重大暴力恐怖事件，杀害无辜群众6人。1999年6月18日，在新疆新和县制造枪杀民警案等一系列暴力恐怖事件。

"东突厥斯坦解放组织"（简称"东突解放组织"），是"东突"势力中最具危害性的恐怖组织之一，1996年在土耳其建立，总部设在伊斯坦布尔。1998年5月，"东突解放组织"在我国乌鲁木齐市制造了"5·23"系列纵火案，随后在吉尔吉斯斯坦奥什州实施爆炸。2000年5月，枪击吉尔吉斯斯坦比什凯克市协助调查火灾的中国工作人员，打死、打伤各1

人，凶手潜逃至哈萨克斯坦。同年9月，杀害了2名执行清查任务的哈萨克斯坦警察。2002年6月29日，在吉尔吉斯斯坦比什凯克市杀害了我国驻吉外交官王建平。

"世界维吾尔青年代表大会"，是一个企图将新疆从中国分裂出去的恐怖组织。1996年11月，第一届"世界维吾尔青年代表大会"在德国慕尼黑召开。"世界维吾尔青年代表大会"的下属恐怖组织"东突厥斯坦青年联盟"于1993年成立后，即制定了暗杀新疆维吾尔自治区党政军领导、破坏铁路和桥梁、制造恐怖爆炸、袭击我国驻外机构和在中印、中塔、中阿边境实施武装袭扰活动等行动计划，并于当年策划实施了喀什农机公司办公大楼爆炸案和莎车录像厅爆炸案，共造成2人死亡、22人受伤。

"东突厥斯坦新闻信息中心"（简称"东突信息中心"），1996年6月由一伙旅居德国的我国新疆籍民族分裂分子在德国慕尼黑建立。"东突信息中心"长期利用各种媒体（特别是互联网）进行恐怖主义、极端主义和分裂主义宣传，煽动和教唆采取暴力恐怖手段，公开号召中国境内的穆斯林通过爆炸和投毒等手段，针对汉族幼儿园、学校和政府等目标制造恐怖事件。2003年3月，该组织还阴谋在甘肃兰州至新疆哈密的铁路上进行爆炸破坏活动。

4. 认定恐怖组织的具体标准

（1）以暴力恐怖为手段，从事危害国家安全、破坏社会稳定、危害人民群众生命财产安全的恐怖活动的组织（不论其总部在国内还是国外）。

（2）具有一定的组织领导分工或分工体系。

（3）符合上述标准，并具有下列情形之一：①曾组织、策划、煽动、实施或参与实施恐怖活动，或正在组织、策划、煽动、实施或参与实施恐怖活动；②资助、支持恐怖活动；③建立恐怖活动基地，或有组织地招募、训练和培训恐怖分子；④与其他国际恐怖组织相勾结，接受其他国际恐怖组织资助、训练和培训，或参与其活动。

5. 认定恐怖分子的具体标准

（1）与恐怖组织发生一定的联系，在国内外从事危害国家安全和人民群众生命财产安全的恐怖活动的人员（不论其是否加入外国国籍）。

（2）符合上述条件，并具有下列情形之一：①组织、领导或参与恐怖组织；②组织、策划、煽动、宣传或教唆实施恐怖活动；③资助、支持恐怖组织和恐怖分子进行恐怖活动；④接受上述恐怖组织或其他国际恐怖组织资助、训练、培训或参与其活动。

 安全训练

同学们要不断提高自己的思想政治素质和科学文化水平，保持清醒的头脑，懂得如何应对恐怖事件，远离恐怖组织！

1. 如何识别"人体炸弹"

（1）服装是第一注意要点。如果有人衣着古怪，不合时宜，或者大热天依然厚衣在身，或者衣服中间呈现凸起状物体，就应该加以小心——因为炸弹很可能就藏在这些衣服里面。

（2）"人体炸弹"袭击者动作上的疑点。比如，总是避免与警察正面接触，总是朝人群较多的地方行进。另外，还伴有神色慌张、不停出汗、言辞闪烁等行为特征。

（3）交通工具上的疑点。汽车前后车牌不一致或者有伪造痕迹，车后备箱因载运重物而较平常更为下垂，汽车非法停放或停放在非常敏感的地方，等等。

在现实生活中，遇到可疑的人或车辆要多加注意，综合以上因素进行分析。如果确实存在可疑情况，应立即向警方报告，同时注意保护自己。

2. 被恐怖分子劫持了怎么办

（1）保持冷静，不反抗，不对视，不对话，动作要缓慢；

（2）尽可能保留和隐藏自己的通讯工具；

（3）注意观察恐怖分子人数和头领；

（4）在警方对恐怖分子发起突击的瞬间，尽可能趴在地上。

第二节 切勿违法犯罪

【案例一】

大学生杀师案开庭　被控故意杀人罪

2009年7月6日上午，北京市第一中级人民法院开庭审理大学生付某杀死老师一案。检方指控付某犯故意杀人罪。

2008年10月28日晚6时40分许，某高校教师程某正在做课前准备，要为学生讲授比较法总论。离开课还有2分钟时，付某手持菜刀冲入教室，向程某右颈部砍了1刀，程某当场倒地。随后，付某走出教室，并拨打"110"电话报案："我杀人了！"当晚6时57分，43岁的程某经抢救无效死亡。

在接受讯问时，付某说，因女友提出分手，他怀疑是程某从中作梗。女友曾经说过与程某发生过关系，因此，他认为女友要求分手，应该和程某有关系。付某说："杀程某的原因有两点，一是要报复，二是要杀一儆百。老师应当为人师表，老师有不轨的行为，而学校又不处理，只能杀一儆百来解决问题。"

案发时，付某只有22岁，他对自己的行为表示不后悔，但是认罪。付某的女友在攻读硕士研究生。有消息称，付的女友表示两人分手原因是"性格不合"。

（资料来源：《北京晚报》2009-07-06）

【案例二】

一枚指纹破了大学生盗窃案

大四的刘某和大三的王某，同为南京某高校学生。两个男生的家庭经济情况都不错，但他们却频频偷电脑。

2009年3月13日晚7时许，刘某、王某来到校内某宿舍三楼找同学办事。同学不在，两人正准备离开时，刘某看见三楼一间宿舍没关门，想到前不久自己的电脑被偷，之后也不了了之，他立即产生歹念。刘某让王某在外等候，自己则溜门入室，偷走了一台价值2400元的笔记本电脑。王某对这一切毫不知情。

第一次"成功"让刘某觉得盗窃很容易。于是，他将这点感受与王某"分享"，王某愿意同他一起干。两人立即行动，在某幢学生宿舍盗走一台笔记本电脑。得手后，他们将电脑变卖，赃款则被他们挥霍掉。

2009年3月25日晚7时许，两人又结伴来到学生宿舍，接连"顺"走了两台笔记本电脑。不过在现场留下了一枚指纹，稍后被警方提取。警方分析，从迹象上看极有可能是同校学生所为。

于是，通过警务平台查询系统，警方查到了嫌疑人刘某。原来，早在2007年时，刘某因和同学打架，被派出所处理过。从那时起，他的指纹就留在了公安机关。这一次，经与现场提取的指纹进行比对，刘某落网了。当然，王某也逃不掉。两人对盗窃行为供认不讳，目前均被浦口检方依法提起公诉。

（资料来源：《南京晨报》2009-07-23）

案例评析

近年来，随着高校的不断扩招，大学生数量不断增多。由于社会、学校、家庭及学生个人等多方面原因，大学生从事非法活动、违法犯罪的情况越来越多，大学生犯罪率不断升高。大学生犯罪已成为一个严重的社会问题。研究资料表明，我国大学生违法犯罪的人数占高校总人数的1.26%，在近一段时间内还有上升的趋势。近年来，大学生杀人、盗窃、诈骗和抢劫等违法犯罪事件屡见不鲜，诸如"马加爵事件""丽江女大学生杀人碎尸案"，等等。

上述案例中的大学生付某杀死老师，纵使事件与该教师有关，但付某处理问题的方式还是过于极端，致使自己葬送了前程，受到法律的制裁。而南京某高校的刘某和王某，因一时的贪念驱使，偷窃他人财物，双双落入法网，自毁前程。大学生是祖国社会主义事业的建设者和接班人，肩负着民族复兴的重任，承载着父母的期望，应该积极向上、遵纪守法，做一名合格的大学生。切勿一时冲动，干了傻事，一失足成千古恨。

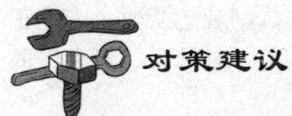 对策建议

大学生犯罪,是当今世界的一大社会问题。深入研究大学生犯罪问题,预防和减少大学生犯罪,不仅关乎社会治安、人民群众的生命和财产安全,而且关系到社会主义现代化建设的顺利进行。目前,大学生违法犯罪的原因已涉及经济、文化、教育等社会生活的方方面面,是多种消极因素综合作用的结果。防范和减少大学生犯罪,基本对策在于健全体制、改进作风,加强校园文化建设、法制建设,营造良好的家庭氛围,以培养大学生健康的心理素质,形成良好的道德素质。

（一）大学生犯罪的成因

1. 家庭原因

家庭是人的第一个生活环境,是孩子身心成长的摇篮。父母是孩子的第一任老师,在孩子的一生中扮演着重要的角色。家庭环境,父母的人生观、价值观都潜移默化地影响着孩子的心理和行为。现在的大学生多为独生子女,从小受父母溺爱。在家中,家长对孩子百依百顺,一味地满足孩子过度的物质需求。当孩子有了过错时,也对其百般袒护,甚至放任自流,从而忽视了对孩子的道德修养和良好品质的培养,忽略了孩子的心理健康问题。这种环境下成长的孩子,容易养成自私任性、生性霸道的性格,个人主义思想严重。进入大学后,由于缺乏自控力和应对挫折的能力,受不得委屈吃不了苦,一旦父母无法满足其要求或独自面对社会时,其主观愿望与客观现实发生矛盾,他们就会产生越轨行为,直至走上违法犯罪的道路。

2. 学校原因

高校是大学生求知成才的主要场所。但目前国内高校由于大幅扩招,导致基础设施、教学资源和师资力量配备不足,管理教育程度不够,不利于大学生的成长成才。特别是对大学生法制教育、思想道德教育和心理健康教育重视程度不够,从事这方面工作的人员较少。教育手段和方法也不能完全适应大学生的思想变化和心理特点。高校的法制教育流于形式,学生也不感兴趣、敷衍了事。思想道德教育呆板生硬,缺乏新意,不能适应新时期大学生的要求。心理健康教育则未开展或刚刚起步,没有成型的教

育和防控体系。在这种教育模式下，导致部分学生法制观念淡薄，未能正确树立人生观、世界观和价值观，道德观念存在偏差，对社会、对人生的认识产生扭曲。

3. 社会原因

随着改革开放的不断深入，我国社会经济取得了较大的发展和长足的进步。然而，社会经济发展过程中出现的一些消极现象也引发了负面的影响，并波及大学校园。

例如，社会上出现了拜金主义、享乐主义、贪污腐败等不良风气，容易导致人们价值取向的扭曲和错位。大学生正处在世界观、人生观和价值观形成的关键时期，这时如不正确引导，极易出现价值观的混乱，甚至形成错误的价值观，如崇拜金钱、追求享乐、缺失诚信、道德沦丧。但是，由于经济上尚未独立，奢侈的欲望与清贫的现实产生了冲突，在贪欲的驱使下，部分大学生道德防线沦陷，他们铤而走险，走上犯罪道路。

随着全球化和信息化的飞速发展，人们来不及分辨好坏，良莠不齐的西方文化便呈现在眼前。大学生具有较强的好奇心，易于接受新鲜事物，但又缺乏判断，不具备"取其精华，去其糟粕"的能力，对外来文化和风潮往往一味地吸收和接受，容易表现为过度追求自由、我行我素，崇尚性自由、暴力，等等。不良文化对涉世不深的大学生产生了极其恶劣的影响，侵蚀了大学生的心灵。当前，出现的违法犯罪行为中有很多与不良文化的影响有关。

4. 学生个人原因

（1）法制意识淡薄。由于大学生的主要生活环境是校园，因而缺乏社会经验，对社会了解较少。加之目前高校的法制教育环节薄弱，大学生进入大学后只学习过"法律基础"一门有关法律的课程，有的学生认为学不学法律无所谓，只要能拿到"法律基础"这门课的学分就可以了，至于学的内容也只是蜻蜓点水、囫囵吞枣。这些原因直接导致大学生法制意识淡薄，基本上不会用法律的武器捍卫自己的尊严和利益。

（2）法律知识匮乏。曾经有人对北京地区的十所高校进行了法制观念的跟踪调查和比较研究，发现大学生普遍对法律的知晓度不高，绝大多数学生对绝大多数法律一知半解，仅知皮毛。由此可见，目前大学生的法律知识是比较匮乏的。甚至有的学生在处事时不假思索、想当然，对自己所从事的活动是否违法都说不清楚，认识不到问题的严重性。待事情发生后却悔不当初，但为时已晚。

（3）心理不够成熟。大学生群体所处的年龄段，正是生理和心理都处于不稳定的发展阶段。由于家长的溺爱，孩子过分依赖家长，自立能力较弱。他们虽然生理上相对成熟了，但认知能力和心理却未成熟，生理与心理发展不平衡。他们往往以自我为中心，任性骄横，自控能力较差，容易冲动，做事欠考虑。受家庭、社会和学校等多方面的影响，部分大学生存在心理方面的缺陷，特别是面对来自多方面的压力时，不能妥善处理，容易引发犯罪。

（二）当代大学生犯罪的预防

预防是减少犯罪的最有力的办法。预防大学生犯罪是对人才的珍惜，是对社会的负责；预防大学生犯罪是学校的任务，也是司法机关和社会各方面的共同任务。

1. 注重对大学生思想道德教育

要引导大学生正确认识自我、认识社会，树立正确的人生方向和追求目标，增强大学生的公德意识。

2. 培养大学生良好的心理素质

针对大学生心理发展不够成熟的特点，学校要有意识地开设心理健康知识讲座，进行心理咨询服务，帮助大学生形成健康向上的心理。当前尤为重要的是：

（1）引导大学生控制情绪，增强社会应变力，学会处理现实与愿望的矛盾，学会自我调适，做事前理智思考；

（2）引导大学生建立和谐的人际关系：大学生要消除自卑心理，充满信心地对待生活，能够接纳他人，使自己的心理处于轻松愉快之中；

（3）注意引导大学生正确处理恋爱与性的问题，指导大学生以严肃的态度对待爱情，正视恋爱关系，保持稳定的情绪及健康的心理。

3. 强化法制教育，增强大学生法律意识

学校要进行全面教育，针对大学生中许多人不知法、不懂法甚至有的是法盲的现象，要强化法制教育，使大学生知法、懂法、守法，指导大学生正确理解权利与义务的关系，在履行义务的前提下合法行使自己的权利，帮助大学生形成依法办事，同违反宪法、法律以及破坏我国法制的行为作斗争的思想意识。

4. 加强校园的内部管理

预防犯罪首先必须营造良好的校园生活环境，保证校园是一个学习知识的场所，切实抵制社会上不良文化的进入。学校要关心学生的生活，帮助学生解决生活中的各项困难。

5. 社会各部门共同教育，共同管理

对大学生的培养与教育，不只是学校的事，社会各部门也都负有重大责任。家长要注重对自己孩子的了解，配合学校教育；司法机关也应该有重点地与大学定期联系，帮助学校建立良好的校园环境，同时加强校内的司法宣传教育；政府职能部门则应力所能及地为大学排忧解难。要采取切实可行的措施，优化社会大环境以及校园环境，加强教育和领导，把大学生犯罪率降到最低限度。

当代大学生是祖国的未来和希望，肩负着社会主义现代化建设的重任。要做一名合格的大学生，首先要做一名遵纪守法的好公民。大学生要以祖国的事业为重，不但要学好专业知识，还要树立法制意识，学习法律知识，遵纪守法，绝不从事非法活动，以自身的聪明才智报效祖国，为社会主义现代化建设作出贡献。

第三节 切勿传信谣言

【案例一】

大学生黑客编造传播虚假地震信息获刑

汶川大地震期间，即将毕业的大学生贾某出于恶作剧心理，通过陕西省地震局网站发布编造的虚假地震信息，在社会上引起极大恐慌。雁塔区

人民法院昨日对贾某涉嫌编造、故意传播虚假恐怖信息案做出一审判决。

经法院依法审查查明，5月29日20时许，被告人贾某在某高校2号楼其宿舍内，利用所掌握的计算机知识，通过个人电脑控制了本校的电脑网络服务器攻击陕西省地震局网站，破解了陕西省地震局网站的用户名和密码，侵入信息发布页面，进入网站汶川大地震应急栏目。为了搞恶作剧，贾某发布了自己编造的虚假地震信息，具体内容为："根据我省和四川地质学家研究，四川汶川地震带板块频繁剧烈活动，并朝东北方向移动。地质学家告知2008年5月29日晚23:30左右，有6~6.5级强烈地震发生。甘肃天水、宝鸡、汉中、西安等地将有强烈震感，请大家做好防范准备。"此信息发布后10分钟内，点击量达767人次，不断有群众向陕西省地震局打电话询问此事，严重扰乱了社会秩序，造成了社会恐慌。被告人贾某发现700余人点击该信息后，感到事态严重，立即删除了此信息。陕西省地震局发现网站被黑客攻击后，也立即关闭了该信息，并在网上发布了辟谣信息。后来，被告人贾某再次登录陕西省地震局网站时被发现并被抓获。

法院审理认为，贾某非法侵入省地震局网站，编造并发布虚假的地震信息，扰乱了社会秩序；但是考虑到贾某是初犯，又并未对社会造成严重影响，认罪态度好，法院决定对其从轻处罚，一审判处贾某有期徒刑1年6个月，并没收其作案工具组装电脑一台。

（资料来源：《西部日报》2008-08-30）

【案例二】

上海传入病猪肉谣言短信　始作俑者将受法律制裁

"这两天暂时不要吃猪肉，现在猪肉携带一种化脓性脑炎病毒，北京所有医院刚开完会。请转告你关心的朋友。"昨天记者陆续收到了两条这样的消息。这则消息1月5日在北京已被国家多部门澄清为谣言，现在竟由北京"流行"到了上海。对此，法律专家表示，这种手机短信很可能造成社会恐慌，谣言的始作俑者应受到法律制裁。

记者从市食品药品监管局获悉，本市销售的猪肉都经过严格检疫检测，安全有保证，完全可以放心食用。而对于猪肉中竟然含有"化脓性脑炎病毒"的说法，市食品药品监督所所长顾振华说："化脓性脑炎这种说法从来没有听说过。"

"脑炎是指由于感染或中毒性因素的侵害，引起脑膜和脑实质的炎症。流行性脑炎根本就不是一种食源性疾病，不会通过食物来传播。以流行性乙型脑炎为例，它主要是通过蚊虫叮咬来传播的，因此把脑炎和吃猪肉联系在一起纯粹是无稽之谈。"顾振华说。

事实上，猪肉携带"化脓性脑炎病毒"已于2007年1月15日被国家多个部门证实为谣言。不过，由于许多市民并不是专家，往往很容易把这种消息当真，因此继这则短信在北京市转发盛行后，近日也在本市转发成风。记者的许多同事和朋友都多次收到了该短信。

"短信的始作俑者其散发谣言的动机是很可疑的，客观上，这类短信很可能造成社会恐慌，影响社会公共秩序。"北京市诚实同达律师事务所上海分所的王志杰律师对记者说。他介绍，我国刑法第291条之一规定，编造爆炸威胁、生化威胁、放射威胁等恐怖信息，或者明知是编造的恐怖信息而故意传播，严重扰乱社会秩序的行为，属于编造、故意传播虚假恐怖信息罪。

法律专家表示，普通市民转发消息尽管不需要承担刑法上的责任，但在获知消息为谣言后，出于社会公德也不应该继续转发。

（资料来源：《上海青年报》2007-01-19）

 **案例评析**

根据《中华人民共和国治安管理处罚法》第二十五条规定，散布谣言，谎报险情、疫情、警情或者以其他方法故意扰乱公共秩序的，处5日以上10日以下拘留，可以并处500元以下罚款；情节较轻的，处5日以下拘留或者500元以下罚款。

依据《中华人民共和国刑法》（修正案）的有关规定，编造爆炸威胁、生化威胁、放射威胁等恐怖信息，或者明知是编造的恐怖信息而故意传播，严重扰乱社会秩序的，处5年以下有期徒刑、拘役或者管制；造成严重后果的，处5年以上有期徒刑。

上述两个案例中的当事人，编造谣言，故意传播虚假恐怖信息，扰乱正常的社会秩序，在群众中造成恐慌、焦虑，产生了恶劣的影响，最终将面临法律的追究和制裁。

 对策建议

（一）什么是"谣言"

谣言是指利用各种渠道传播的对公众感兴趣的事物、事件或问题未经证实的阐述或诠释。根据上述定义，谣言没有真假之分，因为是未经证实的信息，所以无法确定谣言的真假。

按照影响程度和作用对象划分，谣言可分为个体谣言和社会谣言。个体谣言是指对某个不具备社会影响力的个人或个体事件所产生的谣言，而社会谣言则是关于社会的某个公共事务即有社会影响的社会的或自然的现象所产生的谣言。与个体谣言相比，社会谣言具有传播范围广、影响力大、破坏力强的特点。

按照性质划分，谣言又分为政治性谣言和娱乐性谣言。政治性谣言是进行政治斗争的工具。一些国家、某些政治势力与利益团体经常利用谣言攻击对手，扰乱民心。政治谣言有明显的政治意图，攻击对象明确，目的是要攻击、抹黑政治人物、政治对手。政治谣言的出笼和广泛传播，往往有复杂的背景，谣言散布者一般隐藏比较深。对政治谣言不可等闲视之，要从政治斗争的高度对待之。娱乐性的谣言在网络上尤其多，这与人们对网络的认识有关。不少人把网络当做非真实的世界，扩大了它的虚拟性，强化了它的娱乐性，而忽视了它既是虚拟的又是真实的，是虚拟的真实、真实的虚拟。一方面是"木乃伊怀孕"之类搞笑谣言被广泛传播，另一方面是拿名人开"涮"之类谣言此起彼伏，比尔·盖茨、乔治·布什就常常被开"涮"。尽管这类瞎话被编得"有鼻子有眼"、像模像样，但编造者和传播者常常以娱乐的心态对待之。这类谣言，其产生的背景及传播者的心态，与政治谣言是很不相同的。

（二）谣言的特点

谣言是被广泛传播的没有事实根据的消息。它具有以下几个特点：

（1）谣言是没有事实根据的、编造的信息，或者是被无限夸大了的信息；

（2）谣言是被传播、扩散的，未被传播的不能称为谣言；

（3）谣言往往具有很高的"传播价值"：奇特、怪异、反常、耸人听

闻，或者是公众感兴趣的人物、事件、事情，因而能轻而易举地扩散；

（4）谣言总是以小道消息的面目出现，很少通过正式渠道传播，有时完全与正式渠道传播的相反或相异；

（5）谣言具有攻击性，它总要攻击或伤害特定的对象，小到个人，大到企业、单位、部门，甚至政府、政党和国家；

（6）谣言在传播过程中常常被"修改"，不断产生变异，形成不同"版本"；

（7）谣言常常是被众人"创作"、传递的，真正的源头不易找到，有时虽然发现了源头，却仅是源头之一，或是无意间偶然形成的源头，而真正的谣言制造者则另有其人；

（8）谣言在传播过程中常常夹带了传递者个人的情绪、愿望、希冀和褒贬等，它实际上是夹裹着民众情绪的一种表达。这也是一些人自觉或不自觉地传播谣言的原因之一。

（三）谣言的危害

谣言是一种普遍的社会舆论现象，由来已久。人类社会自有信息传播以来，似乎从未杜绝过谣言，这与无法做到信息的全面、完全公开有关。谣言是一种古老的大众传播媒介，自人类文明诞生以来，谣言作为一种社会现象，在人们的生活中扮演着特殊的角色，可谓"历史悠久"。作为一种特殊的社会舆论，谣言对人们的生活秩序及社会秩序产生了巨大影响。谣言传播范围广，影响力大，破坏力强。谣言通常是通过口语传播的方式进行传播的，这样的传播效果与范围是有限的。但随着信息技术的发展，网络、手机等媒介又为谣言的迅速传播提供了高效快捷的平台，谣言一夜之间便能传遍大江南北。谣言愈演愈烈，变得传播途径复杂，危害加重，控制难度加大。

谣言的危害极大，包括政治危害、社会危害和人身伤害等。谣言可以损害一个国家的形象，降低政府的威信；可以使企业甚至一个行业经营受损；可以使社会名流名誉扫地，绯闻缠身；谣言还可以使人心恐慌，社会不宁。

 **安全训练**

谣言止于公开。第一时间的信息公开,不但能迅速辟谣,而且能让谣言"难产"。信息公开既是政府的法定义务,也应成为一个明智的政府应对传言危机的首选。谣言止于真相,也止于每个公民的责任。虽然在每次大的灾难发生前后,我们不可能把社会的谣言完全消除,但如果每个人都持有对社会的责任心,那么,我们就能把谣言传播的范围及造成的危害降到最小程度。

散布谣言触犯法律。一些人认为所谓的小事无关紧要,事实上,小事往往会逐渐演变成大事,甚至是犯罪。因此,我们要认清是非,知道什么该做,什么不该做。

第三章 饮食安全

"民以食为天",食品与我们的日常生活关系密切。近几年,我国食品安全事故频发,食品安全问题严重,已引起广泛关注。长期以来,高校的食品安全问题令人担忧,常有个体性和群体性食物中毒事件报道。其原因是,有些学生食堂的卫生条件不达标,食堂从业人员非合理操作,采购原料有安全隐患(如农药残留、兽药残留及化学污染物残留等),校内外不卫生餐饮或学生采购非安全食品等。大学期间是大学生身心成长的关键阶段,健康、安全的饮食关系到学生的身体发育和成熟,关系到智力的发展及心理健康,更关系到高校的稳定安全大局。因此,如何构建高校安全的饮食体系就显得十分重要。

食品安全防护问题复杂,是从"农田"到"餐桌"的系统工程。高校食品安全的维护工作重在做好食品安全教育和宣传,增强学生的食品安全意识,使学生养成良好的饮食卫生习惯。

第一节 食品卫生常识

 案例警示

【案例一】

北京30名大学生食物中毒　多数人曾吃食堂凉面

"都怪吃了凉面，这都输了5瓶液了！"2009年8月14日早晨8时20分，北医三院急诊留观区内，北京某高校大一学生小余边坐着输液边回忆说，13日晚10时许，全校共有30名学生像他这样发生了食物中毒。

小余说，他们学校8月11日刚放暑假，不少学生还没有回家。13日晚6时许，他去学校食堂就餐时，发现"还是坐满了人"。因为不想排队打饭，于是他选择了人较少的窗口买了一份凉面。13日晚10时许，他和寝室其他3名室友都觉得恶心想吐。

"我们去校医务室，才知道出事了。"小余描述说，13日晚10时许，医院来了几辆"120"救护车，他看到自己熟悉的个别同学都晕过去了，"比我重多了。"

"她是自己打车来医院的！"小余指着旁边坐着输液的女同学说。由于身体出现不适的学生至少有30人，救护车坐不下，于是一位校领导开车将小余送到了医院。小余的女同学说，到医院后，她上吐下泻了好几次。她和小余一样，一直输液输到了天亮。

另一名学生小黄说，13日中午，他因溃疡发作来到北医三院急诊治疗并留观。半夜醒来时他发现，身边出现了不少发生食物中毒的校友。由于他穿着印有校标的T恤，还有校领导过来慰问他的病情。

"昨晚11点后的半个小时里，连续有好几辆救护车，拉过来30个学生。"北医三院急诊科的郑主任昨晚正好值班，据他介绍，这些学生到达医院时，出现了上吐下泻、剧烈腹痛等食物中毒症状，个别学生还发起了高烧，口干脱水，全身无力，"但是病情都不重，也没有特殊的中毒症

状。"

医院当即进行化验，并将采集到的样本送给事发后第一时间赶到医院的海淀区卫生监督所工作人员。医院还组织医护人员连夜对发生食物中毒的学生进行补液、消炎，监护血压和心率。经过一夜的救治，14日晨7时前，大多数学生已恢复正常，自行离开了医院。

（资料来源：《北京晚报》2009-08-14）

【案例二】

广州大学城中毒事件查明　饭堂卫生许可证被吊销

发生在2006年4月12日广州某大学城的集体食物中毒事件原因已查明，由于广州某高校大学城校区第二饭堂消毒不当，广州番禺区卫生监督所对这家饭堂作出了吊销卫生许可证和罚款5万元的处理。

4月29日上午，广东省教育厅、卫生厅、广州市卫生局、食品药品监督管理局等单位联合在广州大学城召开预防食物中毒工作会议。据广州市卫生局副局长熊远大介绍，该校大学城校区第二饭堂4月12日发生的食物中毒事件，累计有258名学生及员工到医院就诊，实际符合中毒的病例有206人。截至4月18日上午，全部就诊患者治愈出院。

经调查，此事件被确认为由沙门氏菌引起的食物中毒。造成食物中毒的主要原因是，该校大学城校区第二饭堂盛装食品的容器、分切熟食的砧板等工具没有按规定进行消毒。4月10日和11日这两天，恰逢广州气温高，细菌繁殖快，4月11日向学生供应的午餐、晚餐中，饭堂食品受到了容器和砧板上肠炎沙门氏菌的污染。为此，番禺区卫生监督所对这一饭堂作出了吊销卫生许可证和罚款5万元的处理。

（资料来源：新华网2006-04-29）

【案例三】

蛋炒饭导致部分大学生食物中毒

2004年5月19日早晨，长春某高校部分学生在食用了早餐中的炒饭后，陆续出现恶心、呕吐、头晕、胸闷和指甲发黑等症状。8时许，大批学生陆续来到吉林省前卫医院就诊。经检验科医师检测，发现学生血液中含有亚硝酸盐成分，判定此次事件属亚硝酸盐中毒。前卫医院将中毒的学生按症状轻重分为三部分：重症患者先进行洗胃处置，中度或轻度患者则直接吸氧以及静脉滴注亚钾蓝和维生素C治疗。经过急诊抢救和对症治疗，在前卫医院救治的71名学生已全部脱离了危险。专家介绍，亚硝酸盐中毒较为常见，如果食用量大可导致死亡。

（资料来源：《泉州晚报》2004-05-20）

案例评析

以上案例在我们的生活中屡见不鲜。由于缺乏食品卫生常识，导致了很多食物中毒事件。高校内的食品安全隐患主要有：学生饭堂可能引起食物中毒，学校周边餐饮业可能存在安全隐患（尤其是大排档类的小餐馆），校内外超市、商场的不安全食品等。食品安全的维护是一项复杂的系统工程，涉及原料、预处理、加工、贮藏、流通及销售等各个环节，也涉及相关立法、监管及监控网络等。尽管作为消费者的在校大学生很难参与其中，但熟悉食品安全体系、了解食品卫生常识也是很有必要的。

大学生作为一个特殊的群体，是国家和社会人才的储备，是学习文化、吸收各类知识的群体。他们对食品卫生和安全的认知不仅关系到自身的健康和智力发展，而且会对其将来服务的人群产生广泛的影响。另外，较强的食品安全意识和食品卫生常识对减少食品安全事件的发生及危害有积极作用，有利于校园稳定。

对策建议

（一）了解食品卫生基本常识

（1）就餐应选择在校内食堂及取得卫生许可证的饮食店或商店，尽量减少到校外就餐，不去卫生条件较差的马路餐桌或个体摊点进餐或购买食品。

（2）生吃的蔬菜、瓜果、梨桃之类的食物要去皮或洗掉表皮上的残留农药，最好在开水里烫3~5分钟再食用。

（3）在商店选购食品时，应注意生产厂家及生产日期，不食用无标签或非正规生产厂家的包装食品，不食用过期变质食品和病死的禽、畜肉。

（4）食用鱼、虾、肉、蛋、奶等食品必须保证选料新鲜、干净，不要吃隔夜变味的饭菜。此类食品应高温加热后食用，不要生吃。

（5）存放食品的容器要清洁无毒，食品特别是熟食要存放在清洁、干燥、通风条件好的地方，并防止老鼠、蚊蝇和蟑螂等污染食品，避免化学药品与食物混放在一起。

（6）注意个人卫生，养成饭前便后洗手的良好习惯，尽量不要用手直接接触食物。

（7）到食堂用餐，使用经过严格消毒的统一餐具或自备餐具。宿舍内每人应有自己的餐具，饭后应清洗干净，妥善保存。

（8）坚持一日三餐，做到有规律进食，不暴饮暴食，聚会时切勿过量饮酒，尽可能根据气候特点和个人身体状况合理安排饮食，特别要注意患病期间的饮食卫生。

（9）要经常关注电视、电台、报纸、杂志、网络等媒体刊登的食品中毒事件，从中增加食品安全常识，减少安全事故的发生。

【相关链接】

1. 如何选购"安全水果"

所谓"安全水果"，是指符合卫生部药检标准的高品质水果，最重要的特性是农药残留低或没有。以下介绍几点原则，供选购时参考。

（1）尽量购买当令水果，不合时令的水果须多喷洒大量药剂才能提前或延后采收上市。

（2）选购时不用刻意挑选外观鲜美、亮丽而无病斑、虫孔的水果。外表稍有瑕疵的水果无损其营养及品质，且价格较便宜。此外，外表完美好看的水果反而残留更多的药剂。

（3）表皮光滑的水果农药残留较少，而外表不平或有细毛者，则较易附着农药。另外，有套袋保护的水果，则农药附着较少。

（4）若水果外表留有药斑或不正常之化学药剂气味者，应避免选购。

（5）长期贮存或进口的水果，常以药剂来延长其贮存时间，宜减少购买。

2. 如何选择合格的饮用水

（1）看标签，选品牌。购买饮用水时，消费者最直接的参考就是产品标签。按照国家有关标准规定，标签必须标注产品名、厂名、厂址、生产日期、保质期和执行标准等。矿泉水的标签还要标明主要成分指标、水源地、国家或省级的鉴定。

（2）看瓶质，辨优劣。小瓶装正品水一般瓶壁厚薄适中，有弹性，透明度好且有光泽，瓶盖上生产日期清晰完整；劣质品瓶壁薄、脆且弹性差，色泽深，手感粗糙，瓶盖不易一次性开启，严重时有漏气、漏水现象。

（3）考虑用水量，选择小包装。饮用水是有保质期的，特别是开启后保质期更短，一般要求在3~5日内用完。

（二）旅行饮食卫生常识

大学生作为社会的一个特殊群体，具有一定的经济独立能力和自我生活能力，有相对宽松的时间，具有更多的冒险精神和追梦遐想，这些促成了大学生旅游热。在旅行过程中，如果不注意饮食卫生，造成食物中毒，必然会减少旅途的快乐甚至带来无法弥补的伤害。因此，掌握旅行饮食卫生常识十分必要。旅行中保持身体健康的首要问题就是时刻注意饮食卫生，防止"病从口入"。旅行中的饮食卫生主要有以下几方面。

（1）注意饮水卫生。旅途中不饮用生水，以开水和消毒净化过的自来水为最理想。无合格水可饮时，可以洗净的瓜果代替。

（2）瓜果一定要洗净或去皮吃。瓜果除了受农药污染外，在采摘和销售过程中也会受到病菌或寄生虫的污染，一定要去皮或用清水洗净。

（3）慎重对待每一餐。尽量选择到正规的餐饮店就餐，不要去吃摊位或沿街摆卖的食品。旅行中很可能因行程安排而感到时间紧张，但应尽可能遵守正常的饮食规律和良好的卫生习惯。

（4）学会鉴别饮食店卫生是否合格。卫生合格的一般标准是：有卫生许可证，有清洁的水源，有消毒设备，食品原料新鲜，无蚊蝇，有防尘设备，周围环境干净，收款人员不接触食品且钱票与食品保持相当距离等。

（5）乘车船或飞机时要节制饮食。此时由于没有运动条件，食物的消化过程延长、速度减慢，如果不节制饮食，必然增加胃肠的负担，引起肠胃不适。

第二节　饮食卫生习惯

 案例警示

【案例一】

不吃早餐

每年春天，热衷于减肥的姑娘总是一拨一拨地往医院赶，针灸减肥、推拿去脂、打瘦身针，花样越来越多。20多岁的大三女生小刘为了追求"速瘦"效果，选了一种最"经济实惠"的瘦身方法——饿肚子。最后，坚持十天不吃早饭的小刘饿晕在公交车上，还磕坏了下巴。

春节、情人节、三八节吃喝不断。之前两三个月的"贪图享受"，眼看着变成了十多斤的脂肪粘上了身，赘肉让小刘每天照镜子时深恶痛绝。4月，小刘开始琢磨减肥的事情。因为还在念书，资金有限，小刘最后选择了最"经济"的"速瘦"方法——"饥饿减肥"。省了早饭，中午、晚上也是"意思意思"，随便吃点蔬菜。几天下来，效果很明显，只是小刘常常饿得头晕眼花，但为了身材苗条，她咬牙坚持着。

前不久，小刘坐公交车到市中心的百货店购物。当时车子很挤，只能站着，她摇摇晃晃地挨了一个小时。快到目的地时，小刘突然眼前一黑，晕了过去。等小刘睁开眼睛时，已经躺在了省人民医院的病床上。她浑身难受，下巴疼得厉害。

医院口腔科主任医师黄蔚告诉她，晕倒是因为长期不吃早饭，导致血糖过低引起的。因为她晕倒时下巴刚好撞在了车厢地面上，所以骨折了。医生感叹说，因减肥而致磕坏下巴的病人，真的很少见。

（资料来源：《每日商报》2009-04-21）

 案例评析

一份调查资料显示，近两成青少年不吃早饭，其中有些是为了刻意瘦

身，而有些是因为功课太忙来不及吃。不过，不管何种原因，不吃早餐都对身体不利。不吃早餐有以下危害。

（1）反应迟钝。早饭是大脑活动的能量之源，如果没有进食早餐，体内无法供应足够血糖以供消耗，便会感到倦怠、疲劳、脑力无法集中、精神不振、反应迟钝。

（2）慢性病可能"上"身。不吃早餐，饥肠辘辘地开始一天的工作，身体为了取得动力，会动用甲状腺、副甲状腺、脑下垂体之类的腺体，去"燃烧"组织。除了造成腺体亢进之外，更会使得体质变酸，患上慢性病。

（3）肠胃可能要"造反"。不吃早餐，直到中午才进食，胃长时间处于饥饿状态，会造成胃酸分泌过多，于是容易患胃炎、胃溃疡。

（4）便秘"出笼"。在三餐定时的情况下，人体内会自然产生胃结肠反射现象，简单说就是促进排便；若不吃早餐成习惯，长期可能造成胃结肠反射作用失调，于是产生便秘。

（5）会让你更靠近肥胖族。人体一旦意识到营养匮乏，首先消耗的是碳水化合物和蛋白质，最后消耗的才是脂肪，所以不要以为不吃早饭会有助于脂肪的消耗。相反，不吃早饭，还会使午饭和晚饭吃得更多，瘦身不成反而更胖。

【友情提醒】

不吃早餐反误瘦身大计，不要以为不吃早餐就可以少吸收热量而因此减肥。营养学家们证实，早餐是每个人一天中最不容易转变成脂肪的一餐。如果每天不吃早餐，只会让午餐吃得更多。早餐、午餐和晚餐的进食比例最好是3：4：3，这样子就能让你在一天内所吃的精华在体力最旺盛的时间内消耗掉。

【案例二】

用一次性塑料袋装食品

吃饭的时间，食堂里，马路上，到处可见学生提着塑料袋装的食物回寝室或教室：有的为了赶时间，也有的图方便，还有的是因为懒得洗饭盒。街上的小吃摊位、食品店，大都用塑料袋或一次性餐盒装食品，夜宵摊点的麻辣烫用则是"套袋碗"。

第三章 饮食安全

案例评析

早点、熟食、蔬菜、水果、小吃……每天，当我们把各类食品装入塑料食品袋或一次性餐盒时，也许你还没有意识到，健康的危险正在悄然降临。前不久，有关部门对某市的早点摊和熟食品小店使用的塑料食品袋和一次性餐盒的卫生状况进行了一次调查，结果发现，送检样品蒸发残渣均不符合健康标准。据健康专家介绍，蒸发残渣指标能反映出塑料食品袋和一次性餐盒在使用过程中遇醋、酒、油等液体时析出残渣、重金属的多少，而残渣和重金属的存在会对人体健康产生不良影响，特别是对处于成长期的儿童和青少年的健康影响更大。同时，残渣还会对食品的色、香、味造成直接影响。另外，一次性塑料袋还会释放有毒气体污染食品，长期食用一次性塑料袋包装的食物易引发中毒。

（一）一次性塑料袋及其危害

据了解，目前市面上用来包装食品的塑料袋的制造材料，一般都是聚乙烯和聚丙烯；而一次性塑料袋大多是用聚氯乙烯和聚苯乙烯制成的再生塑料制品，对人体是有害的。其中有相当数量是利用垃圾站收购的废旧塑料再生材料，且未经消毒，很可能含有大量病菌。有的生产厂家在加工一次性塑料袋的过程中还会加入一些有毒的稳定剂，这类塑料袋绝对不能用于包装食品。如果用这类塑料袋盛装含油类食品和高温食物，塑料中的有害成分就会溶解到食品中，危害人们的身体健康。

目前，市面上的塑料袋可分为两种：无毒塑料袋和有毒塑料袋。无毒塑料袋是用聚乙烯、聚丙烯和密胺等原料制成的，可以用来包装食品；而有毒塑料袋是用聚氯乙烯（PVC）等制成的，不能用做食品的包装袋。现在，人们在市场上、马路边购买熟食品用的大多是经营者为了降低成本而购买的最便宜的一次性塑料袋，它们没有经过消毒，且表面有大量的滑石粉。经常使用这种塑料制品包装直接入口的熟食品特别是热的食物，虽然不会引起突发性病变，但会使人体健康状况下降，等于慢性食物"中毒"。

据健康专家介绍，一次性塑料袋含有各种病毒、细菌和致癌物，其中，体内摄入过多的滑石粉会形成钙沉积，造成人体器官结石；在一次性塑料袋中装入滚烫的食品，极易引发铅中毒。再生塑料袋还含有严重超标、肉眼无法看到的大量病菌和致癌物。健康专家表示，一次性塑料制品含有多种对人体有害毒素，高温下可产生多达16种有毒物质，能渗入到食物中，不仅会损害人的肝脏和肾脏，还可能干扰人的内分泌，造成生育能力下降以及男性雌化现象等。另外，遗弃的塑料制品如粘有污染物，会成为蚊蝇和细菌生存和繁殖的温床，危害人体健康。

（二）有毒塑料袋的识别

如何识别有毒塑料袋呢？从外观上可以识别塑料袋是否有毒。无毒的塑料袋一般呈乳白色、半透明或无色透明，有柔韧性，用手摸时有润滑感，表面似有蜡，遇明火易燃，离火后仍能继续燃烧，无异味；而有毒的塑料袋颜色混浊或呈淡黄色，手感发黏。无毒的塑料袋密度小，当将塑料袋按入水底后放开时，它会很快浮出水面；有毒塑料袋则恰恰相反。如果用手抓住塑料袋一端用力抖，发出清脆声者无毒，声音闷涩的则有毒。

（三）尽量不用塑料袋装熟食

塑料遇高温都会发生化学分解反应，即便是经过高温杀菌可直接盛装熟食的食品包装袋，人们也应当尽量避免用来装熟食。而一般的食品塑料袋更不能用于装高温食品，特别是严禁用超薄塑料袋（厚度在0.025毫米以下）盛装食品。如果市场上有用非食品塑料袋盛装直接入口食品的，将会受到有关部门的严肃查处。

为了保证食品用包装的质量安全，国家质检总局已于2007年启动了食品用塑料包装、容器和工具等制品的市场准入制度。从2008年1月1日起，国家对塑料制品全面实施了市场准入制度，凡接触食品的产品，必须在其包装或产品上印上"食品用"标志。

健康专家强调，为了自己的身体健康，也为了保护好环境，我们应尽量少用或不用一次性塑料餐具，不要过度依赖塑料袋。可以使用自备的不锈钢饭盒或塑胶饭盒，这样做既卫生又环保，还不会对身体健康造成危害。

 对策建议

（1）远离无证食品店摊。青年学生活动量大，消耗多，加上生长的需要，食欲旺盛，有些学生对学校食堂的饭菜吃腻了，往往就会到学校附

近购买食品和饮料等。于是，许多小商小贩、食品店、饮食店、小摊都把目光瞄准了这些学生。其中有些店、摊未经工商和食品卫生管理部门批准，从业人员没有经过卫生知识培训，没有经过健康体检。同时，这些店、摊为了降低成本，增加赢利，常会出售各种来路不明、没有质量保证的食物和饮料等。因此，千万不要去那些没有食品卫生许可证和工商执照的店、摊买东西吃。

（2）不吃过期食品和变质食物。保质期（最佳食用期）是指在标签规定的条件下，保持食品质量（品质）的期限。在此期限内的食品可以放心食用。超过保质期限的食品，不宜销售和食用。有些食品虽然在保质期内，但由于保管不当或意外灾害，而出现霉变、虫蛀、发酵、走油等变质情况；有的因包装破损而使食物受到污染。一旦食用这样的食品，极易危害健康。

（3）不要在打闹嬉戏时吃东西。青年学生好动，课余时间常在一起打闹嬉戏。有的同学往往会在这时买来食品与朋友分享，但一边玩闹一边吃东西容易发生意外。因为嬉闹时注意力分散，而食物在口腔内咀嚼时，会因说话、突然大笑、叫喊、追逐、跳跃等而意外地滑入食道或气管中。轻者引起呛咳、卡噎；重者甚至导致气管被异物堵塞，造成严重后果。此外，哭泣时也不要吃东西，否则也有可能引发意外。

（4）少吃油炸和腌制食品。油炸食品是许多青少年的最爱。卫生部食品污染物监测网监测结果显示，高温加工的淀粉类食品（如油炸薯片和油炸薯条等）中的丙烯酰胺含量较高，其中薯类油炸食品平均含量高出谷类油炸食品的4倍。丙烯酰胺是一种可能致癌的化学物质。医学研究表明，长期低剂量接触丙烯酰胺会出现嗜睡、情绪和记忆改变、幻觉和震颤等症状，并伴随末梢神经病（手套样感觉、出汗和肌肉无力）。因此，卫生部建议人们改变以油炸和高脂肪食品为主的饮食习惯，减少丙烯酰胺可能导致的健康危害。腌制食品是青少年日常饮食中接触较多的食品，它所含有的亚硝酸盐已被证明具有致癌作用，应该尽量少吃。

（5）饮食定时定量。定时，是指吃饭时间要有规律；定量，是指吃饭要有节制，每餐不宜过饱，三餐合理分配：早餐30%，中餐40%，晚餐30%。

（6）多吃谷类，供给充足的能量。青年对能量的需要高于成人，且男性高于女性，每日约需10040～11720千焦耳（合2400～2800千卡）。

(7) 保证鱼、肉、蛋、奶、豆类和蔬菜、水果的摄入，尤其是钙的摄入。全国营养调查资料表明，对奶和奶制品的摄入量，平均每人每日为341～374毫克，仅为供给量标准的38.9%～52.5%，所以膳食中不可缺少奶和奶类食品。

(8) 养成吃早餐的良好习惯。必要时课间应加一杯牛奶或豆浆；营养充足的早餐不仅能够保证青少年身体的正常发育，而且对其学习效率的提高也起到不容忽视的作用。

(9) 应注意学习紧张期间（如考试时）的营养和饮食安排。人体处于紧张状态下，一些营养素如蛋白质、维生素A和维生素C的消耗会增加。要注意补充这些营养素，像鱼、瘦肉、肝、牛奶、豆制品等食物中就含有丰富的蛋白质和维生素，新鲜的蔬菜和水果中含有丰富的维生素C和矿物质。

(10) 吃饭要细嚼慢咽。细嚼慢咽有利于消化。现代人囫囵吞枣式的吃饭习惯，使得大多数食物都在很大颗粒的状态下就进入胃中，加上生活习惯不好和阻塞的经络，使得消化酶的分泌不足。快速的吃饭习惯，更使身体分泌消化酶的速度赶不上食物的供应。大多数食物或因颗粒太大，或因消化酶分泌不足，而使食物到达小肠时成为液态的比例非常低。大多数食物仍然是块状固体，这些固体食物最终只能被当成大便排出体外。虽然吃了很多食物，可是被身体吸收的比例很低。

细嚼慢咽的吃饭习惯可以大幅提高食物的吸收比例，身体由于吸收了充分的营养，食欲自然降低，饭量自然减少。饭量减少加上大多数食物被小肠吸收，食物的残渣大量减少，包括肠胃在内的整个消化系统的负荷大大减轻。不但新增的宿便减少，而且身体也开始有能量和机会清理长期积存在肠胃中的垃圾。细嚼慢咽吃的食物量减少了一半，但是吸收的营养却增加了50%；胃和小肠的食物处理量减少了一半，大肠的处理量更减少到原有的39%。身体处理较少的食物却得到更多的营养，肠胃系统的负担大幅减轻之后，就有余力将原来积存的垃圾或宿便清除干净。

囫囵吞枣式的饮食习惯，加上从不中断的每日三餐过量饮食，人体的消化系统长期处于超负荷的状态，使得肠胃的问题愈来愈严重，垃圾堆积愈来愈多。身体无力处理肠胃的问题，则使脾脏的负担也愈来愈重。细嚼慢咽是追求健康和减肥最重要的手段之一，这种减肥手段不需要忍受任何饥饿，是最自然和健康的方法。

第三节 食物中毒的救治

 案例警示

【案例一】

2006年9月29日上午10时,某学校校医室陆续接到由老师带来或自行到校医室就诊的学生多名。经询问情况,约13名学生出现腹痛、恶心和呕吐症状。

一、判断是否食物中毒

处理的思路:作简要的初步了解后,确认是否发生食物中毒。

背景:该学校共有26个班,学生总数1237人。食堂仅提供课间餐,就餐时间为上午9:00。当天就餐学生为1062人,就餐场所为各班教室;出现症状的学生均集中在两个班。这两个班共有学生88名,两个班分设在不同楼层。初步判定病例数为13名。患者主要症状是呕吐(多为2~5次),个别出现腹痛,无腹泻、发热、头晕、头痛、视力模糊和手脚麻木等症状,无危重、死亡病例。当日课间餐的食品为三鲜冬瓜汤、扬州炒饭。患者集中发病时间为当日10:00—11:00,最早发病时间是10:15。

1. 是传染病(胃肠型感冒)?早上到校时这两个班的学生未见异常。
2. 因暴饮暴食而引起的胃肠炎?过敏变态反应性疾病?吃了某种食品(鱼、虾、牛奶等)而发生?
3. 饮用水出问题?学校供应桶装饮用水,但不是每个患者都喝了。
4. 共同进食史:课间餐。

二、处理措施

启动应急预案:

1. 马上报告学校领导,启动应急预案统筹处理该事件。学校主管领导立即指挥应急抢救工作。
2. 报告上级:

(1) 校医向卫生部门报告：①发生食物中毒的单位、地址和时间；②中毒人数，主要中毒症状；③可能引起中毒的食物；④中毒发展的趋势、已采取的措施和需要协助解决的问题。

(2) 校长向教育主管部门报告：①发生食物中毒的单位、地址和时间；②中毒人数，主要中毒症状；③可能引起中毒的食物；④中毒发展的趋势及已采取的措施。

3. 学校领导召集各班主任会议，说明情况并要求各班主任按正常教学进程上课，密切观察全体学生的身体状况，稳定学生的情绪，发现不适者及时送校医室诊治，避免引起不必要的"羊群效应"。

4. 校医密切观察病情，对患病学生按轻重情况进行分类处理：

(1) 症状稍重者，由专门老师护送，用校车送医院处理；

(2) 症状轻微者，经对症处理后在校医室观察；

(3) 如果中毒学生较多、情况紧急，可拨打"120"请医院派人来校急救，采取抢救措施。

5. 校长做好后勤保障工作，保障学生转送医院用机动车、预防服用的药品、消毒用品到位。

6. 总务主任、食堂负责人保存食堂现场，保存造成食物中毒或者可能导致食物中毒的食品和原料，以及盛装可疑食物的容器、工具和用具；保留病人的粪便、呕吐物（最好是用药前）。要协助卫生部门做带菌检查和取证工作，按照卫生部门的要求如实提供有关材料和样品。

7. 预防性服药。在卫生部门的指导下，发生病例较多的学校和年级的同学集体预防性服药，由班主任看服到口。

8. 应对新闻媒体、疏导学生家长工作。

(1) 安排专人应对新闻媒体（避免众说纷纭，口径不一）。

(2) 及时、准确地公布事故真相（让自身成为媒体的主要信息来源，以减少无端猜测和以偏概全）。

(3) 表明学校和相关部门的态度和立场，说明已采取的措施（满足公众特别是学生家长的知情权）。

9. 后续追踪工作：下午上学后对未到校上课的学生由班主任及时了解缺课的原因，发现异常及时上报校医。

10. 事故总结：处理在事故中应负有责任的人员，制定出预防类似事故发生的方案。

三、卫生部门调查

1. 中毒病人的流行病学调查。

2. 食谱调查。

3. 食品的加工、销售过程调查。9月29日课间餐扬州炒饭所用的米饭,9月28日晚蒸煮后用塑料盆盛装后放置在食堂就餐大厅内的就餐台上。9月29日早上7时,加入火腿、青豆和玉米,分锅炒制,于8时制作完成。

4. 实验室检查:学生用饭盒、留样食品细菌检测培养为蜡样芽胞杆菌阳性。

结论:蜡样芽胞杆菌食物中毒。

蜡样芽胞杆菌中毒食品主要为剩米饭、粉、甜酿酒、剩菜、甜点心及乳类、肉类食品。中毒多因食品在食用前保存温度较高和放置时间过长,中毒季节以夏季、秋季为多。蜡样芽胞杆菌在15℃以下不繁殖,剩饭、剩菜应低温保存。

四、应吸取的教训

1. 存放条件不当。

2. 课间餐扬州炒饭所用的米饭为9月28日晚蒸煮后用塑料盆盛装后放置在食堂就餐大厅内的就餐台上,违反《餐饮业和集体用餐配送单位卫生规范》第二十一条第(六)款"在烹调后至食用前需要较长时间(超过2小时)存放的食品,应当在高于60℃或低于10℃的条件下存放"的规定。

【案例二】

2003年9月8日,某学校2003级学生约700人到某基地进行新生入学军训。从第二天起,陆续有学生出现腹痛、腹泻、恶心、呕吐和发热等症状。至11日校领导获悉报告时,已军训3天,发病人数达100多人。

处理措施如下。

一、学校领导接报后

1. 通知校医室负责人马上随校领导前往军训基地实地了解情况。

2. 校医室立即将现有的有关药物装箱、带药并派出医务人员及时赶往军训基地。

3. 总务主任立即将事件报告给市卫生监督所,请求派人前往协助处

理事件。（卫生部门于中午 11 时 40 分接到报告）

二、现场情况调查

下午 1 时多到达现场。参加这次军训的新生 720 人，全部集中在军训基地食堂就餐，无外出就餐史。从军训第二天起陆续有学生出现腹痛、腹泻、恶心、呕吐和发热等症状，至校领导获悉报告时已军训 3 天，发病人数约 100 人。当天有 20 多人就近送人民医院就诊，有 10 多人在军训基地医务室就诊，无危重、死亡病例。

1. 现场查看军训基地食堂情况：该食堂面积约 150 平方米，无卫生许可证，无功能分区，无"三防"设施，无贮藏室，无配餐间，全部食品和原料采购均无索证。砧板放在地上切青菜后，用同一个砧板切外购的烧鹅（未能出示烧鹅供货方的卫生许可证）。全部从业人员不能出示健康证、卫生知识培训证。

2. 现场查看军训基地医务室状况：当时约有 10 多名学生在医务室输液；基地主诊医生说自己是医学院毕业的，现场未能出示医疗机构执业许可证，未能出示行医许可证、上岗证和居民身份证。

三、军训基地负责人、当地卫生部门意见

都认为这些学生可能是水土不服。

四、处理方法和措施

1. 症状较明显者送附近人民医院诊治，症状稍轻者由学院医务室医师进行诊治，送药看服到口；

2. 全体师生预防性服药（每人两天量），第一次看服到口；

3. 当晚撤离军训基地，全部同学由学院包车（20 多辆旅游大巴）并派老师跟车送回家；

4. 次日，各班主任电话巡访各班全体同学，确保全体同学健康无病。

五、应吸取的经验教训

（一）成功经验

1. 发生不明原因群体事件时，及时上报学校领导；

2. 学校领导应急处理得当（第一时间通知各有关部门并亲自带队赶赴现场，了解情况，听取有关专家意见）；

3. 周密安排；及时安全地撤离造成食物中毒（或可疑食物中毒）的环境，有效地控制事态的发展；

4. 事后个案追踪，确保学生健康和安全。

（二）吸取的教训

大型活动事前的卫生状况了解：

1. 食品卫生状况：供餐环境、供餐能力、每日菜单审查、食品留样、操作过程的卫生；
2. 传染病流行情况（禽流感、"非典"、自然疫源地）；
3. 医疗条件：应对发生突发事件的应急处理能力。

案例评析

食物中毒是指摄食了含有细菌性、化学性有毒有害物质的食品，或者将有害物质当做食品摄入后出现的非传染性（不属于传染病）的急性、亚急性疾病。食物中毒按致病源物质可分为细菌性食物中毒、化学性食物中毒、有毒性动植物食物中毒、真菌及其毒素食物中毒等。

据卫生部统计，我国各类食物中毒事件中，细菌性食物中毒最多见，占食物中毒总数的一半左右。细菌性食物中毒具有明显的季节性，多发生在气候炎热的季节。这是由于气温高，适合于微生物生长繁殖；另一方面人体肠道的防御机能下降，易感性增强。细菌性食物中毒发病率高，病死率低，其中毒食物多为动物性食品。

其次是化学性食物中毒。化学性食物中毒是指健康人经口摄入了正常数量，在感官上无异常，但确含有某种或几种"化学性毒物"的食物，随食物进入体内的"化学性毒物"对机体组织器官产生异常作用，破坏了正常生理功能，引起功能性或器质性病理改变的急性中毒。常见的化学性食物中毒包括有机磷引起的食物中毒、亚硝酸盐食物中毒、砷化物引起的食物中毒等。

再次是有毒动植物食物中毒。有毒动植物食物中毒是指一些动植物本身含有某种天然有毒成分，或由于贮存条件不当形成某种有毒物质被人食用后引起的中毒。自然界中有毒的动植物种类很多，所含的有毒成分复杂，常见的有毒动植物品种包括河豚鱼中毒、含高组胺鱼类中毒、毒蕈中毒、含氰甙植物中毒、发芽马铃薯中毒、豆角中毒、生豆浆中毒等。

食物中毒的主要原因有以下6方面：一是生产经营者疏于食品卫生管理，对食品加工、运输、贮藏、销售环节中的卫生安全问题注意不够，此类中毒发生率最高，出现在学校食堂和饮食服务单位的食物中毒多属此类;二是滥用食品添加剂或使用非食品原料,如发生在江西的毒猪油事件,发生在广东省肇庆市掺杂液体石蜡的食用油引起的集体食物中毒事件等;三是误食,主要是食用亚硝酸盐、河豚鱼、毒蘑菇和农药、鼠药污染的食物引起的中毒,其发生的数量较多,且中毒者病情危重,死亡率极高;四是群众食品卫生知识匮乏,食品加工、贮存不当,导致细菌性食物中毒;五是投毒;六是农药生产经营和使用管理不完善,食品加工和种植过程中使用国家已明令禁止生产和使用的鼠药、农药引起的。

经分析,常见的引起食物中毒的十大因素是:

(1) 不适当地冷藏食物（冷藏温度不够）;
(2) 在室温下贮藏食物（室温在危险温度带范围内）;
(3) 过早地准备食物（使细菌有足够的繁殖时间）;
(4) 不适当地冷却食物（冷却时间过长）;
(5) 不适当地加热食物（加热不彻底或低温长时间加热）;
(6) 内务管理不善（偶然的污染事故）;
(7) 交叉污染（卫生制度不健全,个人卫生习惯不良）;
(8) 不适当地解冻食物（在室温条件下解冻）;
(9) 食品加工或制作人员有感染并且有不良卫生习惯;
(10) 已加工的食物被污染。

对策建议

（一）学校要加强食堂管理工作

1. 加强监管工作,改进运营机制

高度重视并加强对学校食堂的管理监督工作,改进学校食堂管理和运营机制,是学校后勤社会化改革的一项重要内容。学校要正确认识、妥善处理好深化食堂改革与加强管理的关系,切实承担起应负的责任,不断改进对食堂的日常管理和监督,认真把好食堂经营单位和人员的资质关以及相关的合同关,严禁腐败行为。对违约违法经营、诱发事端的食堂经营单位或个人,学校要及时会同有关方面进行处理。学校的职能部门和相关人员要转变工作作风,认真做好日常监督工作,坚决防止并杜绝诱发事故的苗头和隐患。食堂经营单位或个人要依法依约规范经营,自觉加强内部管

理，端正服务态度，不断提高服务质量。

2. 加强宣传教育，健全规章制度

学校要积极宣传《中华人民共和国食品卫生法》《中华人民共和国产品质量法》《餐饮业食品卫生管理办法》《学校食堂与学生集体用餐卫生管理规定》等法律、法规和规章，加强对有关部门和学校食堂从业人员的宣传、教育和培训，不断提高他们在实际工作中规范管理、依法经营、守法经营的自觉性。学校要根据有关法律、法规和规章的规定，组织力量，全面、彻底查找在学校食堂管理，特别是在卫生管理和食品质量管理方面存在的漏洞和隐患。针对存在的问题，认真研究、制定和完善食堂管理的各项规章制度。食堂经营的各个环节，都必须建立健全岗位责任制和责任追究制，做到层层把关，责任到人，保证各项规章制度落到实处。学校要建立健全对食堂的评估指标体系，加强检查和评估。学校食堂发生责任事故的，要严肃追究当事人和有关领导的责任，及时更换学校食堂经营者。要确保学校食堂和食品的卫生、质量。建立健全学校食物中毒和疫病情等突发事件的应急预案工作制度。

3. 严格准入制度，维护师生利益

对高校食堂经营者加强管理、严格要求，是提高学校食堂管理水平的关键。学校要建立饮食经营准入制度。对食堂的发包要实行严格的公开招标制度，特别是对外发包，要全面审核投标方的经营管理水平、技术水平、资金能力、资质信誉、从业人员的素质及健康状况并择优选定。各有关方面（包括学生）均应有代表参加招标工作，坚决禁止暗箱操作及其他不正之风，切实保护广大师生的利益。学校与中标方要以具有法律效力的契约方式，明确各自的责任、权利和义务，明确质量要求和处罚办法。对未参与投标已进入学校从事餐饮经营的单位和个人，应按上述原则补审，不符合条件的应取消其经营资格。新建、改建和扩建食堂的就餐环境、食品储藏、加工、餐具消毒和保洁等基础设施必须达到有关标准，经学校验收合格，卫生部门进行卫生审查并获得卫生许可证后，方可投入使用。已投入使用尚未达到要求的食堂，应按要求抓紧完善，限期达标。

4. 严格招标投标，集中定点采购

学校要全面推行饮食物资招标投标和集中定点采购制度，食堂必须到合法经营单位采购饮食物资，并按照国家有关规定验看有关饮食物资经营单位的证照，特别是应确认经营者具有有效的食品卫生许可证和工商营业执照。采购畜禽肉类原料时,必须验看动物检疫部门出具的检验合格证明。为保证食品质量,降低采购价格,对大宗饮食物资均要实行公开招标采购制度,对零星饮食物资也要实行集中定点采购。因特殊原因确实难以实行集中采购的,也要实行定点采购。对定点供货单位,必须在货比三家,并全面审核其生产、加工、储备、供货能力和价格标准等综合指标的基础上确定。采购的饮食物资必须有厂名、品名、产地名和出厂日期、保质期、保存期,选择的定点供货单位及采购品种应报学校后勤管理机构和饮食服务实体等有关部门备案。学校的职能部门要通过各种办法,对采购的全过程进行严密的监控,坚决杜绝各种腐败行为,并制定严格的监督措施,发现问题要迅速严肃追究处理。

(二) 制订高校食品安全应急预案

目前,一些高校在对食品的安全监管中仍未建立起较为完善的食品安全应急制度。从实际来看,一旦发生了食品安全事件,往往是监管部门事后仓促应对,相关部门匆匆召开联席会议,确定彼此的职责、工作分工和工作步骤。这种事后的应急方式往往不能及时控制突发的食品安全事件,也不能满足师生、家长对学校高效处理此等事件的期望,更可能发生部门之间的相互推诿以及信息沟通的迟缓与不力。

相对于学校食品安全的常态管理环境,食物中毒的发生将使学校处于非常态的情景之中。由于突发危机导致的高度紧张和压力,往往使学校难以在有限的时间内确定最佳、最有效的应急措施。实际上,在校园食品安全突发事件中,依赖责任追究的行政管理方式对预防和应对食品安全事故效果甚微。因此,高校制订食品安全应急预案至关重要。

(三) 食物中毒的救治方法

一旦发生食物中毒,应立即报告学校领导,启动应急预案统筹处理该事件,学校主管领导立即指挥应急抢救工作。校医密切观察病情,对患病学生按情况轻重进行分类处理:症状稍重者由专门老师护送,用校车送医院处理;症状轻微者经对症处理后在校医室观察;如中毒学生较多,情况紧急时,可拨打"120"请急救中心派人来校急救,采取抢救措施。为救治及时,可采取如下现场急救措施。

1. 中毒急救的原则

(1) 尽快明确毒物及其进入途径和摄入量。迅速切断毒源,并设法清除已停留在机体内而尚未被吸收的毒物。

（2）迅速消除威胁机体生命的毒效应，使患者的基本生命特征趋于稳定状态。

（3）如果该中毒有解毒药可供使用，应及时、正确地施用特效解毒药治疗。

（4）详细记录关键性病情变化和诊治处理措施，所有记录的计时均应精确至分钟。

（5）来诊时即使病情较轻，也应认真对待，因为毒理效应可能尚未到达高峰。除作好预防和应急准备之外，尚需向家属或陪伴者说明可能的病情进展情况。

（6）注意综合治疗，及时作紧急对症处理，防治可能发生的并发症。

（7）警惕迟发毒效应，并作早期防治处理。

（8）凡本人否认而陪伴者确认其已服某毒物者，来到急诊室后，只要没有禁忌症，应一律进行洗胃，并暂留观察。

2. 排除毒物

（1）清除皮肤、黏膜上的毒物，尽快将患者移离中毒环境，立即脱去污染衣服，迅速用大量微温清水（忌用热水）冲洗被污染的皮肤。黏膜创面的毒物，应先将其吸出，然后用化学解毒剂反复冲洗，最后再用清水冲洗。对无创面的皮肤或黏膜上存在的水溶性毒物，可用清水充分冲洗。对不溶解于水的毒物，可用适当的溶剂（如酚可用 10% 酒精或植物油）冲洗，或将化学解毒剂加入水中冲洗。如为酸类毒物，可用肥皂水、石灰水的上清液，3%~4% 碳酸氢钠及其他碱性溶液等洗涤后，再用清水冲洗。如为有机磷中毒物，亦可用肥皂水或其他弱碱性水冲洗（"敌敌畏"禁用碱性溶液）。如系碱类毒物，可用食用醋液或 3%~5% 醋酸、3% 硼酸液冲洗，然后再用清水冲洗。一般化学性烧伤的毒物（如酸或碱），经上述处理后，用清水冲洗至少 15 分钟。

（2）催吐。神志清醒的口服毒物病人，只要胃内尚有毒物，都应作催吐处理，这是排除胃内毒物的最好办法，并可增加洗胃效果。常用催吐方法和注意事项如下：

① 刺激咽弓和咽后壁。用硬羽毛、压舌板、匙柄、筷子或手指等搅触咽弓和咽后壁催吐。此法简单易行、奏效迅速，也能在家庭中应用。如因食物过稠，不易吐出、吐净，可嘱病人先喝适量温开水、盐水或其他液

体，然后再促使呕吐。对重症患者，可由胃管将水灌入，然后拔出胃管，再刺激咽部，使之呕吐。

② 口服溶液催吐。可根据情况选用下述溶液：a. 食盐 8 克溶于 200 毫升温开水后口服；b. 用 1：2000 高锰酸钾溶液 100~300 毫升口服；c. 用 0.3%~0.5% 硫酸铜或硫酸锌溶液 150~250 毫升口服；d. 碘酊 0.5 毫升加入 500 毫升水后口服；e. 白矾 5~10 克溶于 500 毫升温开水中口服。

③ 阿朴吗啡催吐。成人皮下注射 3~5 毫克，可引起呕吐，但体弱、休克和昏迷病人禁用。

④ 不宜催吐的情况：一是服腐蚀性毒性及惊厥尚未控制的中毒患者，不宜催吐；二是有严重心脏病、动脉瘤、食道静脉曲张和溃疡病患者，不宜催吐。

（3）药物导泻。食物中毒时间超过 2 小时，精神较好者，则可服用大黄 30 克，一次煎服；老年体质较好者，可采用番泻叶 15 克，一次煎服或用开水冲服。

（4）解毒护胃。①取食醋 100 毫升加水 200 毫升，稀释后一次服下；②可用紫苏 30 克、生甘草 10 克一次煎服；③可口服牛奶和生鸡蛋清，以保护胃黏膜，减少毒物刺激，阻止毒物吸收，并有中和解毒作用。

3. 处理善后问题

对食堂保存现场，保存造成食物中毒或者可能导致食物中毒的食品及原料，以及盛装可疑食物的容器、工具和用具；保留病人粪便、呕吐物（最好是用药前）。对细菌毒素或真菌食物中化学性食物中毒，以及不明原因的食物中毒，所剩食物均应烧毁或深埋。与中毒食物接触的用具、容器等要彻底清洗消毒。可用碱水清洗后煮沸；不能煮沸的用 0.5% 漂白粉浸泡 10~20 分钟，然后清洗干净。要协助卫生部门做带菌检查和取证工作，按照卫生部门的要求如实提供有关材料和样品。

如有必要，可进行预防性服药；在卫生部门的指导下，发生病例较多的学校和年级同学集体预防性服药。

学校按正常教学进程上课，密切观察全体学生的身体状况，稳定学生的情绪，发现不适者及时送校医室诊治。

学校向相关卫生部门和教育主管部门报告如下事宜：发生食物中毒的单位、地址和时间；中毒人数，主要中毒症状；可能引起中毒的食物；中毒发展的趋势、已采取的措施和需要协助解决的问题等。

在应对新闻媒体、疏导学生家长等工作方面，学校应及时、准确公布事故事实和真相，表明学校和相关部门的态度和立场，已采取的措施。

最后，学校应认真总结经验，处理在事故中应负有责任的人员，制定出预防类似事故发生的方案。

总之，高校在校大学生（尤其是非食品专业大学生）的食品安全意识淡薄，对食品安全知识缺乏科学认知。食品安全教育是高校安全教育的重要内容之一，是维护高校稳定的基础工程，是学生健康成长的保证。因此，应积极调查、收集和分析大学生对食品安全的态度及认知情况，并在此基础上加强学生的食品安全教育、做好宣传，使大学生增强食品安全意识，作好自我保护和监督，促进食品安全体系的构建和完善。

第四章 宿舍安全

学生宿舍的安全是高校进行正常教学和科研工作的前提，是高校发展的重要保证。高校各管理部门和学生都必须予以高度重视，自上而下构筑严密的人防和技防体系，形成群防群治的局面，为高校人才培养工作的顺利进行保驾护航。

第一节 谨慎防盗

盗窃，是指一种以非法占有为目的，秘密窃取国家、集体或他人财物的行为。它是一种最常见的并为人民群众、师生深恶痛绝的违法犯罪行为。近年来，学生宿舍失盗案件居高不下，给学生财物带来了较大损失。据统计，学生宿舍失盗案件占学校发案数的90%以上，在高校发生的各类案件中是最多的。学生宿舍之所以成为失盗案件的高发区域，主要是由于学生防范意识不强，麻痹大意，疏于防范，贵重物品不能妥善保管等原因所致。这里精选典型案例，以警示同学们。

 案例警示

【案例一】

疏于防范　贵重物品不翼而飞

赵某，某大学二年级本科学生。由于该生家境较好，因此她有不少电子产品，且价格昂贵。该生平日里就不太注意保管自己的财物，大大咧咧，从未想过自己的东西会失窃。而赵某所住的宿舍楼也一直没有发生过盗窃案，这就更让赵某及其身边的人感觉不到小偷的存在。疏忽是大敌，会给小偷可乘之机。有一天，小偷把第三只手伸向了她。

2004年12月5日上午10时许，赵某独自一人在寝室用自己的笔记本电脑上网。相邻寝室的同学通过QQ发来消息，让她过去一会儿。由于觉得时间不会太久就能回来，她没有收起电脑，随手把门关上没有上锁就到相邻寝室去了。原来，同学的电脑感染了一种叫"冲击波"的病毒，她帮同学修好电脑就回到寝室。一进门，眼前的书桌空空如也——她的笔记本电脑、手机全都不翼而飞。这前后不过20分钟，但已足够让小偷得逞。之后，在同学的提醒下，她拨通了自己的手机，但手机已被关机，大家这才意识到东西真的是被盗走了。后来，她向宿舍管理员和学院老师说明了情况，希望能找回失物，同时也给同学们提个醒。据同学们推测，小偷可能是别的宿舍来的，因为失盗的前几天总有人来寝室卖书或找人，人员较多。正是由于这种复杂性，使得她追回失物的可能性更小。赵某对自己的疏忽大意自责不已，告诫自己在以后的日子里一定要小心保管物品，避免类似的事件再次发生。

（资料来源：《大学生安全常识》）

【案例二】

八间女生寝室一夜被盗　无一人察觉

2009年9月6日凌晨，某高校大学城校区C9栋宿舍楼的8间学生寝室被小偷"光顾"，20多名学生的财物被盗，其中有1名学生3000多元的现金也失窃。据该校学生小李回忆："早晨7时许，大家还睡得昏昏沉沉的，我隐约听见几声尖叫，然后听到二楼楼道上一片喧哗。我起床出门

问同学出了什么事,得知对面的几间寝室被盗了。"一名住在被盗宿舍的女生说:"我住在C9学生宿舍楼二楼,二楼东面的12间寝室至少有8间在夜里被盗了。幸好没有女生受到人身伤害,现在回想一下都会冒冷汗。"

警方调查后,初步判断案发时间为凌晨2时许。东面12间寝室中确实有8间被盗,其余4间寝室因为当晚有学生看影碟或者看书,所以没有被盗。C9宿舍楼东临住宅区的干道,抬头看去,一楼窗外安装的防盗网上有许多便于落脚的横格,在一楼与二楼之间差不多1米处就是防盗网。只要踩到防盗网的横格上,二楼便伸手可及了。而二楼的窗外没有安装任何屏蔽物,阳台和屋子之间的门多半没关。同学们都在猜测小偷行窃的路径。大家一致认为,走阳台是最便利的方式。晚上睡觉时阳台上的门几乎都没关,相邻的寝室阳台之间距离不到半米,可以通过厕所前的一道空隙翻过去。小偷只要上到二楼的任何一个阳台,就几乎可以进到任意一间寝室中去。寝室的房门都锁得好好的,楼道内的摄像头也没有拍到什么,所以推测窃贼没有进入楼道,而是在阳台之间"串门"行窃的。

(资料来源:《新快报》2009-09-07)

案例评析

任何事物的发展变化都有其自身的特点和规律,学生宿舍发生的盗窃案件也有其规律。通过对以上两个宿舍失窃案例的介绍,我们可以探讨一下高校宿舍失窃案的特点和规律,以帮助同学们提高认识,加强防范。

(一) 高校宿舍盗窃案件的特点

一般盗窃案件都有以下共同点:实施盗窃前有预谋准备的窥测过程,盗窃现场通常遗留痕迹、指纹、脚印和物证等;盗窃手段和方法常带有习惯性;有被盗窃的赃款、赃物可查。由于客观场所和作案主体的特殊性,决定了高校宿舍盗窃案件有以下一系列特点。

1. 时间上的选择性

作案主体在有人监视的情况下通常是不行窃的,而必然会选择无人监视的空隙实施盗窃。例如,上课或考试期间,同学们都去教室上课或考试了,作案人便会"光顾"宿舍;周末、节假日期间、学校举办大型活动或者新生军训期间,宿舍通常均处于无人状态,作案人便会乘虚而入。

2. 目标上的准确性

高校中不乏许多内盗案件。哪个学生有钱或有贵重物品，常放在什么地方，有没有锁在箱子中或柜子里，钥匙放在何处，犯罪分子基本上都了如指掌。他们不动手便罢，一旦明确下手目标，通常很快便十拿九稳地得手。

3. 技术上的智能性

高校中盗窃案件的作案主体，一般以高学历、高智商的人居多，有的本身就是大学生。他们智力较高、比较聪明，盗窃"技能"高于一般盗窃作案人员。在整个违法犯罪过程中，注意自己"智力优势"的发挥，将自己掌握的科学知识表现为欺骗性和计划性两种形式：欺骗性主要表现为作案者充分利用自己是"学生"的身份做掩护，骗取了受害者的信任；计划性表现在其进行犯罪活动之前的反复思考和周密计划，有效利用学生身份和自身掌握的科学知识进行作案。

4. 作案上的连续性

由于部分学生麻痹大意，防盗意识淡薄，再加上作案人员熟知学生寝室生活环境，所以盗窃者第一次作案很容易得手。"首战告捷"以后，作案人往往产生侥幸心理，加之报案的滞后性或破案的延迟性，作案人极易屡屡作案而形成一定的连续性。其犯罪心理也由第一、第二次作案时的侥幸、紧张和恐惧转变为平静、沉着和老练，伪装性较强，有利于长期作案而不被外界注意。

（二）高校宿舍盗窃案件的行窃方式

1. 顺手牵羊型

乘主人或学生不在之机，将晾晒在阳台上、走廊里等处的衣物和鞋子等盗走。如主人或学生上厕所、上浴池或到隔壁同学寝室去玩时，盗贼就会顺手牵羊，将室内的贵重物品盗走。

2. 乘虚而入型

作案分子乘主人不在、房门抽屉未锁之机入室行窃。这类盗窃手段要比"顺手牵羊"更毒辣，作案分子胃口也比"顺手牵羊"者更大，无论是现金、存折、信用卡还是贵重物品，只要让他看到，基本上会一扫而光。

3. 窗外钓鱼型

作案人用竹竿等工具在窗外将被害人的衣服钩走。有的甚至把纱窗弄坏，钩走被害人放在桌上、床上的衣物。因此，住在一楼或其他楼层靠近走廊窗户的同学，如果缺乏警惕，很容易成为受害者。

4. 翻窗入室型

作案人翻越没有牢固防范设施的窗户、气窗等入室行窃。入室窃得所要的钱物后，常常又堂而皇之地从大门离去，因此这类窃贼不易被发现。

5. 撬门扭锁型

作案分子使用各种作案工具撬开门锁而入室行窃。

6. 乱闯乱窜型

此类犯罪分子因急于窃得财物，根本不"踩点"，而是以找人、借东西为由，不宜下手时就道歉告退，如有机会则立即行窃。

7. 调虎离山型

有些人故意提供虚假"信息"诱人离开宿舍，然后趁室内无人而行窃，乘机作案。

8. 宿舍内盗型

个别学生思想意识不健康，虚荣心强，盲目攀比，或对同学有意见、有矛盾，便利用同学白天上课、晚上外出参加集体活动、到教室上自习之机，以"请假看病"为由，潜回寝室行窃；有的利用晚上同学睡觉时间，盗窃同学的手机、电脑和现金等。

9. 粗心引盗型

作案分子用学生随手乱放的钥匙，趁学生不在宿舍时打开学生的门锁、抽屉锁和箱子锁，从而盗走现金和贵重物品等。这类作案者大都是与学生本人比较熟悉的人。

10. 引狼入室型

个别警惕性不高、纪律性不强的学生，擅自留宿外来人员。这些外来人员中，有的就利用学生上课时间或外出活动时间，盗窃学生宿舍的手机、现金、照相机和电脑等。

11. 内外勾结型

个别学生勾结社会上的不法分子进行盗窃，如事先配置钥匙交给别人，内外串通，利用上课时间或学校放假期间进行盗窃。

（三）高校宿舍盗窃案件的易发时间

无论是社会上的流窜盗窃分子还是内部的偷窃者，他们都是利用无人期间进行秘密窃取，或者乘乱浑水摸鱼。这是最基本的特征。

首先，从一天时间看。在一天中最容易发生宿舍被盗案的是上午上课时间，特别是第一、二节课时间，几乎占全部案件的80%以上。在这段时间里，学校通常安排的都是主要课程，学生大多数都去上课，这期间盗窃一般容易得手。晚上，如果相邻几个寝室的学生都上晚自习去了，室内熄灯，也可能被盗。

其次，从易发季节上来看。夏秋季节，开窗睡觉时极易发生"钓鱼"盗窃和"溜门"行窃。盛夏季节，天气炎热，一些同学贪图凉快，夜晚睡觉不关房门，小偷乘机入室行窃，或者偷走钥匙以伺机在白天作案。

再次，从整个学期看。学生开学和临近放假这两段时间是案件易发期。刚开学，学生们大多忙于开学后的各项就读工作；放假前，学生们忙于回家的各种准备，匆匆忙忙整理一些大包小箱和学习用具。特别是有些学生为了能与老乡结伴同行，频繁地穿梭在老乡宿舍之间，一时间使学生宿舍里显得有些混乱，给犯罪分子以浑水摸鱼的机会。另外，新生刚刚入学，通常从家中带来较多的现金和一些贵重物品，又未能及时地把贵重物品妥善保管好，没有及时把钱存入银行，很容易被盗贼盯上，导致新生宿舍被盗，造成严重的财物损失。此外，假期学生离校时，易发生撬门扭锁盗窃。

第四，学生毕业时。由于很快就要离开母校，心情异常兴奋和复杂，加上繁杂的事务牵扯了精力，放松了警惕，且宿舍的规章制度由于种种原因很难在毕业生宿舍得到严格的执行，非常容易被混入的窃贼钻空子。

此外，学校举行大型文体活动或学校召开大会、进行考试、周末看电影等时间段，学生不在宿舍，外来人员剧增，也容易发生被盗事件。

（四）高校易发盗窃案件的宿舍

1. 混住的宿舍楼

从高校整个宿舍区来看，盗窃案容易发生在居住混杂的宿舍楼内，几个学院同住在一座楼内，有的还夹住着进修学习人员、单身教职工及其他人员，势必给管理带来许多不便。同学们之间相互不熟悉，对于外来人员很难查问，盗贼往往浑水摸鱼，乘机作案。

2. 混住的宿舍

有的宿舍不仅几个院系同学混住，而且常常违反学校宿舍管理规定自行安排外来人员住宿或留宿。由于相互之间不太熟悉，加之上课或集体活动时间不统一，常有人员进出，极容易被盗窃分子钻空子。

3. 偏僻和容易逃离的宿舍

从近年的情况看，发案率较高的是宿舍楼的底层、顶层和地处偏僻的宿舍。不了解宿舍区情况的一些校外盗窃分子，为了便于逃跑，往往把目标选在一层，而一些狡猾的惯偷也常把顶层作为主要侵害对象。宿舍若是处在偏僻的死角处，则会成为各类盗贼选择的目标，这些地方由于视线不好，平时不被人们留意，即使盗贼碰到人也很容易躲藏到拐角隐蔽。

4. 管理松懈、制度不严的宿舍

这样的学生宿舍人员进出十分随便，任何人都能随意进来找人，小商小贩也可进来挨门售货。这样不仅容易被爱占便宜、"顺手牵羊"者偷走衣物，还容易使窃贼乘虚而入进行盗窃。

5. 缺乏警惕性和互不关心的宿舍

有些同学看到陌生人在宿舍楼里乱窜也漠不关心，甚至盗贼就在隔壁寝室作案，异常响动已搅得他心绪不宁时，也不愿去看一下。这种漠视的态度等于纵容了盗窃分子。

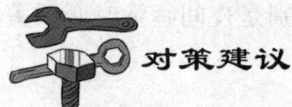 对策建议

要做好高校学生宿舍的安全防范工作，必须动员上下各方面的力量。各有关部门之间必须相互协调配合，齐抓共管，实行综合治理，人防、技防和物防相互结合，构建平安校园。

（一）把好"五关"，提高警惕性和安全意识

大学生防范意识薄弱已经成为校园发生安全事故的主要原因。当今的大学生，由于涉世不深，思想比较单纯，觉得校园里是非常安全的，或存有侥幸心理，麻痹大意，疏于防范，从而为犯罪分子提供了可乘之机，使他们作案频频得手，于是越发猖狂。因此，学生把好"五关"是解决高校宿舍安全问题的根本。

1. 把好钥匙关

房间和衣柜加锁是防止内盗的一种有效手段，应充分发挥其作用。根据以往失盗的教训，大多数问题出现在钥匙上。由于住宿人员的变动，造成一些房间门钥匙的混乱：有丢失的，有带走的，有转给他人的，有另行配制的，等等，均给宿舍被盗留下了隐患。因此，寝室每位同学，要认真了解本寝室钥匙的数量和持有人情况，如发生上述任何一种情况，均应更换门锁，衣柜钥匙亦是如此，千万不要因为吝惜一点小小的支出而造成大

的经济损失。建议新入学的同学要及时换锁，防止钥匙失控，宿舍被盗；钥匙必须随身携带，不要乱扔乱放或转借他人，更不要图方便而将钥匙放在宿舍门框等地方，以免给不法分子以可乘之机；配备抽屉和衣柜等处的锁具时，应注意选择比较正规牌子的锁具，以免因钥匙的重开率太高而失窃。

2. 把好门窗关

要养成随手关灯、随手关窗、随手锁门的习惯，以防盗窃分子乘虚而入；短时间离开宿舍，如串门聊天、打热水以及在盥洗间洗漱，或者午休等时间，应将屋门关好、锁好，防止盗窃分子溜门行窃；室内无人时要锁门，特别是最后离开的人，一定要认真检查房门是否锁好；宿舍门锁、门窗及铁栅栏有损坏的，应及时告知宿舍管理部门维修，不给犯罪分子以可乘之机。"溜门行窃"的盗窃分子完全可以在几分钟内入室行窃，窃贼还会从窗外以"钓鱼"的方式将室内衣服偷走，特别是夜间睡觉时必须关好门窗。

3. 把好存放关

在宿舍时不要把贵重物品（如笔记本电脑、随身听、文曲星、手机、饭卡和现金等）放在床上或桌椅上而去吃饭、上课、洗澡、洗衣服等；数额较大的现金，必须按要求以预留密码的方式存入银行，且存折和有效证件不能放在一起；装现金的衣裤或钱包不要放在明处，防止被"抽条"或"顺手牵羊"；节假日回家过节或出门旅游的同学，不要在寝室存放现金或贵重物品，有贵重物品的同学应尽可能将其带回家，确实不能带回家的可到学校相关部门办理寄存手续，待开学之日凭有效证件取回。

4. 把好密码关

不要将存折或银行卡的密码告诉包括同学、朋友或老乡在内的任何人，勿向他人泄露自己的银行卡号和密码，最好能随身携带或入柜上锁，不要放在床铺下或其他容易被别人发现的地方，存放的地方应注意隐蔽；不要将大众化的数字组合（如自己的生日、房间号、电话号码等）设置为银行卡密码；取款时留心身旁是否有人，尤其是独自一人利用 ATM 机取款时应提高警惕。

5. 把好购物关

不要购买混入寝室的各种流窜商贩兜售的任何商品。有的作案者以推销商品为由，顺手牵羊、伺机撬门进行盗窃；还有部分校外不法分子，打扮成学生的模样在宿舍区到处乱窜，遇到机会就下手行窃。此类案件具有较强的隐蔽性和欺骗性，不法分子多数以合法身份出现在学生宿舍，趁其不备，偷盗财物。同学们若遇到这类形迹可疑的陌生人，应认真询问，及时向宿舍管理人员报告，避免盗窃事件的发生。

（二）留意可疑人员，及时汇报情况

学生丢失东西之后，大多自认倒霉，而不去报案。他们认为盗窃这样的案件，很难捉拿犯罪人，这就给犯罪分子提供了自由的作案空间，同一犯罪分子往往多次作案。学生在发现自己的物品丢失后，要及时报案、反映情况。在日常生活中要留意观察可疑人员，一旦发生失窃事件，不要轻举妄动，要及时拨打学校保卫部门的电话，第一时间将信息传达给学校，提供被盗经过及犯罪分子的体貌特征，协助公安机关将犯罪分子绳之以法，避免类似案件再次发生。

（三）安排学生宿舍值班，协助学校安全防范

让大学生参与到学校的安全教育管理中，组织动员学生中的治保积极分子，利用他们情况熟、接触学生面广、隐蔽性强、发现问题快的有利条件，与宿舍管理部门和保卫部门联防，走群防群治的道路，共同搞好学生宿舍的安全防范工作。

（四）警民共建，净化学生宿舍治安环境

全面提升学生宿舍安全环境，必须从宿舍内部、外部同时下工夫，才能营造一个良好的治安氛围。通过警校联手，清理整顿宿舍周边影响治安的各种不良因素，净化周边环境，促进宿舍稳定。在每个宿舍楼内均设立门卫室，由专职人员值班值宿，第一时间发现问题、解决问题，把安全隐患消灭在萌芽之中；保安、宿管人员要密切配合，经常性地、不定期地在宿舍区进行巡逻和守护，维护宿舍区正常的治安秩序，做好宿舍中隐蔽地点的检查工作；公安人员和学校保卫部门要经常对学生宿舍出现的问题进行分析研究，并结合典型事例有针对性地对学生开展安全教育。

（五）加大安全管理投入，推进技术管理

学生宿舍安全管理，除了强调管理人员和学生的安全意识外，必须运用现代安全管理技术，加强对学生宿舍的管理。由于科学技术日新月异，违法犯罪分子的作案手段也越来越高明，利用高科技作案的案例不断增加，所以在学生宿舍的安全管理中必须发挥现代安全管理设施的作用，增

加学生宿舍的安全系数。在学生宿舍安全管理中,要重视技术管理的作用,要以学校安全指挥中心为核心,建立完整的现代化防盗监控系统,配备先进的通讯设施和电子门卫,建立畅通、快捷、准确的通信联系网,利用各种先进的报警预防系统全面覆盖各宿舍楼,快速、有效地处理各种安全事件,形成全方位的智能防控体系,保证全天候不中断监控,使学生宿舍真正成为安全、舒适的学习和生活环境。

 **安全训练**

作为大学生,了解同犯罪分子作斗争的一般知识,掌握斗争的基本方法,对于保护自己,打击犯罪,及时破案,维护广大同学的利益,营造良好的学习环境,具有重要的意义。因此,在开展防盗安全教育,提高广大师生防盗意识的同时,应进一步训练学生临危不惧、机智应对突发事件的能力。

1. 正确判断,不被盗贼所蒙骗

当你课余时间或外出归来,突然发现本寝室的人不在,却有陌生人在寝室时,首先就应引起警觉,多方面考虑,有一个充分的思想准备。其次,应站在门口处,迅速观察寝室状况,特别要注意看寝室门锁及室内带锁的抽屉、箱子是否被撬过。如果是你认识的人,问话可直截了当一些;如果是陌生人,盘问时则应采取策略,使其按照你的思路来答话,尽量问对方无思想准备的话,看其是否能答上来,以此很快判断出对方的身份。

2. 稳定盗贼,采取相应对策

(1)判断对方确属盗贼后,在你暂时孤立无援的情况下,不要急于揭露其犯罪事实,谨防狗急跳墙行凶伤人;要与盗贼保持一定距离,必要时可同其交谈,尽量麻痹对方,让他感到你毫无怀疑的意思,以拖延时间,等待其他同学归来。

(2)当场撞见盗贼正在作案时,由于盗贼无法再进行抵赖或找其他借口,因此他们往往一是求饶,二是威胁,三是夺路而逃。盗窃分子做贼心虚,在学生宿舍这种环境中,绝大多数是不敢轻举妄动的。遇到这种情况时,应一面尽快拿起手边可用的自卫工具,堵住盗贼逃跑的出路;一面以以正压邪的气势,大声呵斥和警告,对其形成威慑,同时大声呼喊"抓贼",寻求同学援助。如盗贼胆敢行凶,可进行正当防卫。

（3）盗贼未被惊动时，应一面把住门，一面就近叫同学，以便瓮中捉鳖。例如某高校一位同学在回寝室时，突然从门缝中看见一名盗贼在室内作案，他在视线不离开寝室门的情况下，通知了同一层楼的其他几位同学，将盗贼在室内当场抓获。

3. 发动同学，充分利用集体力量

（1）如果盗贼夺路逃跑，应紧紧盯住，不要让盗贼脱离视线，同时呼喊"抓贼"。宿舍里的同学只要听到有人喊抓小偷，绝大多数同学会挺身而出，再加之校园内师生众多，盗贼是很难逃脱的。

（2）来不及逃走的盗贼为了避开视线，往往会溜进厕所、阳台或住房等处躲藏，这时应立即把守，同时有组织地进行清查。

4. 急而不乱，有勇有谋

（1）如遇两人以上的盗窃分子结伙作案，在盘问及对策上除按前述办法对付外，当他们分头逃跑时，要集中力量抓住其中一个。

（2）在当场无法抓获盗贼的情况下，应记住盗贼的体貌特征，如年龄、相貌、身高、胖瘦和口音等，以便向公安保卫部门提供破案线索。

5. 抓获盗贼，及时送交公安保卫部门

一旦抓获盗贼，首先应采取强制措施将其控制，然后立即报告学校公安保卫部门。强制程度要适当，不能殴打辱骂，如将盗贼打伤致残，是要负法律责任的。在这段时间里，最好不要与盗贼说话，以免分散精力。要始终保持高度警惕防其逃跑，不要与盗贼靠得很近，即便需要靠近也不给其留有猝起伤人的机会。在学生众多、明显占有优势的情况下，也可直接将盗贼押送至学校保卫部门。

第二节　注意防火

近年来，随着学校数量增加、规模扩大和在校学生人数的激增，校园火灾隐患日益突出。全国各地高校校园火灾频繁，严重干扰了学校正常的教学秩序，给国家造成了重大的经济损失和政治影响。

 案例警示

【案例一】

俄罗斯人民友谊大学失火　导致44名学生死亡

莫斯科时间2003年11月24日凌晨2时，一场突如其来的大火吞噬了原本宁静的俄罗斯人民友谊大学6号预科学生宿舍楼。这个楼里居住着80多名中国留学生。3小时内，一幢5层高的大楼被大火吞噬，44名学生死亡，近200名学生受伤，遇难者中包括12名中国留学生。俄方出动了50辆消防车灭火，30辆救护车抢救伤员。这是莫斯科近10年来发生的最严重的一次火灾。

据悉，发生火灾的6号学生宿舍只是供留学生短期居住，所以宿舍管理部门很少管理该宿舍。该校副校长蓬卡说，发生火灾的宿舍楼直到10月15日才开始供暖，因此不排除学生为了取暖而在房间使用电暖气的可能。

该校曾要求学生不要在宿舍内私自使用家用电器，但是由于该宿舍楼供暖很差，有不少学生使用电暖气、电褥子取暖。而公寓的管理部门只是在墙上、楼上贴一些严禁私自用电的条幅，实际的防火安全措施并不是很严格。3月份，有关人员曾经对该宿舍楼进行了防火安全检查，结果查出有36项不符合防火安全规定，其中包括学生私自使用家用电器。

调查结果显示，6号宿舍楼缺乏用于疏散人群的广播及防火信号设备，也并不是所有主要楼梯通道都有防烟装置等。曾经去过6号楼的中国学生说，该宿舍楼每层只有两个水房有水，每个房间虽然有卫生间，但是长期没有水供应，缺乏用于救火的水也可能是导致火势迅速蔓延的原因。

住在6号楼的学生基本是尚在预科班的外国留学生，许多人尚未学会使用俄语与人交流，因此可能很难跟火警值班人员及时沟通，报告火灾险情，从而延误了呼叫火警、及时扑灭火情的最佳时机。据莫斯科消防专家推测，火灾发生大约30分钟后才有人呼叫火警，虽然首批消防人员在接到报警后8分钟就赶到火灾现场，但此时火势已经从二楼蔓延到三楼。

（资料来源：江苏消防网 2003-11-28）

【案例二】

上海商学院失火　四女生跳楼身亡

2008年11月14日早晨6时10分左右,上海商学院徐汇校区一学生宿舍楼发生火灾,火势迅速蔓延导致烟火过大,4名女生在消防队员赶到之前从6楼宿舍阳台跳楼逃生,不幸全部遇难。据逃生的两名女生回忆,当天早晨6点多,她们发现其中一个堆放杂物的下铺冒起了火苗。因为当时火苗不是很大,她们本以为用脸盆接水,就可以迅速扑灭火苗。当她们两人端着脸盆,跑到同一楼层中间位置的盥洗室接完水准备返回宿舍时,却发现宿舍房门已经关闭,无法打开。没过多久,她们就听到房间内传来一阵阵尖叫声和求救声。因为20余平方米的房间内住着6个人,被子、蚊帐和衣物等易燃物迅速燃烧,火势蔓延,没过几分钟就冒出大量浓烟。据这两名女生回忆,因为宿舍有用"热得快"烧热水的习惯,她们怀疑是"热得快"引燃了堆放杂物的下铺。

消防部门的防火专家分析说,起火的602寝室本来是一个密闭空间,氧气浓度一般;但是,当这两名女生打开房门准备接水灭火时,突然涌入的空气很可能起到了助燃的作用,进而迅速燃起了大火。此外,专家还表示,出于治安方面的考虑而安装的伸缩铁拉门,也在一定程度上阻止了逃生通道的畅通。

(资料来源:新华网 2008-11-15)

案例评析

从上面的案例可以看出,引起校园宿舍火灾的原因既是复杂的,也是明显的。少数学生忽视学校的安全防火制度,安全意识淡薄;同时,学校安全管理工作不到位,也造成了火灾事故的发生,危害了公共安全。触目惊心的案例告诉我们,安全无小事,生命最宝贵,警钟要长鸣。因此,了解校园宿舍火灾的形成原因,认识火灾的危害,对于我们增强安全意识、预防火灾、维护校园教学秩序的正常开展具有十分重要的意义。

(一)高校宿舍楼失火的常见原因

1. 学生违规用火用电,经常导致学生宿舍发生火灾事故

学生宿舍是学校火灾危险性最突出的部位,有的学校由于疏于对学生

宿舍的消防安全检查、巡查和管理，因此导致了众多火灾悲剧的发生。违规用电现象主要包括：私接电线；私自使用电炉子、"热得快"、电热熨发板等大功率电器；各种充电器具长时间处于充电状态，发热或爆炸引燃易燃物品；冬季使用电褥子；电池保管不善，因短路引发火灾等。违规使用明火现象主要包括：使用蜡烛、火柴、打火机等照明，夏季点燃蚊香，在寝室吸烟和乱扔烟蒂等。

2. 安全疏散通道不畅通，发生火灾后容易造成巨大的人员伤亡

学校的学生宿舍是人员相对密集的场所，火灾的发生往往是学生防火意识欠缺、管理部门不够重视、消防管理和消防安全措施不到位造成的。有的学校为了便于对学生的管理，采取了一些不利于消防安全疏散的措施，如给学生宿舍的窗户加装防护栏，楼道出口安装铁栅栏；有些宿舍管理部门为图省事，在学生就寝后将宿舍楼出口上锁，关闭宿舍的安全出口。大多数情况下，一栋宿舍楼仅留一个出口，特别是在男女学生混住的宿舍楼，只保留一个出口，且封闭通道，或在男女学生区分隔的楼梯或通道处设铁栅门。凡此种种，一旦发生火灾，人员疏散混乱，极易造成拥挤、踩踏而酿成重大人员伤亡的灾难。

3. 消防安全教育不到位，部分学生安全意识淡薄，扑救初起火灾和火场逃生自救能力差

据调查，目前全国大部分学校没有开展有关消防方面的教育课程，有的学校很少甚至从未组织学生进行防火安全、应急疏散、火场逃生自救等方面的教育培训和应急疏散方面的演练。大部分学生消防意识淡薄，对消防工作的认识有很大的偏差。有的学生认为，只有那些厂矿、企事业单位、公共娱乐场所、商场、集贸市场、影剧院等场所才会发生火灾，学校没有易燃易爆物品，用火用电量少，不易发生火灾。似乎火灾离自己很遥远，因此消防安全意识差，平时不懂预防火灾，以致在发生火灾时惊慌失措，既不会逃生，也不会报警，甚至不知火警电话为"119"，对消防知识了解甚少，消防安全意识令人担忧。

（二）火灾对人的危害

火灾的可怕，主要是火灾中材料燃烧产生毒害物的过程和结果，会明显威胁到人员生命。火灾的危害主要表现在以下几方面。

（1）氧气耗尽。人类一般习惯于在含有21%氧气的大气中自在活动，在火场中氧气大量消耗，造成人员判断失误，出现窒息、呼吸停止等现

象。

（2）火焰与高热。火焰温度及其辐射热可能导致人员立即或事后致命。

（3）毒性气体和烟气。从消防部门提供的火灾死亡统计资料得知，大部分罹难者因为吸入一氧化碳等有害气体致死，而且烟气会助长被困人员的惊慌状况，因为它有视线遮蔽及刺激效应。被大火围困时，防烟至关重要。

（4）结构强度衰减。火烧造成建筑物结构组件破坏，具有明显的潜在危险性，可能造成脆弱化，导致地板承受不起人员重量，或发生墙壁、屋顶崩塌。

（三）发生火灾时人的心理状态及行为误区

害怕和恐怖的程度因人而异，正像代表每个人性格的理性判断那样，当理性消失时人就成了没有个性的人。这些人汇集成群，共同拥有不安和恐怖，显示出火灾时特有的心理，会导致比火灾本身更加严重的灾害。这个人群是由本无联系的人未经组织而形成的团体，混乱时，如果没有可依赖的人，就必定会陷入周围的氛围中；由于共同具备的不安，就易于听从谣言或错误的诱导。从心理角度看，人群具有下列特征。

（1）因有共同关心的问题而聚集在一起。该团体是偶然的、临时产生的，是一个没有任务分担的团体，易于受周围人的感情所支配。

（2）愿意靠近人群。由于某种原因，人们汇集到一起。这些汇集起来的人群的心理又起到相乘的作用。遇到火灾时的烟雾、异臭、停电和嘈杂等状况，常常会导致恐慌。当学生对情况无法作出冷静的判断时，往往会返回进来时的路线。

（3）逃向光亮处。人们在日常生活中，除了就寝之外，大部分时间生活在明亮的环境中，对黑暗都有一种不安的感觉。因此，当突如其来的烟雾遮挡住视线，陷入无法照明的黑暗世界时，习惯上都朝着有亮光的方向逃跑。

（4）回避危险。有烟和火时，往往朝着看不见烟和火的方向逃跑，疏散行动变成了只着眼于眼前危险的单纯行动。被烟和火追得走投无路，没有其他逃生办法时，往往会采取从高处跳下等极端行为。

（5）跟随大众。不是靠自己来判断逃生的方向，而是跟在前面的人或是大多数人的后面，胡乱随大众。

（6）其他。由于烟雾和大火的刺激，判断力减弱、身体不适时，便惊惶失措，从而延误了采取疏散行动的时机。

 **对策建议**

"隐患险于明火，防范胜于救灾，责任重于泰山。"实践证明，常见的校园火灾事故是可以预防的，如果学校管理部门和在校学生了解必要的消防常识，提高消防意识，火灾是完全可以避免的。因此，高校管理部门和每一位大学生都必须自觉遵守国家的法律法规和学校的各项规章制度，积极地预防，采取有效措施整改各种安全隐患，共同创建一个安全、稳定、和谐的学习和生活环境。

（一）宣传防火常识，重在预防

学生寝室的个人物品较多，如衣服、书本、电脑和充电器等用品，这些都是易燃或引燃物。集中存放在寝室内，就等于为燃烧储备了较多的原料，所以学生在室内活动时，一定要时刻预防火灾。

（1）不要在寝室内吸烟和乱扔烟蒂，尤其是重点防火部位的旧楼，产生火险的危险性更大。一旦烟蒂没有完全熄灭，极易引起火灾。因此，一定要杜绝明火的出现。

（2）离开寝室时，一定要随手拔掉电脑、电视机、随身听和充电器等的电源插头或关闭开关，做到人走灯灭，切断电源，不留火灾隐患。

（3）电源插排上不能放置易燃物品，以避免因插上或拔下电源插头时产生火花引燃物品。

（4）进入冬季时，寝室可能稍微冷一些，但绝对禁止使用电热毯、电炉子等电加热器具取暖，也不要使用"热得快"烧开水，因为这些情况特别容易引发火灾事故。

（5）晚间寝室熄灯后，不要点燃蜡烛夜读。因为室内空间小，易燃物品较多，易发生火灾。

（6）严禁在楼内的寝室、走廊、水池等处焚烧书籍、信件、衣服和纸张等废弃物，以免引发火灾事故，污染环境。

（7）楼梯、通道和安全出口等是火灾发生时最重要的逃生之路，应保证畅通无阻，切不可堆放杂物或设闸上锁，以便紧急时能安全迅速地通过。

（二）加强安全逃生教育，提高消防安全意识

加强消防宣传教育，经常性地进行消防安全培训，不断提高学生的防火安全意识，对于预防火灾的发生具有重要作用。学校要利用校内的有线电视、校报、广播、板（墙）报和固定宣传栏等宣传媒体，辅以消防知识竞赛、演讲和教育短剧等形式活泼多样的活动，定期开展消防安全知识教育。组织宣传火灾事故教训，曝光火灾隐患，增强防火安全意识，让大家时时、事事提高警惕，思想上绷紧消防安全这根弦，防止火灾悲剧在学校发生。消防监督机构应将各级、各类学校确定为消防安全重点单位，针对学校特点，制订适合本校各重点部位的灭火和应急疏散预案，并定期开展灭火和应急疏散演练，为学校安全出主意、想办法。重点监督检查、指导和制订灭火预案，开展演练。消防干警要深入各学校开展广泛的消防宣传，向教职工、学生宣传消防法律法规和基本常识，使之掌握预防火灾和火场逃生的基本常识和技能，提高自防自救能力。按照《中华人民共和国消防法》第六条第二款关于"教育、劳动等行政主管部门应当将消防知识纳入教学、培训内容"的要求，结合新生进校后的军训活动，向学生开设专题消防知识课，同时结合校园特点和"11·9"消防日，定期和不定期地举办火灾事故和防火、灭火知识展览，教育全体学生树立安全责任感，增强消防安全意识，在遇到各种火灾时不致惊慌失措，能够保持冷静、审时度势，选择最有效的逃生方式，保护自己及他人的生命安全。

（三）建立健全消防管理的长效机制和防火安全责任制

消防执法部门要督促各级教育行政管理部门和学校，狠抓消防安全责任制度，层层落实防火安全责任制。学校要认真落实《机关、团体、企事业单位消防安全管理规定》，进一步落实消防安全主体责任，明确专人负责防火安全工作，制定明确的消防安全检查制度，将消防安全工作纳入全年工作计划与目标管理，制定消防安全管理措施，在不影响教学的情况下，组织学生成立各种义务消防队，建立巡查制度。定期对学校的消防安全通道、安全出口、疏散指示标志、消防器材设施、水源、电气线路及用火用电情况进行检查。规范师生的不安全行为，禁止违规用火用电，做到人走灯灭，不准堵塞安全疏散通道，发现火灾隐患要及时消除。对重点部位的灭火器材、设施要定期维修保养。学生宿舍内也应当配备必要的消防器材，这是扑救初起火灾，保证学生宿舍免受火灾危害的重要措施之一。

在学生宿舍要安装应急照明和疏散指示标志。各安全出口不得上锁，疏散通道不得占用，要确保畅通。为了解决防盗、管理与安全疏散之间的矛盾，可以在安全出口处安装先进的逃生门自动控制系统，以便在出现危险情况时，能尽快地把学生疏散到安全地点。同时与学生及学生干部等相关责任人签订责任状，提高学生的责任意识。

（四）加大消防监督执法力度，消除学校的火灾隐患

凡是新建、改建、扩建及内部装修的宿舍，消防监督检查人员要严格按照《建筑设计防火规范》《建筑内部装修设计防火规范》《建筑灭火器配置设计规范》等技术规范进行，严格执行国家消防技术规范，把好源头关，杜绝新隐患。对于那些古旧、密集宿舍及疏散通道、安全出口等未达到消防要求的宿舍建筑，应责令限期整改；对逾期不改正的，要加大处罚力度。另外，有的学校缺乏相应的消防安全管理制度，或虽然制定了消防安全管理制度，但没有落实到位，消防安全管理制度成了摆设；更有甚者，消防设施欠缺，一些学校连基本的消防设施如消防栓、灭火器、消防供水都没有，电路系统混乱，广泛使用大功率电器；有些学校教学楼和宿舍楼采用未达到耐火极限要求的装修材料，等等。针对这些安全隐患，公安消防机构在进行监督检查时应对这些部位进行重点检查，督促学校落实整改。

安全训练

总结以往造成群死群伤及重大经济损失的特大火灾的教训，其中最根本的一点就是要提高学生火场疏散与逃生的能力。我们必须在学生宿舍管理人员和在校大学生中开展逃生和自救的教育和培训。因为绝大多数火灾都是突发性的，有计划有组织地对学生进行安全消防知识培训，使他们掌握一定的自防自救的知识和灭火器材的实践操作技能，对扑灭初期火灾、遏制较大火灾能起到积极作用。

（一）学习消防常识，掌握防火灭火逃生的理论知识

通常用于扑灭初起火灾的灭火器类型较多，使用时必须针对火灾燃烧物质的性质，否则会适得其反，有时不但灭不了火，而且还会发生爆炸。由于各种灭火器材内装的灭火药剂对不同火灾的灭火效果不尽相同，因此必须熟练地掌握灭火器在扑灭不同火灾时的灭火方法。

按照不同物质发生的火灾，火灾大体分为 A、B、C、D 四类：A 类火灾为固体可燃材料的火灾，包括木材、布料、纸张、橡胶以及塑料等；B 类火灾为易燃可燃液体、易燃气体和油脂类火灾；C 类火灾为带电电器设备火灾；D 类火灾为部分可燃金属，如镁、钠、钾及其合金等的火灾。

一般灭火器都标有灭火类型和灭火等级的标牌，例如 A、B 类等。使用者一看就能立即识别该灭火器适用于扑救哪一类火灾。目前常用的灭火器有各种规格的泡沫灭火器、干粉灭火器、二氧化碳灭火器和卤代烷灭火器等。泡沫灭火器一般能扑救 A、B 类火灾，当电器发生火灾时，电源被切断后，也可使用泡沫灭火器进行扑救。干粉灭火器和二氧化碳灭火器则适用于扑救 B、C 类火灾。可燃金属火灾则可使用扑救 D 类的干粉灭火器进行扑救。卤代烷灭火器主要用于扑救易燃液体、带电电器设备和精密仪器以及机房的火灾，这种灭火器内装的灭火剂没有腐蚀性，灭火后不留痕迹，效果也较好。

一般手提式灭火器，其内装药剂的喷射灭火时间在 1 分钟之内，实际有效灭火时间仅有 10~20 秒。在实际使用过程中，必须正确掌握其使用方法，否则不仅灭不了火，还会贻误灭火时机。

必须指出的是，发生火灾后，使用灭火器及时地扑救初起火灾，是避免火灾蔓延、扩大和造成更大损失的有力措施。同时，一旦发现火灾，也应立即向消防部门及时报警，万万不可指望灭火器扑灭火灾而不向消防部门报警，因为灭火器的扑救面积和能力是有限的，只适合于扑救初起的火灾。火灾发生后，一般蔓延速度都比较快。推迟报警时间，贻误灭火时机，势必会造成更大的损失。

（二）邀请专业消防人员现场演示灭火器材的用法

下面以泡沫灭火器的使用方法为例进行介绍。

（1）泡沫灭火器适合于扑灭油类及一般物质的初起火灾。

（2）使用时，用手握住灭火器的提环，平稳、快捷地提往火场，不要横扛横拿。

（3）灭火时，一只手握住提环，另一只手握住筒身的底边，将灭火器颠倒过来，喷嘴对准火源，用力摇晃几下即可灭火。

（4）不要将灭火器的盖和底对着人体，以免盖、底弹出后伤人。
（5）不要与水同时喷射在一起，以免影响灭火效果。
（6）扑灭电器火灾时，应先切断电源，以免人员触电。

（7）灭火时，人员应站在上风处。持喷筒的手应握在胶质喷管处，防止冻伤。室内使用后，应加强通风。

 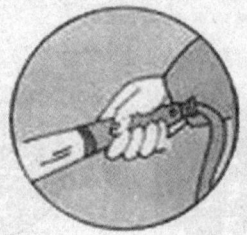 

(8)使用时，先撕去铝封，拔去安全保险销，一只手抱住灭火器底部，另一只手握住压把开关，喷嘴对准火源喷射；松开压把，喷射即停止。

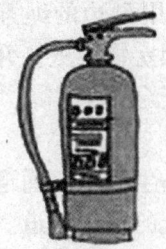

（三）现场模拟，预演逃生

单元式学生公寓楼因通道少而狭窄，且楼内人员集中，一旦发生火灾，疏散逃生困难，所以提高学生自我消防意识和自救知识水平是避免发生伤亡的基础。学生公寓发生火灾后，应针对着火楼层、地点和火势大小，采取不同的方法进行自救和互救。

1. 保持镇静，迅速撤离

突遇火灾，面对浓烟和烈火，首先要强令自己保持镇静，迅速判断危险地点和安全地点，决定逃生的办法，尽快撤离险地。千万不要盲目地跟从人流、相互拥挤和乱冲乱窜。撤离时要朝明亮处或外面空旷地方跑，要尽量往楼层下面跑。若通道已被烟火封阻，则应背向烟火方向离开，通过阳台、气窗和天台等往室外逃生。

2. 扑灭小火，惠及他人

发生火灾时，如果发现火势并不大，尚未对人造成很大威胁，且周围有足够的消防器材（如灭火器、消防栓等），应奋力将小火控制、扑灭；千万不要惊慌失措地乱叫乱窜，置小火于不顾而酿成大灾。

3. 简易防护，蒙鼻匍匐

逃生时若经过充满烟雾的路线，要防止烟雾中毒，以免窒息。为了防止火场浓烟呛入，可采用毛巾或口罩捂鼻，匍匐撤离的办法。烟气比空气轻而飘于上部，贴近地面撤离是避免烟气吸入、滤去毒气的最佳方法，要果断、快速地向头部和身上浇冷水，或用湿毛巾、湿棉被、湿毯子等将头和身裹好，再冲出去。

4. 缓降逃生，滑绳自救

高层、多层公共建筑内一般都设有高空缓降器或救生绳，可以通过这些设施安全地离开危险的楼层。如果没有这些专门设施，而安全通道又已被堵，且救援人员不能及时赶到的情况下，应迅速利用身边的绳索或床单、窗帘、衣服等自制成简易救生绳，系在暖气管等固定物体上，并用水打湿，从窗台或阳台沿绳缓慢滑到下面楼层或地面，安全逃生。

5. 善用通道，莫入电梯

按规范标准设计建造的建筑物，都会有两条以上逃生楼梯、通道或安全出口。发生火灾时，要视情况选择进入相对较为安全的楼梯通道。除了可以利用楼梯外，还可以利用建筑物的阳台、窗台、天窗和屋顶等攀爬到周围的安全地点，沿着落水管、避雷线等建筑结构中凸出物滑下楼脱险。在高层建筑中，失火后电梯的供电系统随时会断电，并可能因高温的作用致使电梯发生变形而把人困在电梯内，同时由于电梯井直通各楼层，有毒的烟雾直接威胁被困人员的生命，因此千万不要乘普通的电梯逃生。

6. 缓晃轻抛，寻求援助

被烟火围困暂时无法逃离的人员，应尽量待在阳台、窗口等易于被人发现和能避免烟火近身的地方。在白天，可以向窗外晃动鲜艳的衣物，或向外抛轻型晃眼的东西；在晚上，可以用手电筒不停地在窗口闪动或者敲击东西，及时发出有效的求救信号，引起救援者的注意。因为消防人员进入室内都是沿墙壁摸索行进，所以在吸入烟气而窒息失去自救能力时，应努力滚到墙边或门边，便于消防人员寻找和营救；此外，滚到墙边也可防止房屋垮塌而砸伤自己。请记住：充分暴露自己，才能争取机会拯救自己。

7. 火已及身，切勿惊跑

火场上的人如果发现身上着了火，千万不可惊跑或用手拍打，因为奔跑或拍打时会形成风势，加速氧气的补充，促旺火势。当身上衣服着火时，应赶紧设法脱掉衣服或就地打滚，压灭火苗；若能及时跳进水中或让人向身上浇水、喷灭火剂，就更有效了。请记住：就地打滚虽狼狈，烈火焚身可免除。

8. 避难场所，固守待援

假如用手摸房门已感到烫手，此时一旦开门，火焰与浓烟势必迎面扑来。逃生通道被切断，且短时间内无人救援时，可采取创造避难场所、固守待援的办法。首先应关紧迎火的门窗，打开背火的门窗，用湿毛巾、湿布塞堵门缝或用水浸湿棉被蒙在门窗上，然后不停地用水淋透，防止烟火渗入。固守在房内，直到救援人员到达。

（四）迅速报火警

发生火灾时，应拨打"119"火灾报警电话向公安消防队报警，讲清以下内容：

（1）发生火灾的地点或个人的详细地址，包括宿舍楼、寝室房间号、第几楼层等；

（2）燃烧的物品，如电器着火、纺织物着火等；

（3）火势情况，如看见冒烟，看到火光，火势猛烈，有多少房屋着火等；

（4）报警人姓名及所用电话的号码，以便消防部门电话联系，及时了解火场情况，调集灭火力量。

第三节 设施安全

学生公寓的设施安全事关学生的人身和财产安全，关系到学校正常的教学、生活秩序，关系到学校和社会的稳定，也关系到我国高等教育的改革和发展。高校要从维护稳定大局和推进高等教育事业发展的高度，增强政治责任感和紧迫感，重视并担负起维护学生公寓设施安全的领导责任，采取切实措施，全力做好学生公寓安全管理工作，为学生创造一个良好的学习和生活环境。

 案例警示

【案例一】

严冬时节搬家　关窗竟酿事故

东北的冬天寒冷干燥，气温经常下降到 -20℃ 以下。在这样的低温环境中，许多东西变脆，存在着大量不稳定的因素。如果麻痹大意，很容易

遭到意外伤害。

2005年12月，气温非常低，某高校学生赵某去帮同学搬家。在布置房间时，赵某注意到窗户有点漏风，于是就想去关紧窗户。老旧的木框玻璃窗，经历了数年的风雨侵蚀，长期暴露在干冷的空气中，已经变得一触即碎。当赵某的手刚接触到窗户，还没有用力，"哐"的一声玻璃便碎了。赵某躲闪不及，破碎的玻璃刚好划破他的手腕。赵某顿时感到一阵剧痛，泉涌般的鲜血弥浸了手掌……

经过医院的紧急抢救，赵某脱离了危险；但他的左手肌腱断了5根，在医院治疗了半个多月，共花费近1万元。这个事件给赵某的生理和心理上都造成了巨大伤害。

（资料来源：东北大学学工在线）

【案例二】

学生私接电线　导致触电身亡

2007年6月28日17时许，石家庄市裕华区某高校宿舍内发生一起私接电线引发的触电事故。该校物理系大三男生张然（化名）在私自接线时不慎触电，当场死亡。

6月28日17时许，张然下课后回到寝室自习。张然的床铺在靠近门口的上铺，与屋顶上安装的一台摇头式吊扇距离较近。因学习时需要用到手提电脑，为节省手提电脑的电池，张然便利用在物理专业中学到的用电知识，找出两根铜芯电线，准备从头顶的吊扇电源上引出电线作为手提电脑的电源。

就在张然从吊扇电源处往外接线时，他的左手拇指和中指不慎同时接触到了两根电线的外露铜线头，强大的电流瞬间将张然击倒在床上。一名室友见状，立即拨打"120"急救电话，同时报告了学校老师。"120"急救医生迅速赶到现场并立即进行了抢救，但为时已晚，这一切都已不能挽回张然年仅22岁的生命。随后，学校向裕华公安分局报了警。

警方调查得知，在大学宿舍内，学生为个人学习和生活方便随意用电的现象较为普遍。尽管学校对学生在校内用电问题已有明文规定，但少数同学仍然为了自己方便而不惜偷接私拉电线。发生在张然同学身上的惨剧就是这种典型案例。

（资料来源：《河北青年报》2007-07-02）

 案例评析

高等院校的学生宿舍，不仅是学生住宿和休息的主要场所，也是学生学习和活动的主要场所。近年来，因学生宿舍设施安全隐患引发的意外伤害事故一直居高不下，不仅使一些学生在经济上蒙受很大的损失，更在心灵上造成难以磨灭的创伤，严重地影响了高校校园正常的治安秩序。现将宿舍设施安全隐患、成因及事故特点分析如下，以帮助大学生们更好地认识宿舍设施安全的重要性，采取措施，防患于未然。

（一）高校宿舍设施安全存在的问题

1. 宿舍建筑设施和设备落后

主要集中在以下几个方面。

（1）床、座椅等。高校学生宿舍里使用的床大多是高低床，一些学校配备的学生用床不安全不合格，学生用床的高度、上铺护栏的高度和长度不具备学生住宿相应的安全性能，易出现跌落等安全事故。

（2）门窗。国内绝大多数著名高校起码具有八九十年的建校历史，少数高校至少也有半个世纪的历史。由于当时的建筑主要建在市中心，建筑与当时的经济发展相适应，但距今年代久远，门窗玻璃等都严重老化，学生宿舍门窗没有结实的护栏，又易于翻越、攀登，门窗多为木结构，一旦发生火灾，容易蔓延。还有的门窗玻璃不够牢固，经常发生玻璃砸伤学生的事件。

（3）楼梯及楼梯护栏。一些宿舍楼梯设计不合理，阶梯面过于光滑，摩擦力度不够，雨天容易滑倒、摔伤。此外，楼梯临空处护栏高度不够，也容易发生学生跌落等意外伤害事故。

（4）供暖设备。供暖设备常见于北方院校，有的学校学生宿舍供暖设备因为年代过久，内部生锈腐蚀，时有暖气管爆裂烫伤学生的事故发生。

（5）供水设备。由于后勤管理不到位，一些高校宿舍的开关冷水阀不能很好地出水和截水，供水断续无常，影响了学生正常的生活。

（6）洗衣机。一些高校为方便学生日常生活，在学生宿舍安置了洗衣机。目前的洗衣机设计，一般都是掀开盖子后，内置的旋转桶就会自动

停止；但一些使用年限较久的洗衣机，却可能出现故障，发生绞伤学生手指、胳膊的事故。

此外，一些学校的后勤管理人员对洗衣机的消毒不彻底、不及时，容易造成细菌和病毒的交叉感染。

2. 电力电子线路或设备老化

随着我国人民生活水平的不断提高，近年来学生宿舍内的电力电子设备数量明显增多，照明、插座、电话、电视、宽带网、电脑、智能报警、配电房等的使用率急剧上升，造成用电量猛增，而电力扩容建设与此发展不相适应，电线和电力设备常常处于严重超负荷运行状态，大大超过其当初的设计承受能力。加之部分宿舍管理部门对安全设施的建设缺乏足够重视，没有对基础设施进行足够的维修和管理，同时受到修缮经费少、水电维修力量不足等因素的困扰，造成了安全设施的陈旧和老化、宿舍电线老化等一系列严重情况，给校园安全埋下了极大的隐患。

3. 宿舍安全通道不畅通，消防设施设备陈旧欠缺

部分高校的管理人员没有经过岗前培训，对消防硬件设施管理不到位，造成诸如室内消火栓无水，水枪水带丢失，安全疏散指示标志、应急照明设施损坏不能正常使用，消防疏散通道被堵，感烟设备欠缺，消防硬件设施欠缺等情况。这些致命伤为高校消防安全问题埋下了一颗定时炸弹。

（二）宿舍设施安全隐患的成因

1. 设施安全教育开展不到位

尽管各高校都建有宿舍设施安全管理制度，但学生们往往没有纪律约束的概念。他们中的一部分人很难适应，自律能力欠缺，因违纪受到批评时，又以不了解规章制度为由推脱责任。宿舍规章制度的教育显得十分薄弱，即使是高年级的学生对宿舍设施安全管理的规定也不是很清楚。思想上不重视，是导致他们常常违纪违规的主要原因，从而造成了违规用火用电、毁坏宿舍安全设施等现象的发生。

2. 学生宿舍硬件服务设施不够完善

尽管高校三令五申，但学生违规用火用电的现象仍然存在。这从侧面反映出高校公寓硬件服务设施的不完善。例如，学生违规使用"热得快"、电热毯等电器，恰恰说明了学生在宿舍饮水、寝室取暖等方面的不便，凸显出了高校宿舍硬件服务设施的"硬伤"。如果学生宿舍里能由校

方添置一些质量过硬、安全有保障的取暖设备、供水设备等方便学生生活和学习的设施，学生就不会违规使用电器等设施，更不会铤而走险与校方打"游击战"了。

3. 宿舍设施更新维护不及时

多数学生宿舍事故的酿成，是由于学校相关管理部门未能及时进行有效的安全排查和设施更新维修工作，例如：学生宿舍的房屋、设备等维护和管理不当；生活设施和设备不符合国家和本市的安全标准；地面不防滑，门窗玻璃不牢固，供暖供水不正常；电线电器设备老化和乱拉乱接电线、电源插座，违章使用电炉子等电器设备；未按规定配齐有效灭火器材，安全通道堆放杂物，应急照明灯、紧急疏散指示牌缺少或不能正常使用；宿舍生活老师工作失职或不当。

4. 各项安全制度执行不严格

有些制度虽然制定了，但执行起来不认真不严肃，安全检查走形式，不注重效果，不解决实际问题。对于检查出的问题不能够严肃处理，只是说一说或简单地处罚，没有通过典型案例进行认真分析研究，举一反三。

（三）宿舍设施安全引发的事故特点

1. 时间特点

秋冬季节为宿舍设施事故的易发时间段。秋冬季节气温下降，取暖需求上升，用电量猛增，电力设施的压力加大，进入了暖气管破裂，违规用火用电进行取暖、烧水等事件的多发期，且天气干燥，容易发生安全事故。

2. 空间特点

容易发生设施事故的学生宿舍多为年代久远、建筑设施设备落后、电路电线老化、安全设施不齐全、安全通道不畅通、设施管理不严格的学生宿舍。

3. 事故人员特点

事故受害对象多为安全意识较为薄弱、不能正确使用和爱护安全设施以及违规用火用电等的学生。

4. 事故的潜伏性

表面上，高校学生宿舍事故是一种突发事件，但是事故发生之前有一段潜伏期。如果这时有触发因素出现，就会导致事故的发生。一些学校在日常的学生宿舍管理过程中，较长时间内未发生伤亡事故，麻痹大意，从而造成了学生伤亡事故的思想隐患。

5. 事故的可预防性

对待学生宿舍事故应当遵循的一个原则是，事故是可以预防的，学校相关部门应加大对学生宿舍设施安全的检查和维修力度。只要采取正确的预防措施，事故是可以避免的。认识到这一特性，对坚定信心、防止伤亡事故发生有促进作用。

 对策建议

影响宿舍设施安全的因素是多方面的：有直接因素，也有间接因素；既存在于学校、学生自身、社会服务等各个层面，也存在于设施建设、服务质量和管理教育等各个方面。这就要求高校必须多管齐下，整体把握，认真探索和研究并全面落实高校学生宿舍设施安全防范措施，最大程度地减少和控制案件发生，保障学生的生命财产安全。

（一）打造完善的公寓安全设施，努力营造良好的住宿环境

1. 加大对安全设施的投入力度

目前许多高校安全设备大多比较陈旧落后，安全器材配备达不到标准的现象普遍存在，且后勤保障工作多不到位，很难满足当前设施安全工作的要求。学校应该增加安全经费的投入，对拟兴建的学生公寓，在设计施工时要认真落实国家有关安全标准；对由社会投资兴建的学生公寓拟进驻高校，在签约前要认真查看公寓楼的安全设施，如安全设施不齐全或不符合国家有关标准，应提出整改意见。

2. 加强对安全设施的维护和保养

学校和公寓管理部门要对安全设施定期进行详细深入的检查，如果在使用过程中发现安全设施和设备存在故障或隐患，应立即通知物业部门检修。宿舍建筑设施、设备如门窗、床、供暖供水设施以及楼梯护栏等要经常排查维修，防护设施不齐全的要尽快补齐；电力电子设备要定期检查，电线、电缆等设施陈旧老化的要及时进行更新；消防设施如消火栓要保持不生锈，随时出水畅通，过期和损坏的灭火器要及时更换，安全通道要保持畅通。总之，要尽一切努力将安全设施保持在良好的战备状态下。对于设施安全隐患严重的学生宿舍，要加大改造力度，同时要加强管理，特别

是注意杜绝私拉乱接电线、电话线和电脑线,以及对违章用电、私自使用功率电器等问题的管理。对危险场所或尚未消除安全隐患的设备,学校在维修、更换前应当设置警示标志,并采取必要的警戒措施,防止学生误用或接近。

3. 完善学生公寓硬件服务设施,改善学生住宿环境

近年来,高校学生公寓发生的火灾事故,绝大多数是由于学生使用电热杯、"热得快"等违章电器引起的。如热水供应问题,尤其是北方高校中,除新建的学生公寓外,大部分高校都采取公寓外定时供水制度,公寓内往往没有热水供应,有的虽然在公寓内,但只在一楼设有热水壶,许多同学为了方便而使用电热杯、"热得快"。再如,学生因冬季室内温度低而使用电热褥、电暖气问题。由此可见,火灾原因虽然是由学生使用违章电器所致,但也暴露了更深层次的问题。因此,高校在加强对学生公寓管理的同时,完善学生公寓设施,改善学生的住宿环境,才是避免此类事件发生的根本所在。

(二)安装智能技术防范系统,实现安全管理科学化

1. 安装智能用电管理系统

智能用电管理系统能自动识别寝室使用的电器,在计算机、电视等电器能够正常使用的情况下,电炉子、"热得快"等违章电器将无法使用。对于使用违章电器的寝室,该系统会自动切断电源,并在拔出违章电器30秒后自动送电。安装此系统后,可有效控制学生使用违章电器的情况,从一定程度上消除安全隐患。实践证明,安装智能用电管理系统的公寓,至今还未发现学生使用违章电器的现象。

2. 安装监控系统

在学生公寓的公共区域如门厅、走廊和电梯间安装监控系统,一方面对住宿学生起到警示作用,避免私自留宿外来人员、公寓内盗等事件发生;另一方面可以对已经发生的案件进行追溯,帮助查找违纪学生和犯罪嫌疑人。实践表明,安装监控系统的公寓与未安装此系统的公寓相比,偷盗等案件明显减少。

3. 安装自动报警装置

安装自动预警装置,当发生火灾、偷盗等事件时可及时报警,给学生紧急救护和逃生留有充足时间。救灾的及时性也可减少损失甚至不损失。

（三）增强安全意识，制定严格的学生和工作人员管理制度

1. 增强学生的安全意识

在做好大量的物质保障工作如宿舍生活设施的提供，床位的安排调配，维修服务，卫生服务及其他服务以外，更要做好学生安全防范的思想教育工作。现在的学生大多是独生子女，在家依赖父母已成习惯，安全意识和自律能力较弱，因此，高校要定期对学生进行安全教育，设置固定的险情通报栏和安全警示栏，将险情通报到每个寝室，及时告知学生，增强防范意识。

2. 建立宿舍公共设施定期安全检查制度

宿舍安全设施、设备在使用过程中都会存在自然老化、人为损坏等问题，因此，学校应当定期安排人员检查和维护学生宿舍内的安全设施、安全器材和安全标志等，保持疏散通道畅通，确保完好使用，并做好安全记录，排除设施安全隐患，做到全面检查与重点检查相结合，定期检查与日常防范相结合，把潜在的安全隐患消灭在萌芽状态。对存在安全隐患的设施和设备，应当停止继续使用，及时予以维修或者更换。学校无力解决或者无法排除的重大安全隐患，应当及时书面报告主管部门和其他相关部门，提请他们予以解决。

3. 加大对违纪学生的管理力度

学校和学生公寓管理部门应该加大对违反学生公寓安全规定的学生的处罚力度，以警示学生安全工作的重要性，对于破坏或者违规使用宿舍安全设施的学生决不姑息。对设施备品损坏或丢失负有责任者，要视责任大小给予批评教育，严重的要给予纪律处分。同时，根据有关规定，会同相关部门核准价值进行赔偿和罚款，财务科收缴赔款和罚款。此外，学校对学生使用设施、设备的行为要加强监督、管理和疏导，通过加强安全教育，使学生掌握基本的安全知识，提高其安全意识和自我保护能力，以减少事故发生的可能性。

4. 落实学生宿舍安全责任人制度

每个班级设立1~2名学生安全委员，每个学生宿舍设立1名宿舍安全责任人，学生安全委员定期向辅导员反映宿舍设施安全情况，实施"学生辅导员——班级安全委员——宿舍安全责任人"这个层层落实到人的管理模式，形成"宿舍安全学生管，责任到人有据查"的积极管理局面，充分发挥学生在学生宿舍安全管理中的自我管理和自我教育功能。

（四）依法管理，制定公寓安全管理细则

高校后勤或物业管理部门要依法建立健全学生公寓各项管理制度，制定公寓设施管理和使用制度，确保大学生在住宿、用水、用电、防火、防盗、防人身伤害等方面都有章可循。学校相关部门要加大安全教育宣传力度，让人人都了解安全制度，认识到安全工作的重要性，同时要公正执法，严格贯彻执行。首先，公正执法要从执法者做起，学生公寓管理人员应为学生做出表率。其次，执法有情但不悖情，学生是受教育者，出现问题要耐心说服教育，但对违纪者不能偏袒，这样才能维护规章制度的严肃性。再次，建立设施安全信息的收集、处理和报送制度，确保重要信息及时、准确上报；建立设施安全事故责任追究制度，对玩忽职守和渎职行为要严肃处理，造成严重后果的要依法追究责任，且通过事故调查，找到已发生事故的原因，采取预防事故的措施，从根本上减少因设施安全隐患而造成的伤亡事故。

 安全训练

由于学生使用宿舍安全设施不当或者公寓设施本身存在安全隐患，容易造成触电、骨折、扎伤和烫伤等意外人身伤害事故，因此，出现意外人身伤害事故后除了应及时就医外，高校也应针对在校师生开设处理安全事故的训练课程，使学生学会自救，最大程度地减少伤亡和损失。

（一）触电急救方法

（1）发现人员触电后，应迅速采取措施使触电者脱离电源并迅速切断电源。未切断电源之前，可用干竹竿、干木棒、椅子等绝缘物体使触电者脱离电源，不可赤手直接与触电者的身体接触。

（2）派专人看护现场，立即拨打"120"急救，并及时通知校医室人员到现场进行临时急救。

（3）通知学校相关部门领导及水电组人员到场处置。

（4）疏散围观人员，保证现场空气流通，避免再次发生触电事故。

（5）临时急救方法：

① 触电者未失去知觉时，应安放在空气流通处安静休息；

② 触电者已失去知觉，但呼吸及脉搏均未停止时，应安放在平坦通

风处所，解开衣裤，使其呼吸不受阻碍，同时用毛巾摩擦全身，使之发热；

③ 触电者失去知觉，呼吸困难，应立即进行人工呼吸，切不可向触电者注射强心剂或泼冷水；

④ 触电者呼吸及心脏跳动均已停止时，可能是假死，救护人员要坚持先救后搬的原则，应即刻进行人工呼吸或对心脏进行按压救护，直到经医生诊断确已死亡为止；

⑤ 人工呼吸用口对口吹气效果较好。口对口（鼻）人工呼吸时，让触电者仰卧，肩下可以垫些东西使头尽量后仰，鼻孔朝天。救护人在触电者头部左侧或右侧，一手捏紧鼻孔，另一只手掰开嘴巴（如果张不开嘴巴，可以用口对鼻，但此时要把口捂住，防止漏气），深吸气后紧贴其嘴巴大口吹气，吹气时要使触电者胸部膨胀，然后很快把手移开，让触电者自行排气。

（二）骨折急救方法

骨折，指人体的骨骼部分或者完全断裂。大多数骨折是因受到强力的冲击造成的。发生骨折后，骨折部位有疼痛感，并伴有肿胀、淤血和变形，人的活动受到限制，无法负重，严重的还会出现出血、休克、感染、内脏损伤等。学生从高处坠落或从楼梯上滚落、踏空扭伤关节、碰伤骨头时，应保持着地姿势，不要乱动，让他人迅速找老师救护。急救措施如下：

（1）使患者平卧，不要盲目搬动患者，更不能对受伤部位进行拉拽、按摩；

（2）检查受伤部位，及时就地取材选用树枝、木板和木棍等对受伤部位进行固定，以免伤情加重；

（3）没有用于固定的物品时，对受伤的上肢可以用手帕、布条等悬吊并固定在其胸前，下肢可以与未受伤的另一下肢捆绑固定在一起；

（4）开放性骨折（即骨折处皮肤或黏膜破裂，骨头外露）时，要注意保持伤处清洁，防止感染；

（5）做完应急处理后，立即送往医院救治。要注意运送途中不可碰撞受伤部位，避免人为加重伤情。

（三）扎伤流血急救方法

当学生被玻璃碎片、铁钉等尖锐的利器割伤或刺伤时，时常会出现血流不止的情况。出血令人慌张，但应保持沉着。割伤出血时，如果伤口不干净，要用清洁的水来冲洗。另外，为了保护伤口，要裹上纱布。如果血液是慢慢渗出的，就把纱布稍微包厚一点，并在伤处扎紧绷带。然后把患部置于比心脏高的部位，即可止血。若是这样做还不能止血，或是血液大量喷涌而出，就要赶快请救护车来。在救护车到来以前，要压住患处接近心脏的血管，接着再施行下列的指压法：

（1）手指出血时，以另一只手用力压住受伤手指的两侧。

（2）手、手肘出血时，以四个手指用力压住上臂内侧隆起的肌肉。若是仍然出血不止，那是因为没有压住出血的血管，应重新改变手指的位置，再做一次。

（3）上臂、腋下出血时，必须靠第三者帮忙，用拇指向下、向内用力压住锁骨下凹处。

（4）脚部、胫部出血时，也需要第三者来协助。患者仰躺、脚部微微垫高，施救者用两个拇指压住患者的股沟、腰部、阴部间的血管。

（四）烧烫伤急救护理方法

如果学生在宿舍被意外烧烫伤，正确的处理方法如下。

（1）被烧烫伤后，最佳治疗方案是局部降温，用凉水冲洗是最切实可行的方法。冲洗的时间越早越好，即使烧烫伤当时即已造成表皮脱落，也同样应以凉水冲洗，不要惧怕感染而不敢冲洗。冲洗时间可持续半小时左右，以脱离冷源后疼痛已显著减轻为准。

（2）如不能迅速接近水源，也可以用冰块、冰棍儿等冷敷。如果采取的冷疗措施得当，则可显著减轻局部渗出、挽救未完全毁损的组织细胞；若在到达医院之后才采取这一措施，则在多数情况下已丧失了冷疗的最佳时机。

（3）对于酸、碱造成的化学性烧伤，早期处理也是以清水冲洗，且应以大量的流动清水冲洗，而不必一定要找到这种化学物质的中和剂。过早使用中和剂，会因为酸碱中和产生热量而加重局部组织损伤。

（4）电烧伤可分为两类：一类是电弧引起的烧伤，处理方法与处理一般烧烫伤的方法相同；另一类是人体与电流接触引起的烧伤，也是真正的电烧伤，通常比较严重，在脱离电源后应立即就医。

第五章 交通安全

第一节 交通事故的危害

随着社会的发展和科技的进步,交通工具的种类和数量越来越多,这给人类创造了方便快捷的出行环境,拉近了人与人之间的距离。然而,现代交通的飞速发展,也为人类出行埋下了许多安全隐患。交通安全关乎千家万户,尤其是关乎青少年的健康成长。高等学校是青少年的聚集区,在高等学校学生非正常死亡人数中,交通事故死亡占有一定的比例。下面看一组统计数据。

2008年,上海市教委发布了该市高校大学生安全情况。2008年,在该市59.84万名全日制本专科生、研究生中,共发生各类安全事故63起,事故共造成55人死亡。其中事故灾难类事件18起,占总数的28.57%;社会安全类事件45起,占总数的71.43%。18起事故灾难类安全事件涉及学生26人,造成19人死亡、7人受伤,其中交通事故10起,共造成12人死亡。在这10起交通事故中,5起发生在外地,分别系学生自行外出旅游、寒暑假返乡等途中遭遇车祸,共造成7人死亡;另有5起为学生在本市校外社会道路上遭遇车祸,造成5人死亡。

(资料来源:上海要闻 2009-04-21)

2008年,世界上汽车大国交通死亡人数对比如下:

国　　家	中　国	美　国	日　本	德　国
交通死亡人数/人	20.43万	4万	7702	6600
汽车保有量/万辆	4400	23600	7000	4800
万车死亡率/(人/万辆)	46.43	1.69	1.10	1.38

统计表中显示,中国"万车死亡率"是发达国家的几十倍,中国的机动车辆相比较而言,看起来更加危险……

(资料来源:交通死亡人数来自道路交通事故统计年报,汽车保有量为公开数据)

道路交通是一个世界性的社会问题,它已成为国际社会的一大公害。据统计,21世纪以来,因交通事故死亡的人数达到2235万人,这个数字比第一次世界大战中死亡的人数还多,而且每年还在以40万人的速度递增。因此,人们称交通事故是"马路上的战争",它已经成为全世界非正常死亡的重要因素。许多名人也命丧车轮之下,如美国的巴顿将军、英国的戴安娜王妃,等等。

我国每年因各类事故造成的死亡人数约10万人,道路交通事故死亡人数占60%以上。这个数字向人们敲响了警钟。追根溯源,安全意识淡薄、麻痹大意、违章违纪是造成交通事故的根本原因。因此,加强对大学生的交通安全教育,使大学生自觉遵章守纪、文明出行,对于预防和减少大学生交通事故至关重要。

第二节　交通安全常识

一　道路交通基本知识

(一) 交通安全设施

为维护交通秩序,确保交通安全,充分发挥道路交通的功能,依照规定在道路沿线设置的交通信号灯、交通标志和标线以及交通隔离护栏等交通硬件,总称交通安全设施。

（二）道路交通标志

道路交通标志是用图形符号、颜色和文字向交通参与者传递特定信息，用于管理交通的设施。它分为主标志和辅助标志两大类。主标志又分为警告标志、禁令标志、指示标志、指路标志、旅游区标志和道路施工安全标志。

警告标志是警告车辆和行人注意危险地点的标志。其形状为正等边三角形，颜色为黄底、黑边、黑图案。

禁令标志是禁止或限制车辆、行人交通行为的标志。其形状通常为圆形，个别为八角形或顶点向下的等边三角形。其颜色通常为白底、红圈、红斜杠和黑图案，"禁止车辆停放标志"为蓝底、红圈、红斜杠。

指示标志是指示车辆、行人行进的标志。其形状为圆形、正方形或长方形，颜色为蓝底白图案。

指路标志是传递道路方向、地点和距离信息的标志。其形状，除地点识别标志、里程碑、分合流标志外，为长方形或正方形。其颜色，一般道路为蓝底白图案，高速公路为绿底白图案。

辅助标志是指紧靠主标志下缘，起辅助说明作用的标志。其形状为长方形，颜色为白底、黑字、黑边框。它用于表示时间、车辆类型、警告和禁令的理由、区域或距离等主标志无法完整表达的信息。

（三）几种常用的新型交通标志

1. 禁止车辆停放标志

该标志为圆形，蓝底、红圈、红斜杠，表示禁止一切车辆停放。交叉双斜杠为禁止车辆临时或长时间停放标志。单斜杠为禁止车辆长时间停放标志，临时停车（司机不得离开驾驶室）不受限制。

2. 停车让行标志

该标志为八角形，颜色为红底白字，表示车辆必须在停止线以外停车瞭望，确认安全后，才准许通行。

3. 禁止机动车通行标志

该标志为圆形，白底、红圈、红斜杠、黑色小汽车图形，表示禁止一切机动车（含摩托车）通行。下缘若附设有"二轮摩托车除外"辅助标志，则准许二轮摩托车通行。

（四）道路交通标线

道路交通标线是由标划于路面上的各种线条、箭头、文字、立面标记、突起路标和轮廓标等构成的交通安全设施。其作用是管制和引导交通。可以与交通标志配合使用，也可单独使用。交通标线按功能可分为3类：禁止标线、指示标线和警告标线。

中心黄色双实线，表示严格禁止车辆跨线超车、压线行驶和向左转弯，也表示严格禁止车辆和行人横穿。其作用相当于中心隔离护栏或中心分车绿化带。

中心黄色虚实线，表示实线一侧禁止车辆跨线超车和向左转弯，虚线一侧准许车辆在确保安全情况下跨线超车和向左转弯。

中心黄色单实线，表示不准车辆跨线超车、压线行驶或向左转弯。

道路边缘黄色单实线，表示禁止一切车辆长时或临时停放（含临时停车上下客）。

路面黄色网状线，表示严格禁止一切车辆长时或临时停车，防止交通阻塞。当黄色网状线前方有车辆停驶时，后车必须在黄色网状线外等候，直到确认黄色网状线前方有足够空间停驶本车时，方可驶过黄色网状线。

（五）几种常用的新型交通标线

1. 人行横道线

人行横道线为一组白色平行粗实线（斑马线），在交通信号灯控制的路口，采用两条白色平行粗实线划出人行横道线的范围，表示准许行人横穿车行道。

行人横穿车行道时，必须行走在人行横道线内；设置有人行横道信号灯的，还必须按照信号灯指示通行。

2. 人行横道线预告标示

设置在人行横道线前适当位置的白色菱形图案，用于提示前方接近人行横道，机动车行驶时须注意行人横穿道路。

3. 禁止掉头标记

设置在禁止掉头路口前适当位置，由一个掉头箭头和一个叉形图案组成的黄色图案，表示禁止车辆掉头。

4. 导流线

导流线的形式主要为一个或几个根据路口地形设置的白色V形线或

斜纹线区域，表示车辆必须按规定的路线行驶，不得压线或越线行驶。主要用于过宽、不规则或行驶条件比较复杂的交叉路口，立体交叉的匝道口或其他特殊地点。

5. 中心圈

设置在交叉路口中心的白色圆形或菱形区域，用于区分车辆的大小转弯，以及对车辆左转弯的指示，车辆不得压线行驶。机动车向左转弯时，必须紧靠中心圈小转弯。

6. 减速标线

设置在收费站广场、出口匝道或其他要求车辆减速路段的白色虚线，其形式有单虚线、双虚线和三虚线，垂直于行车方向设置。用于警告前方应减速慢行。

7. 出租车临时停靠点白色框线

设置在出租车临时停靠点路面上，只准出租车临时停车上下客，其他车辆不准停靠。出租车停靠时，必须遵守线内停车、即停即下、即上即走的要求，不得占位待客。

8. 公共汽车停靠站白色框线

设置在公共汽车站路面上，只准许市内公共汽车临时停车上下客，其他车辆不准停靠。公共汽车停靠时，必须按位停放在框线内，依次上下乘客，不得越线。

二　道路交通安全常识

（一）自行车交通安全常识

某高校学生张某骑自行车外出返回本校途中，一辆大货车由后面驶来。驾驶员见前面有学生，便鸣笛示意超越。张某听到大货车的鸣笛后没有避让，而是继续前行。当自行车被汽车超越时，张某因心情紧张而致使自行车前轮偏转与汽车前轮发生刮擦，张某本人被卷入大货车的车轮下，当场死亡。

（资料来源：河北女子职业技术学院《大学生安全知识手册》）

 案例评析

　　机动车在其正确行驶路线上比非机动车有"先行权",自行车在遇前方路障需要绕行占道时,一定要主动避让机动车。那种"反正你不敢轧我"的侥幸心理,以及故意不让车并与机动车争道抢行的做法是非常错误的,也是造成这起事故的主要原因。从此例可以看出张某缺乏自行车交通安全常识。

　　据有关部门不完全统计,高校发生的与自行车有关的交通事故,占高校发生的交通事故总数的60%～70%。对此,我们必须予以高度重视。

　　《中华人民共和国交通法》(以下简称《交通法》)对非机动车的通行作出了如下规定:

　　(1) 驾驶非机动车在道路上行驶应当遵守有关交通安全的规定。非机动车应当在非机动车道内行驶;在没有非机动车道的道路上,应当靠车行道的右侧行驶。

　　(2) 残疾人机动轮椅车、电动自行车在非机动车道内行驶时,最高时速不得超过15公里。

　　(3) 非机动车应当在规定地点停放;未设停放地点的,非机动车停放时不得妨碍其他车辆和行人通行。

　　上述规定是非机动车驾车人的安全保障,必须严格遵守;否则,就有可能付出血的代价。

　　(二) 行人交通安全常识

 案例警示

　　2002年10月,杭州某学院3名女生在横穿马路时,因没有走人行横道,被一辆违章疾驶的汽车撞倒,造成1人死亡、2人受伤的悲剧。

(资料来源:校园安全网 2009-01-09)

 案例评析

机动车和非机动车要遵守交通规则；行人也要遵守，而且要时刻增强交通安全意识。那种抱着"机动车不敢撞人"的心理是危险的，往往不是机动车不敢撞人，而是出现突发事件时当事的机动车驾驶人来不及反应。

《交通法》明确指出，行人必须遵守下列规定。

（1）必须在人行道内行走，没有人行道的靠路右边行走。

（2）横过车行道时，必须走人行横道。通过有交通信号控制的人行横道，必须遵守信号的规定；通过没有交通信号控制的人行横道，必须注意车辆，不准追逐、猛跑。没有人行横道的，必须直行通过，不准在车辆临近时突然横穿。有人行过街天桥或地道的，必须走人行过街天桥或地道。

（3）列队通行道路时，每横列不准超过两人；必须紧靠车行道右边行进。

（4）列队横过行车道时，必须从人行横道迅速通过；没有人行横道的，必须直行通过。

（5）行人不得跨越、倚坐道路隔离设施，不得扒车、强行拦车或者实施妨碍道路交通安全的其他行为。

（6）学龄前儿童以及不能辨认或者不能控制自己行为的精神疾病患者、智力障碍者在道路上通行时，应当由其监护人、监护人委托的人或者对其负有管理、保护职责的人带领。

盲人在道路上通行时，应当使用盲杖或者采取其他导盲手段，车辆应当避让盲人。

（7）行人通过铁路道口时，应当按照交通信号或管理人员的指挥通行；没有交通信号和管理人员的，应当在确认无火车驶临后迅速通过。

（三）乘车的交通安全常识

 案例警示

【案例一】

1994年7月，湖北某高校学生放暑假后，7名同乡的同学相约一起乘

一辆车回家。途中经过一个汽渡码头。按照安全管理规定，汽车过渡，乘客必须下车。乘客认为上车下车麻烦，就没有下车；司机见他们都不想下车，也没有再坚持。汽渡船离岸后，由于江面上风大浪急，加上汽车手制动不灵，车轮下又没有塞三角枕木，因此停在尾部的汽车从渡船上滑入江中。车上45名乘客中，有25人死亡，3人下落不明，只有17人获救。7名学生无一生还。

（资料来源：河北女子职业技术学院《大学生安全知识手册》）

【案例二】

2005年10月，重庆市奉节县一无牌无证客货两用车在私自运送27名学生返校途中发生重大交通事故，车辆翻坠于40米下的高坡，造成奉节县吐祥中学、龙泉中学共5名学生死亡，3名重伤。

（资料来源：《潇湘晨报》2005-10-08）

案例评析

之所以发生两起交通惨案，是因为乘车人不按规定要求乘车，或者乘坐违规车辆。可见，了解乘车常识对于大学生避免交通安全事故是十分必要的。

为自身安全起见，乘车人应该注意以下几点：

（1）乘坐公共汽车、电车或长途汽车时，必须在站台或指定地点候车，待车停稳后先下后上；

（2）不准在车行道上招呼出租车；

（3）不准携带易燃、易爆等危险品乘坐公共汽车、电车、出租车和长途汽车；

（4）机动车行驶过程中，不准将身体的任何部位伸出车外，不准跳车；

（5）乘坐货运机动车时，不准站立，不准坐在车厢栏板上。

有下列情况之一时不应乘车，以免发生危险：

（1）发现车辆破损，声音异常时；发现驾驶员精神状态不佳、酒后驾车时；发现车辆不正常运行、客货混载、违章超载时；发现客车有其他违反操作规程时。

（2）恶劣天气（如大风、大雨、大雾、大雪）中，不要乘坐汽车长途跋涉。

（3）病中无人陪伴时不要乘车。

（四）驾车的交通安全常识

 案例警示

2008年12月5日晚，山东某学院22岁的女大学生单某醉酒后，驾驶一辆别克凯越轿车将正在勘查交通事故的寿光交警程某等4人撞倒，单某竟然驾车逃逸。12月6日上午10时30分，33岁的程某经抢救无效不幸牺牲。

（资料来源：《齐鲁晚报》2008-12-08）

 案例评析

随着社会的不断进步，人民物质生活的极大提高，大学生也已经加入了驾车出行的行列。由例中单某的行为可见，很多大学生对于驾驶员的相关规定不甚了了甚至漠视，置他人的生命于不顾，我行我素。所以，加强大学生安全教育势在必行。

《交通法》规定，驾驶人必须遵守下列规定：

（1）驾驶人驾驶机动车上道路行驶前，应当对机动车的安全技术性能进行认真检查；不得驾驶安全设施不全或者机件不符合技术标准等具有安全隐患的机动车。

（2）机动车驾驶人应当遵守道路交通安全法律、法规的规定，按照操作规范安全驾驶、文明驾驶。

饮酒、服用国家管制的精神药品或者麻醉药品，或者患有妨碍安全驾驶机动车的疾病，或者过度疲劳影响安全驾驶的，不得驾驶机动车。

任何人不得强迫、指使、纵容驾驶人违反道路交通安全法律、法规和机动车安全驾驶要求驾驶机动车。

第三节 重视出行安全

温馨提示：①外出时结伴而行，并告知去向；②不在光线暗淡、位置偏僻处行走；③旅途中，不食用陌生人的食品饮料。

一 校园内易发生的交通事故

校园内发生交通事故的主要原因是思想麻痹和安全意识淡薄。许多大学生刚刚离开父母和家庭，缺乏社会生活经验，头脑里交通安全意识比较淡薄。同时，有的同学在思想上还存在校园内骑车和行走肯定比公路上安全的错误认识，一旦遇到意外，发生交通事故就在所难免。校园内发生交通事故的主要形式有以下几种。

（一）注意力不集中

这是最主要的交通事故形式，表现为行人边走路边看书或边听音乐，或者左顾右盼、心不在焉。

案例警示

【案例一】

广东某高校李某虽然近视，但他却最喜欢戴着耳塞边听音乐边走路边看书，有时候车到了他跟前他才发觉。同学提醒他要注意安全，他却当做耳边风。2001年11月的一天下午，他像往常一样边听音乐边看书走回宿舍。经过一个十字路口时，一辆桑塔纳轿车从他的左侧开过来。汽车鸣笛后，他却丝毫没有避让的意思，结果汽车因刹车不及而将他撞倒。幸好车速不是太快，否则性命难保。

（资料来源：河北女子职业技术学院《大学生安全知识手册》）

【案例二】

2007年6月5日9时40分许，东北某高校校园内图书馆正门前，两名女学生出入图书馆时被一辆轻型小货车撞倒。

（资料来源：《新文化报》2007-06-06）

（二）在路上进行球类活动

大学生精力旺盛、活泼好动，即使在路上行走也是蹦蹦跳跳、嬉戏打闹，甚至有时还在路上进行球类活动，更是增加了发生事故的危险。

2000年5月，上海某高校两名男同学在操场上踢完足球后，在回寝室的路上还余兴未尽，在路上相互边跑边传球。此时，身后正好驶来一辆两轮摩托车，驾驶员因躲闪不及撞上了其中的一名学生。这名学生被撞成右小腿骨折。

（资料来源：河北女子职业技术学院《大学生安全知识手册》）

（三）骑"飞车"

一般高校校园面积都比较大，由于宿舍与教室、图书馆等之间的距离比较远，所以许多大学生购买了自行车，课间或下课时骑自行车在人海中穿行是大学的一道风景线。但部分大学生骑车飞快，甚至与汽车比快慢，孰不知因此埋下了祸根。

2001年，某高校学生张某头天晚上在网吧里上网，至次日凌晨4时多才回寝室休息。一觉醒来已近上课时间，他起床后顾不得梳洗就匆匆下楼，骑上自行车飞快奔向教室。当他骑到一个下坡向右转弯的路段时，本来车速已很快，但他还嫌慢，又猛踩了几下。就在这时，迎面开来一辆小轿车，张某因车速太快避让不及，连人带车掉进了路旁的水沟里，致使右臂骨折，自行车被摔坏。

（资料来源：河北女子职业技术学院《大学生安全知识手册》）

校园内的交通事故有大有小，严重者甚至造成死亡。大学生应该增强安全意识，尊重和珍惜生命，不要让热血洒在"车祸"的路上。

二 校园外常见的交通事故

校园外的大千世界,美丽而丰富多彩。大学生作为天之骄子,也势必逐步融入到社会中,参与许多社会活动。于是,交通事故随之出现。校园外的交通事故较多,具体分为以下几类。

(一)行走时发生交通事故

大学生闲暇时购物、观光、访友,要到市区活动。这些地方行人多,车流量大,各种交通标志令人眼花缭乱。与校园内相比交通状况更加复杂,若缺乏出行的经验,发生交通事故的概率很高。正像上海某著名大学的校长所说:"在各个大学中普遍存在这样一种情况:少数学生书读得越多,越不会走路,遵守交通规则的意识越淡薄,不仅在校园里乱骑车、乱停车,在马路上违反交通规则也时有发生。"

案例警示

1999年10月,某重点大学一男生丁某,利用双休日与几个同学上街。街上车辆川流不息,行人熙熙攘攘,不一会儿丁某就与同学走散了。正当丁某焦急地四处张望时,同学在马路对面大声叫着他的名字。于是,他就慌慌张张朝马路对面跑过去。此时,一辆大卡车正飞驰而来。卡车将丁某撞倒并从其身上碾压过去,丁某为此付出了生命的代价。

(资料来源:河北女子职业技术学院《大学生安全知识手册》)

案例评析

大学生因缺乏社会生活经验,很难或很少能够及时判断行为的主次性。案例中的丁某一心想要寻找同学,忘记了在闹市中保证自身安全才是最重要的,从而酿成了惨祸。希望这样的现象和事故在全社会的不断努力下,能够逐步减少直至最终消失。

(二)驾驶非机动车时发生交通事故

大学生驾驶非机动车(主要为自行车)时,因不懂或不在意非机动车的通行规则，经常违规操作，加之非机动车相对于机动车体积小、转向灵活、价格便宜、携带方便，更为大学生图快捷、图方便而违反交通规则提供了条件，所以驾驶非机动车时发生交通事故的概率较大。

 案例警示

【案例一】

21岁的某高校男生陈某，骑车进城购物。行至下坡路时，他敞开滑行。这时，对面驶来一辆"东风"牌大货车。驾驶员发现对面自行车速度很快，陈某骑车技术看似不很熟练（左右摇晃）时，急忙鸣喇叭并靠右停车。陈某听到汽车喇叭声后急忙捏车闸，才发现车闸失灵，忙伸出右脚蹬踏车轮圈。陈某由于在高速行驶中采取上述措施，因而造成自行车左右摇晃加剧，并迎面撞上了已停靠路右边的汽车。陈某因此受重伤，被送到医院后抢救无效死亡。

（资料来源：天津农学院《大学生安全教育辅导材料》）

【案例二】

某高校6名学生相约一起外出郊游，沿途嬉笑打闹、互相追逐。途中，马××（男，19岁）加速骑车超越了前边骑车的同学。由于骑行不当，在超车时马××的自行车后轮挂在了被超自行车的左侧脚架上，导致其自行车当即失去平衡，发生摇晃，偏向路中。此时，恰巧一辆拖拉机迎面驶来。马××的自行车前轮与拖拉机前端碰撞，导致马××摔倒并被拖拉机左前轮碾压后当场死亡。

（资料来源：河北女子职业技术学院《大学生安全知识手册》）

 案例评析

以上两例均是由于不当驾驶非机动车（自行车）所致。大学生在紧张学习之余购物和郊游本属正常，但在驾驶非机动车时，因明显缺乏对非机动车整体性能检测、驾驶技术的掌握、行驶规则的理解以及安全行驶的意识，从而酿成了惨祸。这个教训非常深刻，值得我们深思与反省。

（三）乘坐交通工具时发生交通事故

大学生离校、返校、参加社会实践、寻找工作等，都要乘坐各种长途

或短途的交通工具。全国各地高校大学生因乘坐交通工具发生交通事故的情况时有发生，有时甚至造成群体性伤亡，教训十分惨重。

 案例警示

【案例一】

2005年6月25日晚9时许，4名来自湖南某大学和1名某高校学生共5人乘坐出租车行驶至107国道时，与一辆迎面开来的货车相撞，导致出租车内5名大学生和司机当场死亡。因巨大的冲撞，货车司机受重伤，并当场昏迷。

（资料来源：新浪新闻中心 2005-06-27）

【案例二】

2008年4月26日18时30分许，某高校网络教育武昌学习中心2005级学生70余人，乘坐3辆租来的客车前往距武汉100多公里的孝感市双峰山旅游度假区春游。返回途中，其中一辆客车翻下山崖，导致1名学生当场死亡。在送到医院后，5名学生经抢救无效死亡。有31人不同程度受伤。

（资料来源：《燕赵都市报》2008-04-28）

【案例三】

2008年1月13日，某高校外国语学院一名大三学生在芜湖火车站候车时，在拥挤的人流中被挤下站台，被进站后尚未停稳的火车当场轧死。

（资料来源：《广州日报》2008-01-17）

 案例评析

以上3例可谓触目惊心。大学生乘坐交通工具时应慎之又慎，以自身平安为主，切不可急、抢、挤、闹。乘坐交通工具出行时，应事先制订好计划，熟悉出行路线，了解事故隐患，预防可能出现的交通事故。

（四）驾驶机动车时发生交通事故

1978年以来，我国汽车保有量一直以两位数的百分比增长。至2008年底，我国汽车保有量已达6963万辆。因汽车价格不断下调，如今许多大学生也已经成为有车一族。但是，大学生驾驶技术和安全意识却不尽如

人意，许多大学生也因此成了"马路杀手"。

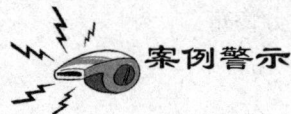 案例警示

【案例一】

2007年2月20日下午5时许，南京某学院姜堰籍女大学生在无驾驶证的情况下驾驶一辆白色桑塔纳，当行驶至兴泰公路华港镇路段时，将驾驶摩托车迎面而来的兴化籍男子王某撞翻，并从王某女友周某腿上碾过后迅速逃离。周某因失血过多抢救无效，于次日死亡。

（资料来源：《江南时报》2007-03-09）

【案例二】

2006年8月23日，宁波某大学大二学生林某酒后驾驶海南马自达车，途经中山路中山名都建筑工地时，将建筑工人张某撞出10余米。

（资料来源：浙江在线新闻网 2006-08-26）

【案例三】

2009年4月18日20时35分许，吉林某高校大三学生王某无证驾驶串牌摩托车，当行驶至正阳街以东50米的皓月大路北侧公交站点处时，将吉林大学朝阳校区大三学生小娜撞倒。当晚23时许，小娜因抢救无效身亡。

（资料来源：《新文化报》2009-04-21）

【案例四】

2009年7月14日晚7时至8时，21岁的在校大学生支某无证驾车，结果在太原市五一路、府东街、柳巷、海子边街和后铁匠巷等地连续酿成11起交通事故，致8人受伤。

（资料来源：《三晋都市报》2009-07-16）

 案例评析

上述4例充分显示了当代"有车族"大学生在交通事故中所扮演的角色。要杜绝此类现象，需要全社会尤其是高等学校和驾驶员培训机构抓好对大学生安全意识的教育，使他们树立正确的出行观念，既不能伤己，更不能伤人。

（五）旅游期间发生安全事故

2001年7月21日，某高校学生张某等人，从尚未向游人开放的南坡攀登太白山，结果张某迷路后坠崖身亡。2002年五一期间，上海某高校学生华某攀登太白山时，在海拔3400多米处遇难。2004年7月，成都6名在校大学生骑自行车出游，在川藏线失踪。2005年十一期间，陕西某高校7名大学生登山爱好者进入秦岭腹地探险，其间遭遇山洪暴发，女研究生祁某被激流冲走；10月9日，经证实，祁某已经遇难。

（资料来源：《西安晚报》2005-10-12）

大学生一般远离家人，相对自由的独立生活为其参与旅游、探险活动提供了便利条件。对于大学生来说，旅游和探险无疑具有很大的吸引力，特别是到人迹罕至的地域。从上述一系列事故来看，事发地点多是不向游人开放的区域。学生对大自然的好奇心是可以理解的，但大学生长期在学校生活，安全意识不强，往往不能充分认识可能出现的危险。在野外生存能力储备、户外运动装备和心理准备不足的情况下就贸然探险，极易引发安全事故。希望大学生外出游玩时能够增强安全防范意识，避免安全事故发生。

三　出现交通事故的急救处理

【案例一】

据英国《泰晤士报》2008年1月22日报道，澳大利亚一名11岁男孩在发生车祸后临危不乱，先为父亲做人工呼吸，然后赤脚行走3公里去一处酒吧报警，最终使父亲获救。

19日晚，父亲驾车带儿子驶出库朗加镇，后在途中发生车祸。汽车从公路滑出后，经多次翻转，最后停在一处空旷的农场上。父亲伤势严重，当场昏迷；儿子伤势较轻。事发时已过子夜，四周一片漆黑。儿子试图唤醒父亲，但发现已经感觉不到父亲心脏的跳动。于是，他先给父亲做了口对口的人工呼吸，直到父亲又能够自主呼吸。

然后，他从车窗中爬出，赤着脚在漆黑荒凉的原野中奋力奔跑，试图回到库朗加镇，去他们刚刚停留过的一家酒吧寻求帮助。酒吧老板被他急促的敲门声惊醒，随后向警方报案。已生命垂危的父亲随即被警方派出的直升飞机送往阿德莱德医院，终于幸免于难。

(资料来源：环球网 2008-01-28)

【案例二】

2004年3月25日11时20分，在北京西五环附近香山路三一六医院对面，一辆厢式货车逆行，与一辆331路公共汽车相撞，导致1人重伤、5人轻伤。小货车的车头已经严重变形，公交车的前挡风玻璃也已破碎。公交司机的头部只是受了擦伤，但小货车司机已经血流满面。急救人员赶到现场，先为伤者进行了头部止血处理。小货车驾驶室被撞瘪，司机的腿被卡在座位上，急救人员无法将司机救出。几分钟后，消防队员赶到后，用专业破拆工具将已变形的驾驶室左侧切开，救出了货车司机。

(资料来源：人民网 2004-04-01)

案例评析

改革开放以来，我国汽车工业飞速发展，汽车保有量连年攀升，打开了交通现代化的大门；但与此同时，我国的交通事故中死亡人数绝对值居世界第一位。汽车事故致死率高居不下的原因：一是事故发生后的短时间内，伤者缺乏有效的自救或救助，以致在救援人员到达时，已错失了宝贵的救援时机。二是由于我国的道路交通事故应急救援机制不健全，交通事故发生后受伤者不能迅速得到专业的救治处置。有专家指出，我国发生的道路交通事故中，伤者如能在30分钟内得到急救处置，可以使我国每年减少6万人的交通事故死亡数，但目前还缺少这种救助体制。三是重伤者被送到医院后处置不及时，有的医院要求先办理缴纳押金的手续，因而延误了宝贵的急救处置时间。因此，应急救援能力、体制和机制的落后，使我国道路交通事故致死率居高不下。

从案例一中可见，事故发生后现场人员的紧急救援和自救是多么重要。正是由于儿子在危急关头冷静而专业地救治、临危不乱地报警，才把他的爸爸从死神手中夺了回来，为以后的治疗赢得了宝贵的时间。

从案例二中可以发现，很多人甚至是成年人在车祸发生后，缺乏最起码的救助常识，不知所措。如果救援人员不能及时赶到，或者他们缺乏必要的经验，后果不堪设想。

（一）车祸发生后的应急处理

车祸发生后，除了应确保伤者安全外，别忘了联系"120"和报告交通部门，以免引发其他车祸。无论伤者受伤程度如何，均需送医院就诊。具体来说，应做到以下几点。

（1）向旁人请求支援。无法自行处理时，一定要向旁人求救，及时联系救护。另外，出现人身伤害的车祸，无论发生什么情况，都需要报警。

（2）车祸发生后，应尽可能迅速脱离车厢，避得远一些，以免因汽车燃烧、爆炸等续发性意外而受到伤害。

（3）确保伤者安全。原则上尽量不要移动伤者。但若出事地点太危险，则应找人帮忙，小心地将伤者搬移至安全场所。

（4）防止引发其他车祸。利用三角形警示标志提醒后方来车注意。

（5）车祸发生时可能引起程度不一的各种伤害，最重要的是要沉着应对。

如果自己的意识清醒，首先要检查自己的受伤情况，依据所学的自救知识进行自救。其次，面对救护人员时，要告诉对方自己的姓名、所在学校、家长姓名和联系方式，以及自己的血型和药物过敏情况。若自己没有受伤，则应帮忙进行紧急救治。检查伤者的意识及呼吸、脉搏的有无。千万不要扭曲伤者身体，以免使伤势加重。

除了检查意识、呼吸和脉搏外，更重要的是检查有没有大出血。血液自伤口大量喷出的动脉性出血或大量流出的静脉性出血，都可能危及生命。此时需尽快进行止血。若为意识清醒、未有大出血的轻伤，则只需在救护车抵达前，依伤势来进行救护即可。

（6）车祸发生后，无论伤势多么轻微，即使看来毫发无伤，也一定要接受医师诊治。部分受伤者表面上看似毫发无损，但可能引起令人意想不到的后遗症。所以,车祸发生后无论伤势如何,一定要让医生彻底检查一遍。

(7)现场抢救的基本顺序是:先呼救,再抢救;先抢救人员,后抢救财物。遇伤员被挤压、夹嵌在事故车辆内时,不要生拉硬拖,应用机械拉开或切开车辆,再救出伤员。

(二)车祸常见外伤的急救方法

1. 颅外伤急救

在交通事故死亡者中,头部外伤占半数以上,60%~70%死于伤后24小时内。如能掌握一定的急救知识,就很有可能使受伤者转危为安。

(1)不要随便移动患者,应注意固定其头部和颈部,微向后仰,以保证呼吸道畅通。若受伤者呼吸停止,可进行人工呼吸;若脉搏消失,可进行心脏按压;若头皮出血,可用干净的纱布等直接压迫止血。

(2)如果有血液和脑脊液从鼻、耳流出,一定要让受伤者向患侧侧卧,即左侧耳、鼻流出脑脊液时要向左侧卧,反之则向右侧卧。注意,不要用纱布、脱脂棉等塞在鼻腔或外耳道内,以免引起感染。

2. 胸部外伤急救

轻度胸外伤只是胸壁被擦、受挫等,主要表现为胸壁疼痛,经过止痛、热敷、服用舒筋活血药等治疗,几天后即可康复。重度胸外伤则为肋骨骨折,以及由此引起的血胸或气胸,可引起严重的呼吸困难甚至死亡。

(1)对呼吸时伤口有响声(即开放性气胸)者,应立即用铝箔膜或塑料膜密封伤口,再用胶布固定,以免空气进入。一时找不到铝箔膜或塑料膜时,可立即用手捂住,取患部向下卧位,等待救护车到来。

(2)胸部发生骨折会出现各种各样的情形,如相连的几根肋骨同时骨折(浮动骨折,也叫连枷胸)时要尽快密封伤口,并让受伤者取患部向下的卧位。

3. 腹部外伤急救

(1)如遇呼吸或心跳停止,应立即进行人工复苏。

(2)当伤者肠子露在腹外时,不要把肠子送回腹腔,应将上面的泥土等用清水冲干净,再用干净的碗盆扣住或干净的布、手巾覆盖,并用绷带、布带缠住,防止感染。速请医生来急救或送至附近医院抢救。

(3)伤者屈膝仰卧,安静休息,绝对禁食。

(4)如有出血时,应立即止血。

4. 扭伤急救

日常车祸中经常会遇到伤员有扭伤的情况，在救护车到来之前，可先行简易处理。身体某部位扭伤后，首先是冷敷 30 分钟左右。最好用冰，也可用冷水代替。冷敷后用纱布把手指或踝关节固定在舒服体位，抬高患肢。腰部扭伤后，最好采取感觉比较舒服的体位，将下肢垫高。

5. 烧伤急救

（1）迅速远离车祸现场并脱去着火的衣物，或用冷水浇正在着火的衣服，或就地滚动。

（2）用大衣、棉被、毯子覆盖，使火熄灭；或者直接滚入、跳入池塘、水池、水沟内灭火。

（3）注意：①不能一边跑一边呼救，这样会加重烧伤；②被液体烫伤后，应立即剪去被浸湿的衣服，如某处衣肉粘连严重时，不要强行撕下，应先剪去未粘连部分，暂留粘连部分；③剪刀不要碰到伤口、水泡，不要涂紫药水、红药水和其他药膏，以免影响创面观察。

（4）创面须用清水冲洗，用干净布包扎或敷病创面，防止感染。眼烧伤时，用生理盐水冲洗后，用棉棍取去异物，并滴 0.25% 氯霉素眼液。

（5）手足烧伤包裹时，应将指（趾）分开，以防粘连。

第四节 良好出行习惯

大学生交通安全是社会关注的焦点。要彻底保障大学生的出行安全，降低恶性交通事故的发生，就需要每一名大学生在充分认识安全出行重要意义的前提下逐步养成良好的出行习惯，从生活中的细节做起，防微杜渐，将交通事故的隐患消灭在萌芽状态。

一 大学生不良出行习惯

有关部门调查结果显示，大学生在出行时经常出现以下不良交通行为。

（一）大学生在路上的不良行为

（1）在马路上行走时不走人行道；在没有人行道的路上行走时，不靠路的右边行走，而在路的左边或中间行走。

（2）横穿马路时不走人行横道、过街天桥或地下通道，而是任意横穿，或者在车辆来临时突然横穿。

（3）只顾走路，不注意道路和车辆信号的显示，不服从交通指挥和管理。

（4）在车行道、桥梁、隧道或交通安全设施等处逗留、谈恋爱等。

（5）穿越、攀登或跨越道路和铁路的隔离设施。

（6）从铁路桥梁、隧道和没有道口或其他平面交叉设施的铁路道轨上通过。

（7）不听从铁路道口工作人员或信号的指挥，钻、爬、越道口栏杆（栏门），强行通过已经关闭的铁路道口。

（二）大学生骑自行车的不良行为

（1）在人行道、机动车道、逆行道上骑车。

（2）骑车时横冲直撞，争道强行，只顾自己行驶，不管前方情况和左右的安全，当机动车临近时也毫不相让。

（3）骑车遇路口转弯时不减速，不向后瞭望，不打手势，突然猛拐。

（4）通过路口时猛蹬猛骑，遇有禁行信号时抢行或闯行。

（5）骑车时双手离把或单手持物，或再牵引一辆车，或驮带他人。

（6）三五个人骑车并列行驶或扶肩并行。

（7）在沙土路面遇机动车辆时为抢占风头，突然驶向路左或路右。

（8）紧随机动车后面行驶，或手扒机动车行驶。

（三）大学生乘车乘船的不良行为

（1）不按秩序依次候车候船，在上下车船时拥挤争抢。

（2）上车船后不坐在座位上，而是随意走动，或将身体探出车船之外，或向车船外任意抛投物品。

（3）随意触动车船上的设施。

（四）大学生驾车时的不良行为

（1）无证驾驶他人的机动车，不在专业场地练车。

（2）酒后驾车，与他人竞速，违规超车。

（3）在道路不熟悉的情况下开夜车。

（4）与他人飙车。

（5）闯红灯、单行线逆向行驶等。

二 大学生规范交通行为的途径

为了避免发生道路交通事故，大学生必须从现在做起，从自身做起，规范自己的交通行为，做到安全出行。

（一）安全出行从认识交通信号开始

交通信号包括交通信号灯、交通标志、交通标线和交通警察的指挥。

（1）交通信号灯。

在繁忙的十字路口，四面都悬挂着红、黄、绿三色交通信号灯，它们是不出声的"交警"。红绿灯是国际统一的交通信号灯。

指挥灯信号。绿灯亮时，准许车辆、行人通行，但转弯的车辆不准妨碍直行的车辆和被放行的行人通行；黄灯亮时，不准车辆、行人通行，但已越过停止线的车辆和已进入人行横道的行人，可以继续通行；红灯亮时，不准车辆、行人通行；绿色箭头灯亮时，准许车辆按照箭头所示方向通行；黄灯闪烁时，车辆、行人须在确保安全的原则下通行。

人行横道灯信号。绿灯亮时，准许行人通过人行横道；黄灯闪烁时，不准行人进入人行横道，但已进入人行横道的，可以继续通行；红灯亮时，不准行人进入人行横道。

（2）交通标志。

在道路上，我们可以看到各式各样的交通标志。它们用图案、符号和文字来表达特定的意思。告诉驾驶员和行人注意附近环境情况。这些标志对于安全非常重要，被称为"永不下岗的交警"。

（3）交通标线。

隔离设施：交通隔离设施主要有行人护栏和隔离墩或绿化隔离带。行人护栏是用来保护行人安全，防止行人横过马路走入车行道和防止车辆驶入人行道的。隔离墩或绿化隔离带是设在车行道上用来分隔机动车与非机动车或来往车辆的。同学们不要跨钻护栏和隔离墩或绿化隔离带，否则有被车辆撞倒的危险。

人车分流，各行其道：道路上用"交通标线"画出车辆、行人应走的道路，机动车走"机动车道"，行人走人行道。

（二）安全出行的"四大本领"

安全出行要学会四大本领：一会走路，二会骑车，三会乘车，四会驾车。

1. 走路

要走人行道或在路边行走。横过马路时，先左瞧，后右看，确定没有车辆时再通过；红灯停，绿灯行，不乱跑，不随意横穿。遵规矩，保生命。

（1）行人须在人行道内行走，没有人行道时靠路边（距路边缘线 1m 处以内）行走，并注意前后车辆。

（2）横过车行道，必须走人行横道。没有人行横道的，须事先看清左右来往车辆，待车辆走过后直行通过，不要追逐、猛跑。

（3）不准从车辆后面突然横穿马路，也不要走在路中突然回头走。这些会使驾驶员措施不力、判断失误，导致交通事故。

（4）晴天过公路时，如有灰尘应回避一下，但不要盲目抢上风；雨雪天气里，打伞、穿雨衣不要遮住视线，防止与车辆碰撞。

（5）过交叉路口时，要注意交通信号，熟记红灯停、绿灯行。有些路口设置了红绿两种颜色的人行横道灯。绿灯亮时，准许行人从人行横道内通过；绿灯闪烁时，不准行人进入人行横道，但已进入人行横道的，可以继续通行；红灯亮时，不准行人进入人行横道，这时行人应在人行道上等候。

要规范自己的走路行为。在城市街道，走路必须走人行道；在农村公路，须靠路边行走。横过街道必须走"人行横道"或"人行天桥"或"地下通道"，以免与车辆发生碰撞。

2. 乘车

乘车时，等车停稳先下后上；坐车时不要把身体的任何部位伸出窗外，也不要向车外乱扔东西；不得携带易燃易爆等危险品乘车；机动车在行驶中，乘车人要坐稳扶牢，以防紧急刹车；乘坐大卡车时，应蹲下，并抓牢车厢栏板。不要搭乘超载车、农用车和人货混装车。

3. 骑车或驾车

骑车时要靠右走，车速不能过快，更不能双手离把，不逆行，不要骑逞能车。自行车后座不能载人，骑车拐弯时要伸手示意。

驾车时，要严格遵守驾驶员手册相关规定，不急不躁，安全驾驶，平安做人。

（1）机动车驾驶员，必须经过车辆管理机关考试合格，领取驾驶证，方准驾驶车辆。

（2）驾驶车辆时，须携带驾驶证和行驶证；

（3）不准转借、涂改或伪造驾驶证；

（4）不准将车辆交给没有驾驶证的人驾驶；

（5）不准驾驶与驾驶证准驾车型不相符合的车辆；

（6）未按规定审验或审验不合格的，不准继续驾驶车辆；

（7）饮酒后不准驾驶车辆；

（8）不准驾驶安全设备不全或机件失灵的车辆；

（9）不准驾驶不符合装载规定的车辆；

（10）在患有妨碍安全行车的疾病或过度疲劳时，不准驾驶车辆；

（11）按规定驾驶和乘坐二轮摩托车并配戴安全头盔；

（12）车门、车厢没有关好时，不准行车；

（13）不准穿拖鞋驾驶车辆；

（14）不准在驾驶车辆时吸烟、饮食、闲谈或有其他妨碍安全行车的行为。

4. 遇到突发事件或事故

在道路上遇到突发事件，要立即找成年人帮忙。遇到交通事故时，拨打"120"或"110"报警电话；同伴被车撞倒，要记下肇事车辆的车牌号、车身颜色或其他特征。

第六章 人身安全

安全需要伴随人类历史发展的全过程。安全是社会发展的前提，是人类个体生存和发展的保障，是人们历来关注的重点。处于"象牙塔"中的大学生也难免面对各种危险：或是潜在的，或是明显的；或是因无知造成的，或是由于明知故犯带来的，等等。在许多发达国家，新生入学的第一天，就要接受有关安全和生存方面的教育。在国内学校的新生入学教育中，安全知识的教育也被置于很重要的地位，学习和掌握一些安全知识将会使同学们受益终生。安全就是指没有危险，不受威胁，不出事故。安全是一个大学生完成学业的保证，也是一个学生思想进步、健康成长和立志成才的基本条件。

第一节 实验实习安全

一 实习安全

实习是大学生进一步理解和巩固理论知识、培养实践技能和创新能力的重要教学环节，是学生接触社会、了解社会、提高德育素质和心理素质的重要途径。

实习教学包括工程训练、认识实习、教学实习、生产实习、社会调查与社会实践等培养方案中规定的教学环节。

 案例警示

【案例一】

李某是河南某高校二年级大学生。在校方的统一安排下，她和其他11名同学来到位于郑州市高新技术开发区的仲景药业公司实习，从事药品包装工作。每个实习生每月可以得到公司发放的200元生活补助。

"上班两个月，我就开始感觉到全身酸疼。"李某痛苦地说，"到后来越来越严重，肌肉也开始颤抖，还掉头发，躺在床上不能动。"李某被河南省职业病医院确诊为"汞中毒并肾损害"。"在那儿实习，也没人跟俺说啥东西有害，也不知道咋保护！"李某哭诉道。

住院至今，李某已经花费近3万元。然而，因为她不是公司正式职工，她实习的药业公司不愿为她出一分钱的医疗费。学校曾派人送过1000元，但是相对于巨额医疗费而言无疑是杯水车薪。无奈之下，李某把实习单位告上法庭，要求其支付全部医疗费用及其他必要的费用。

（资料来源：《职业技术教育》2005年第2期）

 案例评析

在校生实习期间，与实习单位之间是合法的劳动关系吗？实习生和实习单位的正式职工是否拥有同样的权益呢？我国的法律目前对此尚未作出十分明确的规定。对于"实习"，工具书的解释是："在教师或实际工作者的指导下，学生参加一定的实际工作，把学到的书本知识运用到实践中去，以取得实践经验、提高理论水平、锻炼工作能力。"按照这样的解释，实习单位为实习者提供了进一步学习的机会，实习者也确实参加了一定的实际工作、创造出了一部分价值。李某的代理律师认为，李某与实习单位之间构成了合法的劳动关系，"她的专业是化学制药技术工人，学校安排她到药厂实习，从事的也是和药厂职工完全一样的实际生产劳动。因

此，李某与药业公司已经构成了一种事实的劳动关系。药业公司完全应该对李某所受的伤害承担责任，而校方也要担负起一部分赔偿责任"。

但是，实习单位却认为，实习就是实习，与单位的正式职工有根本区别，因此实习生不可能拥有与正式员工完全一样的待遇。"国家有要求，不许招收在校学生为正式员工。并且，有的单位并不需要实习生的辅助，单位安排实习生不仅得不到什么，反而还要安排专人进行实习管理和指导，因此有的实习单位还要求学生或学校交实习费。像这样的情况，实习生和单位之间，怎么会是劳动关系呢？"一单位的负责人反问道。一位劳动保障部门的工作人员也表示，实习生并没有正式就业，仍不属于严格意义上的劳动者。在校生实习相当于上培训班。

通过调解，实习单位已同意承担实习生的医疗费。然而，在法律上如何保护实习生权益的问题仍未得到根本解决。

在律师看来，在校生实习相当于上培训班，与实习单位之间形成的是一种技能培养的合同关系，而不是劳动关系。因而两者之间的问题并不适用于《劳动法》，而应参照《合同法》的相关规定来处理。从根本上来说，在校生到企事业单位实习，主要目的是为了让自己获得更多的实际工作经验和技能。实习生为单位提供一定的劳动，只是其进行实际学习的一种必需的手段。如果实习生在实习期间受到人身损害，应该按照实习生与实习单位之间形成的实习协议进行处理。如果双方没有签订书面的实习协议，可以参照《合同法》中有关技术培训的条款予以解决。如果按照上述规定或约定仍无法解决实习生实习期间人身损害的问题，可按照《民法通则》和其他法律法规有关过错责任的规定，实习生和实习单位根据各自过错的大小来承担相应的责任。

对策建议

实习前，实习单位与学校、学生三方应该依照有关法律法规签订实习协议，明确三方权利、义务和实习期间的待遇及工作时间、劳动安全、卫生条件等内容，对三方形成一定的约束，从而保证实习的质量。这样一来，若实习期间发生争议，也能有章可循。

 **安全训练**

大学生参加生产实习之前,为避免实习过程中出现人身伤害,需要做哪些方面的准备?

【案例二】
实习出工伤引发纠纷三方都有责任

金某是信息工程学校的在册学生。2000年7月,由该学校组织,不满18周岁的金某参加毕业前的实习,实习单位是广州某酒店有限公司。按照多年的惯例,校方仅是与该公司口头说一下,即让学生参加实习了。双方对学生实习期间的管理及权利义务未作出明确的界定。7月16日早晨,金某在加工面粉过程中,因操作不慎,右前臂被机器缠绞轧伤,经诊断为"右前臂旋转撕脱离断伤",治疗过程中共花去医药费4万余元。

基本丧失右手功能的金某正值豆蔻年华,她要为自己讨个说法。于是,她将信息工程学校和实习单位告上法庭,索赔14万余元(包括精神损失费2万元)。

(资料来源:东莞劳动律师网 2008-01-22)

 **案例评析**

如今,在校大学生参加社会实践或实习已成为定律和常规,但他们能否作为劳动合同法的主体与用人单位签订劳动合同,为单位提供劳务后能否得到劳动报酬,发生纠纷后能否通过劳动法维权,对此一直没有明确的说法和答案。法院审理认为,实习的在校学生并不能算是劳动法意义上的劳动者,实习学生的工伤不属于《工伤保险条例》的调整范围。因为相关法律法规对劳动者的年龄、学历、是否纳入就业保障范围都作了明确的规定,而在校学生并不具备这些"劳动者的条件"。因此,学生与实习单位之间的关系不是劳动关系,而是劳务关系。劳务合同纠纷不适用劳动法调整,而应直接适用《民法通则》等民事法律来调整。金某应遵守学校有关实习的规定,也应遵守实习单位有关安全操作的规程。她所遭受的损害是由于自己在实习操作中的失误所引起,应由其监护人承担相应的责

任。信息工程学校与实习单位在金某的损害事故中存在疏于管理的责任，未能妥善落实对她在实习期间的管理，任由未满18周岁的金某独自一人操作而发生事故，也应承担起相应的责任。最后，法院判决信息工程学校和实习单位各赔偿金某31105元。

每年的暑假、寒假期间，大中专院校的学生到企事业单位实习。通常是校方领导或熟人跟企事业单位的领导口头上打个招呼，就让学生去实习了。双方对学生实习期间的管理及权利义务没有作出明确的界定，一旦发生工伤或事故，解决起来就相当棘手。因此，上述案件的判决对发生这类纠纷具有警示作用。校方和实习单位应对实习生明确实习期间的管理及权利义务，以防患于未然。

 对策建议

（1）在厂矿企业实习的学生，应在实习之前接受安全教育，学习安全法规，并在专人指导下学习并掌握安全操作知识和技能；要正确使用和保管个人劳动防护用品，保持工作场所的整洁，准确了解厂矿企业内部特殊危险工区、地点及物品，避免发生意外事故；工作之前应了解和掌握所用机器、设备或工具的性能、特点、安全装置和正确操作程序及维护方法，做到安全操作和规范操作。

（2）实习医护人员必须严格遵守医院的规章制度和有关技术操作规定，在诊疗、护理工作中有疑问时应及时请示上级医生，不得自作主张、擅自行事，以免发生医疗事故；实习学生要严守保护性医疗制度，对于危重病人的病情、一些特殊病人或自己不太清楚的问题，未经上级医生批准，不得擅自告诉病人或病人家属，不得对病人、病人家属、病人单位发表有关病情的意见；进行医疗观摩时，要尊重患者的隐私权；在传染病房和发热门诊实习的学生，要严格按照操作规程办事，严格做好个人防护工作。

（3）学生在野外实习进行编组时，要注意男女学生混合编组，禁止一人单独进行野外实习；野外实习时要指定专人负责安全工作，每到一个实习基地，要了解当地的治安情况及风俗习惯，并针对可能发生的问题采取切实可行的措施；要注意防止被有毒动物咬伤或有毒植物刺伤，防止发生人身伤亡事故；严格遵照操作规程，避免损坏仪器仪表；保管好各类重

要资料，注意防火、防盗、防毒、防工伤事故。

 安全训练

不同专业的学生，进入实习阶段后，应注意哪些人身安全问题？

二 实验安全

实验室工作是教学科研工作的重要组成部分。实验室老师要根据学校教学计划准备好实验仪器设备及实验材料，安排实验指导人员，保证实验教学任务的完成。学生应当严格遵守实验课纪律。实验前要做好预习准备工作，明确实验目的，理解实验原理，掌握实验步骤；实验中要爱护实验器材，使用仪器设备时要严格遵守操作规程；实验后要按时提交实验报告。

 案例警示

第三方责任人造成的伤害事故

某高校正在进行大学物理实验，实验内容是电能、磁能的转变，需要1号干电池。物理教师发现曹某等5名同学缺实验用的干电池。于是，老师就让曹某去校门口的某商店购买了10节1号电池。物理教师讲解了实验内容和具体的实验操作规程后，曹某和其他同学一样，将刚刚买来的1号电池装在实验器材的电池仓里，并按照老师讲述的操作规程认真检查了每一个元件及线路。当他认为整个实验装置已安装无误时，便轻轻地按下电源开关。就在曹某按下电源开关的一瞬间，电池仓里的两个1号电池发生爆炸，一块电池碎片击中曹某的左眼。经治疗，他的左眼视力只恢复到0.3。

（资料来源：湖南律师网 2008-05-05）

 案例评析

这次事件发生后，当事人向学校提出索赔，而学校以电池系当事人个

人购买为由拒绝赔付。后经法庭审理，律师认为，本案中的事故属于产品致人伤害的民事责任，简称"产品责任"。具体来说，"产品责任"是指产品存在缺陷造成人身伤害或财产损失而引起的民事责任。虽然这起事故发生在学校，但其并不属于学校的责任事故，因而学校对于事故的发生并不承担民事赔偿责任。就本事故的性质来看，应当属于在学校内发生的第三方责任事故。第三方责任事故是指由学校以外的个人或组织的故意、过失或疏忽而造成的学生伤害事故。所以应由造成事故的第三方承担赔偿责任。《中华人民共和国产品质量法》第43条规定，因产品存在缺陷造成人身、他人财产损害的，受害人可以向产品的生产者要求赔偿，也可以向产品的销售者要求赔偿。属于产品的生产者的责任，产品的销售者赔偿的，产品的销售者有权向产品的生产者追偿；属于产品的销售者的责任，产品的生产者赔偿的，产品的生产者有权向产品的销售者追偿。本案中，应该承担赔偿责任的不是学校，而应是电池的生产者，电池的销售者与生产者一起负连带赔偿责任。

 **对策建议**

在高校的各种实验中，发生爆炸是最主要的事故之一。爆炸，是指物质在一定外界因素的激发下，瞬间产生激烈的体积变化并释放出大量的能量和气体的一种现象。爆炸事故是生产、科研活动中最常见的事故之一，极易造成人身伤亡，因而是一种十分严重的灾害事故。

爆炸事故主要有以下3类：一是物理爆炸，如因内部压力过高致使压力容器破裂而发生的爆炸；二是化学爆炸，如氧化剂与可燃剂接触或雷管、炸药一类化学物品在一定条件下发生的爆炸；三是物理化学爆炸，如在化工生产或化学实验中，因技术条件控制不好使容器中物料膨胀加速或温度上升，导致压力过大、超过容器强度极限而发生的爆炸。

为了防止爆炸伤害，必须做到以下几点：

（1）在思想上对爆炸事故的性质和危害具有足够的认识，并引起高度的警觉；

（2）加强对化学物品的保管、使用和储存的管理，做好实验设备特别是压力容器的定期检验；

（3）参加实验时，必须严格遵守操作规程，按操作步骤去做，在教师或实验人员的指导下顺利完成实验；

（4）在与爆炸物品接触时，要做到"七防"：防止可燃气体粉尘与空气混合，防止明火，防止摩擦和撞击，防止电火花，防止静电放电，防止雷击，防止化学反应。

物理实验中，怎样防止爆炸等安全事故的发生呢？

第二节　预防传染疾病

《中华人民共和国传染病防治法》指出，传染病分为甲类、乙类和丙类。

甲类传染病，是指鼠疫、霍乱。

乙类传染病，是指病毒性肝炎、细菌性和阿米巴性痢疾、伤寒和副伤寒、艾滋病、淋病、梅毒、脊髓灰质炎、麻疹、百日咳、白喉、流行性脑脊髓膜炎、猩红热、流行性出血热、狂犬病、钩端螺旋体病、布鲁氏菌病、炭疽、流行性和地方性斑疹伤寒、流行性乙型脑炎、黑热病、疟疾、登革热。

丙类传染病，是指肺结核、血吸虫病、丝虫病、包虫病、麻风病、流行性感冒、流行性腮腺炎、风疹、新生儿破伤风、急性出血性结膜炎、除霍乱、痢疾、伤寒和副伤寒以外的感染性腹泻病。

【案例一】

在农村长大的小S，小时候没有注射卡介苗，考上大学一段时间，每天咳嗽，已经2个月有余。经校医院诊断，小S感染了肺结核；但是他没有将自己的病情告诉室友。起初，寝室里其他同学以为小S患了普通的伤风感冒，因此没有在意。后来，辅导员要求寝室里的其他同学到校医院体检，发现有3名同学也感染上了肺结核，这才感到事态的严重。

（资料来源：沈阳市传染病医院病患案例）

案例中的小 S，小时候没有注射疫苗，后来营养又跟不上，因抵抗力低下而患了肺结核。他只要增加营养并注意休息，完全可以痊愈。大学生中肺结核的发病率较高，主要有以下原因：生活没有规律、熬夜上网、不注意生活细节（如卫生习惯、饮食习惯等）以及学习紧张等，使学生们的机体抵抗能力降低，极易感染结核病。而群居生活、人口密度较高、不愿让别人知道自己的隐私而隐瞒病情，或由于经济问题而耽误就医等原因，又使得同学之间交叉感染的概率大增。其实，肺结核病并不可怕，对于患者来说，只要患病早期按照要求进行规范治疗，95%以上可以治愈。因此，大学生们要注意，发现有咳嗽 2 周以上，经过抗炎治疗效果不明显的，一定要拍张 X 光片进行鉴别诊断。一旦确诊为肺结核，要到专科医院进行规范的隔离治疗，以控制传染性，保护其他同学不受感染。待痰菌检查呈阴性，胸片提示明显好转后，方可回校边学习边继续治疗。结核病如果治疗不规范，将引起复发、耐药、加重病情等严重后果。因此，切忌到不正规的诊所治疗，以免延误病情。

典型肺结核起病缓渐，病程较长，伴有低热、乏力、食欲不振、咳嗽和少量咯血。但多数患者病灶轻微，常无明显症状，经 X 光健康检查始被发现；有些患者突然咯血才被发现，但在病程中可追溯到轻微的毒性症状。

案例评析

结核病是以结核杆菌的传播而进行传染的。结核杆菌的抵抗力比较强，能耐受寒冷，即使冷到冰点，还不能杀灭它；甚至达到液体空气那样的低温（约 -189℃），它也能耐受几小时。结核杆菌在干燥状态下，也有耐热的适应力；但是结核杆菌不能耐受湿热，在 95℃ 和潮湿的情况下，只要 1 分钟它就会死亡。因此说，结核杆菌耐寒冷、耐干热，但不能耐受湿热。

对于结核病人使用过的器皿、用具等耐热物，最简便的方法就是煮沸消毒，如食具、衣物、手帕、口罩可煮沸 10~15 分钟。而书籍、棉被等用品，可在阳光下晾晒或用紫外线灯消毒，直射的日光、紫外线有杀结核杆菌的作用。病人接触和使用过的物品，如果不宜加热消毒，又不宜日光照射消毒，则可用酒精消毒。许多化学物品，如来苏儿、石灰水、碳酸、双氧水、碘酒、酒精、84 消毒液等，均能将结核杆菌杀死，只是所需时间不同罢了——有的需要几分钟，有的需要几小时。总之，对肺结核病人使用过的食具和生活用品要采取相应的消毒措施，坚持消毒，严格消毒，杜绝传染源的传播。只有这样，才能防止出现新的结核病患者。

安全训练

当室友感染结核等传染病时，同寝室的其他同学应当怎样做好防护？

【案例二】

某省卫生厅发出公告称，自 3 月下旬以来，该省某高校已确诊甲肝患者 111 例，引发疫情的"元凶"是学生日常饮用的桶装矿泉水，生产厂家已经被勒令停业。公告并未对矿泉水究竟存在什么问题进行说明，一时间各种针对病源的猜测也层出不穷。该校不少学生甚至认为，矿泉水成了学校卫生状况差的"替罪羊"。

（资料来源：黄河新闻网 2008-04-11）

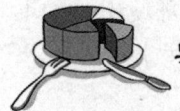

案例评析

病毒性肝炎是由肝炎病毒引起的一组传染病，属于法定的乙类传染病。根据感染病毒的不同，分为甲型、乙型、丙型、丁型、戊型。其中最常见的是甲型病毒性肝炎（简称甲肝）和乙型病毒性肝炎（简称乙肝）。事件之初，有自称该院学生的人在网上发帖——《学院甲肝事件引发的思考》，声称许多师生都认为桶装水不过是"替罪羊"，食堂才是真正的作恶者。这名网友写道：说到消化道传染，自然让人想到学校食堂。学院的两个食堂，由同一经营者承包，不仅缺乏竞争机制，也没有良好的监督体系。年年卫生部门检疫不合格，年年均未见到任何整改。学生食堂内的卫生环境十分糟糕——苍蝇、污水、异味直叫人摇头，饭菜中吃出的异物花样百出。面对如此恶劣的卫生环境，学校师生怨声四起，曾多次向上级部门反映，但每次都是不了了之。"在后勤社会化的背景下，高校对食堂没有补贴，经营者自己投入，要求回收成本甚至盈利显得'理直气壮'。"校方人士称："学校只能在加强管理的同时，要求经营者凭良心办事。"

"甲肝疫情处置领导小组"的专家论证，该学院甲肝疫情病例对照调查结果显示，就餐地点、食用食物种类等因素与疾病发生无流行病学联系，与"竹源"牌桶装水有流行病学联系，是造成该学院甲肝疫情暴发的直接原因。尽管医生许诺，甲肝能根治，不必有后顾之忧，但事实上阴影依然存在。矿泉水的倒下，推倒了更多的"多米诺骨牌"。在当地，人们对食品安全的忧虑再度升级。该省的饮用水行业遭遇了空前的信任危机，该学院的大多数学生弃用矿泉水，喝起了学校提供的开水。

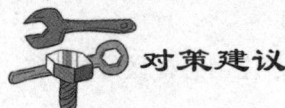
对策建议

甲肝为急性传染性疾病。绝大多数人患此病后，体内都会产生相应的抗体，从而消灭病毒，疾病自愈，一般不存在慢性化及携带病毒的现象。所以，只要症状缓解、肝功能正常，就可以考大学或从事饮食、托幼和教师等工作。甲肝的传染源主要是甲肝患者及隐性感染者。被患者的粪便、分泌物污染的水源和食物等都可造成甲肝的发病或流行，故甲肝的传播途径是"粪—口传播"。当健康人食入被污染的食品、水，或接触了被污染的食物、用具等时，如抵抗力下降就会发病。在大学的集体环境中，如不注意个人卫生和饮食卫生，就有可能引起甲肝流行。1988年上海地区出现的甲肝暴发流行，就是因为食用了不洁毛蚶所致。

安全训练

怎样预防病毒性甲型肝炎？

第三节 远离校园暴力

当代大学生应当是政治方向坚定、思想品德高尚、富有创造精神的一代新人。"一个人正如一只时表，是以他的行动来定价值的。"那种争争吵吵、打打闹闹、纠纷四起、内战不休的人，不仅损害了自己的人格，而且玷污了大学生的品格。尽管闹纠纷是少数几个人，但受到损害的是整个大学生的形象。

同学之间，师生之间，朋友之间，真诚相处、和睦团结十分可贵。它不仅可以使你感受到集体的温暖，在良好的环境中培养自己良好的品德，而且可以从他人身上得到帮助，受到启发，以增长自己的学识和为人处事能力。而"内战"四起、纷争不休，只会伤害感情、削弱友谊、破坏团结、瓦解集体。在这种环境中，如果互不信任、怀疑猜测、尔虞我诈、逞强好斗，那么将影响自己成才。

就产生纠纷的直接原因而言，多数是微不足道的小事，但是一旦成为纠纷，有的则难以收拾，例如恋爱纠纷可以使人丧生，同学纠纷可以使人镣铐加身，家庭纠纷也可以酿成血案。纠纷是刑事、治安案件的温床，纠纷是破坏安定团结的蛀虫。我们应当引以为戒，牢牢记住他人留下的教训。

案例警示

【案例一】

2002年3月10日晚19时许，某学院机电98－3班学生时××（男，20岁），因自行车问题与该院机电98－2班学生滕××（男，22岁）发生口角，继而推搡。相互推搡中，滕××用刀扎中了时××。时××在医院抢救无效死亡。

（资料来源：泸州职业技术学院网站2002-03-15《外语系大学生人身安全防范措施专题教育——预防伤害，确保人身安全》）

案例评析

在校期间，大学生们都是年轻力壮的小伙子。由于种种原因，同学之间可能发生一些口角、碰撞和误会等，进而出现争吵以至动手打架甚至打群架现象。这是学校规章制度绝不允许的。发生纠纷的同学，绝不能采取动手还击、意气用事的方式解决，特别是不要采取"以血还血，以牙还牙"的过激方式，否则会给双方带来很大的精神痛苦。遇到这种情况时，一定要克制、冷静，要迅速找学院保卫部门、所在班级辅导员老师或学工处老师，寻求学院帮助解决。

大学生中的许多纠纷多由口角引起，而口角的发生大多与恶语伤人有关。俗话说"祸从口出"，即说话不当可能引来祸端。语言美是社会主义精神文明的重要内容。当你不小心碰撞了别人，踩了别人的脚，或把别人的书本碰到地上，总之，你由于不小心而伤害了别人的利益时，要真心实意地向人家道一声"对不起"。反过来，别人由于不小心而伤害了你的利益时，你要讲大度、虚怀若谷，说一句"没关系"。这样一来，纠纷自然就会化解。例如，几个同学庆贺生日，当喝到面红耳赤时，发现相隔不远的几个青年男女猜拳、行令。一个同学说："社会变化快，女人也猜拳。"岂料这话被对方听到，立即骂骂咧咧地走了过来要"理论"一下。另一个同学见势不妙，马上站起来说："请您别介意，他喝多了点儿。"这一句礼貌的抱歉之语，倒使对方不好意思起来，马上改口说："没事儿，祝你们快乐！"

 对策建议

预防大学生受伤害是一项综合性工作，需要各级政府认真整顿校园周边秩序，也需要公安、保卫部门维护好校园内部治安秩序。大学生在处理同学关系时，应互相关心，互相照顾，相互谅解，求同存异。同学们来自五湖四海，成长环境不同，家庭条件有别，兴趣性格各异，因此在生活习惯和处事方式上有差别是正常的。大家在一起生活，要互相尊重，要严以律己、宽以待人，要营造一种和谐、和睦的氛围。大学生要认真学习并严格遵守学校的规章制度。学校为了有秩序地组织教学活动，为了师生有秩序地生活，制定了各种规章制度。其中有相当一部分内容是调解大学生相互关系的准则，例如几点起床，几点上课，几点午休，几点熄灯睡觉等。这些规章制度是大家都要遵守的行为准则。大家都自觉地去遵守了，生活中便出现许多共同点，少了许多纠纷。

【案例二】

某高校大学生马某，因家境贫寒，经常受到同学的鄙视和嘲讽，导致心灵发生扭曲。2004年2月13—15日，马某在学生公寓6幢317室使用事先购买的铁锤，先后将其同班同学唐某、邵某、杨某和龚某杀害。一名曾经对马某有"一饭之恩"的同乡同学也被他划入了杀害之列。

（资料来源：宿迁公安信息网2004-03-03《马××案已移送检察机关》）

 **案例评析**

斗殴是人们在现实生活中超出理智约束的一种激烈的对抗性互相侵害的行为。这种行为一般发生在青少年身上。目前，我国在校大学生的年龄大多是18~23岁，正是血气方刚的年龄。生活中，一些大学生有时会很不理智地处理同学之间的矛盾，或遇突发性纠纷时容易超出道德底线，而步入歧途。从上述案件中可以看出，良好的人际关系能够淡化矛盾、减少隐患、消除不稳定因素，是最好的自我保护工具。现实生活中，大多数案件是由于人际关系处理不当而发生的。如果人际交往中都能做到待人以礼、待人以诚、待人以信，那么往往能够化干戈为玉帛；反之，以邻为壑，就会纠纷不断、永无宁日。要解决这种境况，就必须发挥传统文化中"和"的功能：和气生财，家和万事兴。"和"意味着没有冲突，没有积怨，事物在秩序内运行。

无论争执由哪一方引起，都要持冷静的态度，不可情绪激动。这就要求我们心胸宽广，虚怀若谷。只有"大着肚皮容物"，才能"立定脚跟做人"。某古刹有一副颂扬大肚弥勒佛的对联："大肚能容，容天下难容之事；开口便笑，笑世间可笑之人。"对于那些可能导致摩擦的小事，要宽容对待、一笑了之。刘少奇同志在谈到共产党员的修养时指出："我们应该注意自己不用言语去伤害别的同志，但是，当别人用言语来伤害自己的时候，也应该受得起。"如果能够做到这一点，就能"猝然临之而不惊，无故加之而不怒"，一切纠纷都会化为乌有。

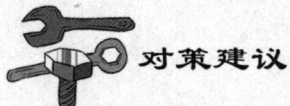 **对策建议**

在与同学以及其他人相处中，诚实和谦虚是增强团结、增进友谊的基础，也是消除纠纷的灵丹妙药。有了诚实、谦虚的精神，在发生纠纷的时候，就能认真听取他人的意见，认真开展自我批评，宽容他人的过失，处理好相互之间的争执。要知道，在与他人的交往中，特别是在发生争执的时候，诚实和谦虚并不意味着懦弱、妥协，恰恰相反，它是你强大和品德高尚的表现。因为"人有毁我消我者，攻之固益其德，安之亦养其量"。培根说过，"经得起各种诱惑和烦恼的考验，才算达到了最完美的心灵健

康"，而"每一次的克制自己，就意味着比以前更加强大"。

实践证明，大学生中的纠纷多数由口角引起，而口角的发生都是恶语伤人的必然结果。俗话说得好，"病从口入，祸从口出"，"话不投机半句多"，深刻揭示了语言与纠纷的辩证关系。语言美是社会主义精神文明的重要内容。当你不小心触犯了别人时，你说一声"对不起""很抱歉""请原谅"；或者，当别人触犯了你而向你道歉时，你回一句"别客气""没关系"，那么紧张的气氛就会烟消云散，从而化干戈为玉帛。要做到语言美，一是说话要心平气和、以理服人，不强词夺理，不恶语伤人；二是说话要文雅，谈吐雅致，不说粗话脏话；三是说话要谦虚，尊重对方，不说大话，不盛气凌人。

防止发生纠纷的总原则是：各守本分，互谅互让，求同存异，理解万岁。

当同学之间发生口角时，你应该如何化解矛盾？

第四节　避免意外伤害

大学生避免意外伤害是一项综合性工作，需要各级政府认真整顿校园周边秩序，也需要公安、保卫组织维护好校园内部治安秩序。

【案例一】
某高校工程勘测专业学生到外地进行生产实习。一天午休时间，3名男同学难耐高温，偷偷跑到距实习地2公里以外的水库去游泳。在游泳中，一名同学突然两腿抽筋，大声呼救。另外两名同学因水性不太好又不懂救生方法，虽然拼尽全力仍无法将其救上岸来，眼睁睁地看着自己的学友渐渐被水吞没。

（资料来源：福州大学2008-10-10《"抓学风、促安全、讲文明、迎校庆"学习材料》）

 案例评析

游泳是一项很好的体育运动,同时又是风险性较大的一种运动方式,稍有不慎,就可能发生溺水死亡事故。

发生游泳死亡,有多种原因:有的是溺水而死;有的被水呛着炸肺而死;有的在游泳时被杂草、渔网缠身摆脱不掉而被淹死;有的不了解水情,一头扎入水中,头部触到石头或扎入泥中而死;也有的在游泳过程中突然发病,导致溺水死亡。每年夏天,经常发生水库、水塘中群众溺水身亡的事件。上述案例中,死者作为一名完全民事行为能力的成年人,在不明深浅的情况下,明知下水会有极大的危险却贸然下水,主动将自己置身于危险状态之中,并最终导致溺水事故的发生,其自身过错是造成这次事故的主要原因;水库在这次事件中,没能尽到很好的管理义务,在水库水域附近未设置必要的隔离和明显的安全警示,并未对周边进行安全巡视,未尽到必要的安全防范义务,应承担此次事故的次要责任。

 对策建议

同学们在夏季游泳时,应注意以下几点。

(1)不要独自一人外出游泳,起码要组织几名同学一起去,而且其中必须有熟悉水性的人参加,以便互相照顾。如果集体组织外出旅游,下水前后都要清点人数,并指定救生员做好安全保护。

(2)游泳之前要了解自己的身体健康状况,最好经医生检查,按有关部门要求办理游泳证。平时四肢就容易抽筋者不要参加游泳,或者不要到深水区游泳,以免发生危险。心脏不好的,感冒未愈的,皮肤溃烂的,有中耳炎的,都不能游泳。

(3)不要到有关部门和单位禁止游泳的地方游泳。要到专门的游泳场(池)游泳,并选择好的游泳场所,了解游泳场中哪些地方是浅水区,哪些地方是深水区,水下有无礁石、杂草和渔网,以及水域是否卫生,等等。不要到不了解情况的水域贸然游泳。

(4)下水之前要活动身体。如水温较低,应先在浅水处用水淋湿身体,待适应后再下水游泳。镶有假牙的同学,应将假牙取下,以免呛水时

假牙落入食管或气管。

（5）正确估计自己的水性。水性不熟、游泳水平不高的同学，应在浅水区游泳，千万不能逞强到深水区去。

（6）对水底情况不明时，决不能贸然跳水，以免伤及身体。不到有急流、旋涡的水域去游泳，禁止酒后游泳，不在精疲力竭时游泳。

（7）游泳过程中，如果突然感觉眩晕、恶心、心慌、气短或四肢抽筋，要立即上岸或呼救。

（8）当腿部或脚部抽筋时，切不可惊慌，可以采取用力蹬腿，用手拽抽筋的脚趾的办法解除抽筋；也可以迅速改为仰泳姿势，发生抽筋的腿部保持不动，迅速上岸，然后对抽筋部位进行按摩。

（9）如何抢救溺水者？将溺水者救上岸后，要立即清除口腔、鼻咽腔的呕吐物和泥沙等杂物，保持呼吸畅通；应将其舌头拉出，以免后翻堵塞呼吸道；将溺水者的腹部垫高，使其胸部及头部下垂，或抱其双腿将腹部放在急救者肩部，做走动或跳动"倒水"动作。恢复溺水者呼吸是急救成败的关键，应立即进行人工呼吸，可采取口对口或口对鼻的人工呼吸方式。在急救的同时，应迅速送往医院救治。

 **安全训练**

发生溺水事故，如何处理和抢救伤员？

【案例二】

在某高校春季运动会上，多次获得3000米长跑项目冠军的运动员张某再次夺魁。下场后，张某一下子瘫倒在跑道上。他口吐白沫，一句话也说不出来。学校急忙把他送往医院进行抢救，但却回天无力，张某终因抢救无效而死亡。调查和尸检表明，张某患有感冒并发病毒性心肌炎，再加上比赛中的剧烈运动，于是最终导致心力衰竭而亡。

（资料来源：成都大学武装部保卫处 2009-08-31《校园安全的重要性》）

 **案例评析**

生命在于运动。大学生正处在长身体的阶段，适当参加体育锻炼对身体发育和健康成长有积极的促进作用。但是，由于大学生的发育尚未健

全，骨骼和内脏等都比较稚嫩，在参加体育运动时如果稍有不慎，不仅起不到健身作用，相反还会损伤身体甚至造成残疾，或者危及生命而导致终身遗憾。

张某参赛时身患感冒，仍然坚持比赛，这种精神值得表扬，但是恰恰是因为身体状态不好而坚持上场才导致了后来的悲剧。老师作为学校运动会的组织者，应当在比赛前为参赛学生做好一般的体检工作。对于患有心脏病和其他循环系统疾病而不适合参加比赛的学生，老师应当予以劝阻。此次事件中因没有进行前期的体检工作，从而为后来的悲剧埋下了隐患。

作为张某本人，他虽然深知自己患有感冒并处于病毒性心肌炎发病期，但却隐瞒病情坚持比赛，这是在拿自己的生命开玩笑。大学生年轻气盛，却不能很好地把握自己的身体状态，也是发生此次事件的原因之一。

对策建议

大学生参加体育活动，应当贯彻持之以恒、循序渐进、量力而行、合理安排、全面发展的原则。为了预防运动损伤，必须注意以下几方面问题。

（1）做好运动前的准备活动。

（2）做好运动后的整理活动。剧烈运动后，做些深呼吸和慢跑活动是十分必要的。

（3）运动后不要喝大量白开水，更不能暴食冷饮，而应多喝放盐的开水。

（4）在体育运动中，时常会发生关节扭伤。如果扭伤部位不青不肿，则说明是轻伤，只需休息一会儿用手揉一揉即可。如果扭伤很严重，肿胀很厉害，就应立即做冷敷，用冷毛巾包起来或用凉水浸泡伤处，使局部温度下降，受伤部位的血管收缩，以起到止血和减轻肿胀的作用。经过上述简单处理后，应当立即到学校医务室或医院进行诊治。如果发生骨裂、骨折或韧带撕裂等，应当立即送医院诊治，切不可自行处理，以免造成严重后果。在不明伤情时，切忌毫无急救常识地实施拉、扯、复位等处置，以免加重伤情。

（5）患有疾病或身体不适的同学，千万不要参加紧张剧烈的体育活动，以免对身体造成伤害。

 **安全训练**

发生运动损伤后，应当如何处理？

【案例三】

2002年1月15日晚8:20许，北京某大学应用物理学院1998级女生宿舍一房间失火，造成经济损失1800元。经查，是由于学生购买的低质量电源插座通电过热燃烧引起的。

（资料来源：武汉理工大学危机与灾害研究中心网站2007-02-02《火灾隐患预防及处理办法》）

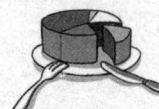 **案例评析**

火灾是破坏性很大的灾害事故。有关统计资料表明，大学里的火灾比盗窃所造成的损失要高出十几倍。有的学校整座教学楼、实验楼、大礼堂被烧毁，损失了许多珍贵的标本和图书，严重影响了学校教学和科研的正常进行，甚至烧死学生的事例也曾发生。从上述案例可以看出，大学校园里学生有直接责任的火灾连年不断。少数大学生思想上缺乏防火安全意识，严重忽视学校的防火安全制度，造成火灾事故，危害公共安全。这些火灾既造成了学校财产的巨大损失，也导致了学生个人人身伤亡和财产损失。为了维护公私财产安全和学生人身安全，每个同学都必须努力做好防火工作，防止火灾发生。

高校学生宿舍是学生学习生活的主要场所，人员密集，一旦发生火灾，极易造成财产损失和人员伤亡。学生宿舍或其他场所发生火灾主要有以下原因：

（1）明火引燃。有的同学在床上点蜡烛，躺在床上吸烟，或者乱扔未熄灭的烟头，在宿舍内焚烧杂物，使用煤气、液化气和酒精炉不当等。例如，某音乐学院一名女生在宿舍内用酒精炉煮方便面，发生火灾；某学院学生在寝室躺在床上吸烟，先后发生两起火灾事故。

（2）使用电器不当。如电灯泡靠近可燃物，长时间烘烤而起火；使用电热器无人监管，烤燃起火；使用不合格电器起火。河北工业大学一名学生在宿舍内给不合格应急灯充电后去上课，结果发生一起火灾事故。

（3）乱拉乱接电线或电线老化，接触不良发热易引起火灾。例如，某学院电工室充电器、实验室水族恒温箱均因电器老化引起火灾。

 **对策建议**

火的燃烧必须具备三个条件：一是要有可燃物质，如木料、汽油、酒精，以及同学们使用的书籍、纸张、蚊帐和衣被等物；二是要有助燃物质，如空气等；三是要有火源，如火苗、火花等。以上三个条件只有同时具备并互相作用，燃烧才能发生。同学们掌握了物质燃烧的条件，就可以有的放矢地采取措施，有效地制止火灾的发生，减少火灾的损失。不管采用什么方法，只要能去掉一个燃烧条件，火就能熄灭。

 **安全训练**

怎样预防大学寝室火灾的发生？

【案例四】

某高校研究生谭某（男，22岁）到同学处玩。在返回本校途中，某建筑公司解放牌大货车带挂车由后面驶来，驾驶员鸣笛示意超越。由于前方道路右侧堆放大量木料占据路肩，谭某听到卡车鸣笛后未予理会，继续行驶并发生摇晃。当他的自行车与汽车齐头时，自行车前轮偏转与汽车右前轮发生刮擦，谭某倒在汽车与挂车之间，被挂车右前轮碾压头部，当场死亡。

（资料来源：福州大学2008-10-10《"抓学风、促安全、讲文明、迎校庆"学习材料》）

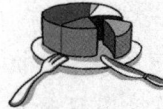 **案例评析**

机动车在其正确行驶路线上比非机动车有"先行权"。自行车在遇前方路障需要绕行占道时，一定要主动避让机动车。那种"反正你不敢轧我"的侥幸心理和故意不让车，与机动车争道抢行是非常错误的，也是造成这起事故的主要原因。

 **对策建议**

避免交通事故，维护交通安全，不只是交通管理部门的事，每一个机动车和非机动车驾驶员、行人、乘车人都应自觉遵守交通法规，文明行车行路，确保交通安全。

遇到交通事故时，不要慌乱，要沉着冷静。

第一，要保护自己，看是否受伤。如果受伤，要立即拦车或打"的士"到附近医院救治。同一起事故中有多人受伤时，自己属于轻伤的，要帮助别人；自己属于重伤的，要求助于别人，共同脱离危险。

第二，要保护交通事故现场。

第三，要立即向公安机关报告。校园内发生交通事故时，要报告学校保卫处，由公安保卫部门来调解处理。

 **安全训练**

作为大学生，如何做到文明出行？

【案例五】

深秋的一天下午，某高校女研究生韩某在从宿舍前往教室的途中，突然被一陌生人拦住："我是学生科的老师，你的学费为什么还没有交？走，跟我到学生科去一趟。"韩某反驳道："我的学费早已经交了！"陌生人又说："那怎么在电脑里查不到呢？"于是，感觉"冤枉"的韩某便跟随这个"老师"去为自己"讨个说法"。他们走出校门，上了公交车，"老师"又询问了韩某的家庭情况、学费情况，并说明"电脑在维修中"。走了很长一段路后，韩某随"老师"来到办公室的地下室。地下室里漆黑一片，这时韩某才感到事情不妙，刚喊救命就被"老师"掐住了脖子。结果，一个拼命往里拖，一个死命往外挣，不到一分钟韩某便失去了抵抗能力……半个月以后，这个胆大妄为的"老师"又到其他高校门口给女生宿舍打骚扰电话时，被布控的办案人员当场抓获。经审讯，冒充"老师"的犯罪分子终于交待了侵害韩某的详细经过。

（资料来源：顾雷《中国大学维权调查》）

 **案例评析**

韩某竟然如此轻易地被侵害，不仅同学和家长都感到惊讶，公安人员也表示不解："一个研究生，读了那么多书，怎么连最起码的防范意识都没有？"譬如，陌生人自称"老师"时，为什么不想到查查他的证件？学校有那么多学生，他为什么直接找学生要学费呢？自己学校里并没有"学生科"（通常中专学校才有）这一机构，读了4年本科又读了研究生的韩某怎么会不知道呢？"学生科"办公用的电脑又怎么可能安装在不通电源的地下室呢？……可以设想，如果韩某当时能够想到上述任何一个问题的话，这起性侵害是完全有可能避免的。

 **对策建议**

防止意外伤害，大学生应当做到：

（1）筑起思想防线，提高识别能力。女大学生特别应该消除贪图小便宜的心理——对一般异性的馈赠和邀请应婉言拒绝，以免因小失大。要谨慎待人处事——对于不相识的异性，不要随便说出自己的真实情况；对自己格外热情的异性，不管是否相识都要加倍小心。一旦发现某异性对自己不怀好意，甚至动手动脚或有越轨行为时，一定要严辞拒绝、大胆反抗，并及时向学校有关领导和保卫部门报告，以便及时加以制止。

（2）行为端正，态度明朗。如果自己行为端正，坏人便无机可乘。若自己态度明朗，对方则会打消非分之想，不再有任何企图；若自己态度暧昧、模棱两可，对方就会存有幻想、继续纠缠。在拒绝对方时，要讲明道理、耐心说服，一般不宜嘲笑挖苦。

（3）学会用法律保护自己。对于那些失去理智、纠缠不清的无赖或违法犯罪分子，女大学生千万不要惧怕他们的要挟和讹诈，也不要怕他们打击报复。要大胆揭发其阴谋或罪行，及时向领导和老师报告，学会依靠组织和运用法律武器保护自己。千万不能"私了"，因为"私了"的结果常会使犯罪分子得寸进尺、纠缠不休。

（4）学点防身术，提高自我防范的有效性。一般女性的体力均弱于男性，防身时要把握时机、出奇制胜，狠准快地击其要害部位，即使不能制服对方,也可制造逃离险境的机会。人的身体各部位都可用来进行自卫反击,头的前部和后部可用来顶撞,拳头和手指可用于攻击,肘朝背后猛击是最强有力的反抗,用膝盖对着不法分子的脸和腹股沟猛击相当有效果,用脚前掌飞快地踢对方的胫骨、膝盖和阴部时常常十分有效……同时,要注意设法在案犯身上留下印记或痕迹,以便追查、辨认案犯时作为证据。

 **安全训练**

女大学生怎样防止意外伤害?

第七章 社交安全

第一节 慎重结交朋友

一 朋友的标准

人们常说，在家靠父母，出门靠朋友。社会环境中朋友是最重要的，物以类聚，人以群分，从朋友身上可以看出你自己的影子。好朋友的标准是什么？会给我们的生活和事业带来什么样的帮助？坏朋友是什么样的？会给我们的人生带来怎样的影响？我们该如何辨别好朋友和坏朋友呢？？这些问题值得深入思考。

（一）好朋友

以下3种人，可以称做好朋友。

一是"友直"，即为人正直坦荡、刚正不阿。一个人不能有谄媚之色，要有一种朗朗人格，在世界上顶天立地，这是一种好朋友。因为他的人格可以映射出你的人格，他会在你怯懦的时候给你勇气，在你犹豫不决的时候教你果断，这样的人是好朋友。

二是"友谅",即心胸宽广,能够宽容人、体谅人。其实,宽容是一种美德,是世界上最深沉的美德之一。我们会发现,当我们不小心犯了过错或者给他人造成伤害时,有时过分的苛责或者批评,都不如宽容的力量来得恒久。有时候最让我们内心无法平静的是,我们做了错事后非但没有受到别人的抱怨,反而得到一种淡淡的包容。所以,一个好朋友会给我们内心增加一种自省的力量;宽容的朋友不会使我们自甘堕落或者自暴自弃,反而会让我们从他包容的内心中看到自己的不足,发现自己的缺失。

三是"友多闻"。今天,我们有电脑,有发达的资讯,有铺天盖地的媒体,但是这一切在古代却没有。古时人们要想广视博闻,最简单的办法就是交个好朋友,让朋友所读的书和那些间接经验转化为你的直接经验。当你在社会上感到踌躇彷徨、犹豫不决的时候,可以找广见博识的朋友,让他为你参考,帮你作出选择。所以,结交一位"多闻"的朋友就像翻开了一本辞典,总能让我们从他的经验里得到借鉴。

(二) 坏朋友

结交朋友要看他的品德和品行。不结交品德不好的人,不结交总是对你有所图的人,不结交性格乖戾、脾气暴躁的人。这样的朋友将会把你带进深渊。此外,不要结交优柔寡断的人做朋友,这样的朋友不能给你好的建议,总是对你的志向表现出犹豫的态度,会干扰你的思维,其实是在浪费你的生命。

(三) 如何结交和区分朋友

我们怎样才能交到好朋友呢?交到好朋友,就能看到你的影子。你结交的朋友有道德,那么你的心境就是坦然的。

我们每天都会遇到很多人,要结交平和的人做朋友。东晋诗人陶渊明对朋友就很真诚,他不懂音乐,但是他准备了一把素琴。朋友来访时,他就在那里自己弹,使得朋友听了后,都会流泪。

台湾作家林清玄为朋友写了一个条幅"常想一二"。他对朋友说:"人生不如意的事情十有八九,只有一二件事情才会让人快乐。希望你常常想想你快乐的事情吧!"

交友要有尺度。有人说,某某和某某好得像穿一条裤子。这是不可能的。真正的好朋友应该有分寸、讲原则。别人正在说话时,你就想插话,这是不尊重人。朋友聚会时,总有一些人"跳"出来,喋喋不休地说自己的事儿，这无异于强人所难。

人生道路上崎岖坎坷，荆棘丛生。旅途中有真诚的朋友相伴，我们才不会感到孤单寂寞。希望同学们都能结交有道德的人做朋友。

 案例警示

【案例一】

两名大学生分别在网上结识了某女子。两人在南宁市白沙大道中段一小区附近一休闲吧用餐，不料消费被"狂宰"，一男子被收取近千元。而另一男子被宰两千多元，幸好当地派出所民警及时赶到，才挽回了他的损失。

（资料来源：广西新闻网 2009-09-08）

【案例二】

2009 年 8 月 12 日，教育部发出留学预警，提醒留学人员不要轻易帮人携带物品入境，以免被贩毒分子利用。据介绍，两名在马来西亚的中国女留学生因帮人携带的行李中藏有毒品，入境时被中国海关查获，并被刑事拘留。

（资料来源：中国质量新闻网 2009-08-19）

 案例评析

从事诈骗活动的犯罪嫌疑人，起初往往通过套近乎的方式接近大学生，骗取大学生的信任，继而以家人去世、钱物被盗无法回家等为借口敲诈和骗取钱财。同学们遇到此类情况时，一定要沉着冷静、仔细分析，不要因一时冲动而上当受骗。对新生来讲，在结交朋友时，一定要增强自我防范意识：在与陌生人或身份不明者接触时，要谨言慎行、提高警惕；在日常生活中，要做到不贪图便宜，不谋取私利；在助人为乐、奉献爱心的同时，要增强辨别能力，不轻信花言巧语；不要把自己的家庭住址、亲朋好友的个人信息等情况随便告诉陌生人，以免上当受骗；不要用不正当的手段择业；发现可疑人员时要及时报告，上当受骗后要及时报案。

二 朋友之交有尺度

案例警示

小云与小朱同时期进入公司，并分在同一个部门。在领导研究升职的时候，小朱把小云以往工作中的一些失误都告诉了领导，导致她升职无门。领导与小云谈话时，指出了小云以往工作中的一些失误，并说她做人做事太不地道，居然总是对同事抱怨领导。小云马上就意识到发生了什么，因为她只跟小朱说过自己的失误，并在小朱面前抱怨过领导，此后再没有跟其他人说过。从那以后，小云再也没有和同事吃过饭，平时与同事也刻意保持着距离。在她看来，职场是危险的，绝对不能与职场中的同事成为朋友。现在，小云跟小朱已经从昔日的密友变成了陌路人。

（资料来源：智立人才网 2009-11-27）

案例评析

人的行为一定要有分寸，要把握尺度。每个人都有朋友，甚至有时对朋友两肋插刀。如果跟朋友过于亲近的话，那么距你们关系疏淡就不远了。

常言道，"距离产生美"。无论是父子（女）之间、母子（女）之间，还是夫妻之间、恋人之间、朋友之间，都要保持着一定的距离。非爱性掠夺，夫妻之间或恋人之间经常会说："我为了你而失去了很多，你为什么不爱我呢？"还有的父母说："我就是为了你，才让我的容颜改变了。你为什么不好好读书呢？"

即使是最亲近的人，相互之间也应保持距离，各自拥有独立的空间。常言道："花看半开有佳趣，酒饮微醉是丈夫。"花未全开、月未全圆是最佳境界。与同事交朋友，更要掌握说话的尺度，把握分寸。

三 以礼待人，以心交心

【案例一】

曾经有心理学家做过一个实验。他让两位有社交心理障碍的朋友甲、乙分别去和他的另一位好朋友丙见面。见面只有5分钟，谈话内容随意。甲见到丙后，先是问候"您好"，接下来埋头聊了一些自己都不清楚的话题；丙无从回应。5分钟还未结束，甲就提出告辞，提前离开了。乙见到丙后，看着对方问候"您好"。乙谈了自己目前的真实情况和一直苦于无处诉说的心里话。5分钟时间将到，乙起身邀请丙去见他们共同的朋友——心理学家。这个实验的结果是，甲在礼貌上出了问题：他在交谈时不注意观察对方，自己埋头讲一些无厘头的话，听者一头雾水，交朋友自然无从谈起。因此，甲的心理障碍依然存在。而乙却不同，乙的礼貌赢得了丙的热情，没过多久两人就成了无话不说的好朋友。在朋友的帮助下，乙的心理障碍很快就消除了。

（资料来源：彭浩川《三天读懂心理学》）

【案例二】

王露是一家电脑城的一名小职员，说起和朋友的关系，她满脸兴奋。一次，她在进入电梯时，微笑着跟电梯里的朋友打招呼。但是，她并没有请靠近电梯按钮的朋友帮她按上楼的键，而是自己伸手，跨过前面同事的头亲自去按。这个小小的举动立刻引起了朋友的注意。事后朋友问她："你是不是有什么不开心的事儿？"王露诧异地说："没有啊！"突然，她意识到自己刚才的举动的确不够礼貌。在平时，请靠近电梯按钮的人帮忙是很正常的事情，可自己今天却把胳膊伸那么长，越过朋友的头去按……想到这里，王露急忙礼貌地跟朋友说了自己的疏忽。此后，只要是在社交场合，王露都十分注意礼貌问题。由于王露彬彬有礼和坦诚相待，与她交朋友的人也越来越多，而她和知心朋友的关系也处得十分融洽。每每谈到这里，王露总是洋溢着自信和幸福。

（资料来源：彭浩川《三天读懂心理学》）

 **案例评析**

心理学家认为,当我们的基本礼貌存在问题时,立刻会引起别人的敏感,甚至产生误会,从而造成社交上的障碍。

拥有一位好朋友,便拥有了一生的情感需求、一副心灵的良药。在你最孤独时,即使相隔千山万水,好友都会如期而至,默默支持你。那时即便是默默相对,不说一句话,心里也是甘甜的。因此,每个人都应该拥有至少一位至交好友,人生路上才会没有忧愁。如果你总是交不到知心朋友,那么别怨天尤人,先从自己身上找一找问题吧。

从心理学角度来看,如果一个人的社交能力出现障碍,总是交不到知心朋友,经常产生误会,那么很可能是此人在基本礼貌上出了问题。这里所说的基本礼貌,就是一些看似细微却容易让对方敏感的日常细节。

多数男生可能有过一两次与女友约会的经验。在约会之前,男生一般都会耐心地等待女友,即便在女友家门口"站岗"一小时也心甘情愿。但或许是与女友约会得太容易了,以致忘记定时送女友打道回府。男生也许会想:"你晚回去十几分钟又怎么了,我又不会吃了你。"但恰恰是这十几分钟,很容易引起女友的误会和反感。她会认为你缺乏基本的礼貌,至少在心理上你给不了她梦寐以求的安全感。

实际上,女孩子一般都比较腼腆和羞涩,也比较遵从家长的意见。家长为了女儿的安全,大都会约定一个晚归时间(比如,在晚上 8 点以前必须回家)。如果因为约会而迟迟不归的话,女孩不仅会让家长担心,还会让家长产生一些不必要的想法。这些对女孩来讲非常重要。

因此,在与女友约会之前,最好先弄清楚她晚上回家的时间。在询问时,也要注意礼貌。如果你开门见山地问:"今天必须几点回去?"那么女孩还没有享受约会的快乐就已经被你劈头盖脸泼了一盆凉水,这约会又怎么继续下去?假如你委婉地问:"咱们今天可以玩到几点?"那么女孩一定会很高兴地告诉你时间,而且她的心里一定会认为你是一个懂礼貌、知礼节的绅士。最起码,这句话不仅代表了你对她的关心,也透露出了对与她相处时间的留恋。可见,礼貌是结交知心朋友的前提。

现实生活中,朋友之间的友情是要用心去经营的,而礼貌则是用心的直接表现。著名作家普罗斯佩·梅里美曾说过,礼貌经常可以代替最高贵的感情。从心理学的角度来讲,礼貌是最高贵的心灵沟通。它不仅能帮助你提升社交能力,找到知心的朋友,找到情感的寄托,还能帮助你提高自信心、得到幸福。

四 网络交友应慎重

【案例一】

南方某省一网名叫"沙子"的女大学生,在网上结识东北某省一名男青年。大学毕业前夕,"沙子"的父母准备送她出国继续深造,并为她的留学准备了数十万元。但此时,"沙子"和男青年的感情不断升温,发展到出国前非要见上一面的地步。按照网上的联系方式,"沙子"只身来到东北某城市。父母失去了同"沙子"的联系已有数天,非常焦急。又过了几天,男青年用"沙子"的手机给她的父母发去一条短信息,要求带好××万元,到东北某地,否则别想再见到"沙子"。原来,那个男青年根本不是同沙子谈恋爱,而是千方百计想发不义之财。当听说"沙子"父母为她准备了数十万元的学费时,他便将"沙子"邀来东北扣作人质,向她父母敲诈钱财。"沙子"最终被这名男青年杀害。网上交友的痴情女为诈骗犯所害,这个教训非常深刻。

(资料来源:河北女子职业技术学院《大学生安全知识手册》)

【案例二】

某高校一女生在与网友见面时,因反抗网友抢劫而被对方捅了38刀,幸未伤及性命。某高校一男生在网上交友,私自离开学校,至今杳无音信。某系一女生在网上交友,相约在假期见面,女生家长发现她放假没有回家,遂到学校询问,因寻找及时而未出现不良后果。

(资料来源:江西中医学院网 2008-09-20)

生活中谁都有朋友,但亲密的朋友不多,亲密的异性朋友更少。为什

么呢？因为异性朋友亲密了接触就多，接触多了就容易相爱，相爱就会影响家庭的稳定……所以，大多不敢交亲密的异性朋友。但是通过网络却可以交异性朋友，只要不被家人发现，就可以网上交友轰轰烈烈，网下生活涛声依旧。

异性网友交往要讲规则。虽然网上交异性朋友机会多，但要维持亲密关系，也要遵守两条原则：一是可以讲自己的故事，但绝对不能打听对方的隐私，这是对朋友的尊重；二是不要谋求见面，见了面就成为现实中的朋友了，其发展后果不可预测。

网络上的朋友之间知优而不知劣。虽然说网友无话不谈，但都想把自己说得优秀一点。世人大多喜欢自夸，网络上更是概莫能外。只见卖弄学识者有之，隐瞒生理缺陷者有之，炫耀财富者有之……

需要指出的是，由于网络的虚拟性，网上交友要特别谨慎，因为稍有不慎就可能落入陷阱，被不法分子侵害。现实生活中，有的大学生在网上交友时，因轻信网友而被骗去钱物，造成经济损失；有的与网友见面时，遭遇诈骗、抢劫；有的女大学生与网友见面时，甚至遭遇网友强暴；还有的大学生甚至为此付出了生命的代价。上述案例中的女大学生"沙子"少不更事，迷信网恋，并将父母为她准备几十万元留学经费的私密告诉网友，结果被不法网友骗去扣作人质，并最终遇害。这些活生生、血淋淋的事实给大学生敲响了警钟，切莫迷信网上交友，与网友交往一定要慎重、慎重、再慎重。

安全训练

1. 怎样扩大个人的社交圈，并找到知己？
2. 网上交友过程中，应该如何保护自己？

第二节　识破诈骗伎俩

诈骗是危害公民财产安全的一种违法犯罪行为。它是指以非法占有为目的，用虚构事实或者隐瞒真相的方法骗取公私财物的行为。其中骗取数额较大（目前司法实践掌握在2000元）的，以诈骗罪论处。骗取所得在

2000元以下的，属于一般违反治安管理的行为，酌情给予批评教育或治安处罚。由于它一般不使用暴力，而是在一种平静甚至"愉快"的气氛下进行的，因此受害者往往会上当。提防和惩治诈骗分子，除需要依靠社会力量和法治以外，更重要的还是大学生自身的谨慎防范和努力，认清诈骗分子的惯用伎俩，以免上当受骗。

一　大学生上当受骗的原因

年轻的大学生才华横溢，精力充沛，热情奔放，少不了人际交往，这都是很正常的事情。但值得提醒的是，少数大学生书生气十足，只记得"世界充满爱"，忘却了世界的多样性和复杂性，忘记了美与丑、正义与邪恶并存，因而不加选择或不懂选择，轻率交友。尽管有善良的动机，却造成不幸的结局，这些正是诈骗分子屡屡得手的根本原因。

诚然，同学们的初衷是无可非议的，但是，对众多上当受骗的案例进行反思，不难看出大学生身上的确存在一些容易被利用的因素。

（一）思想单纯，防范意识较弱

大学生从小到大一直在学校里读书，社会经验少，思想单纯，辨别是非能力差。有的学生感情用事，见到自称是"落难者"就想"慷慨解囊"，结果因疏于防范而落入陷阱。

案例警示

某校大学生范某晚8时许在校门口遇到一男一女，自称是从上海来天津开公司的，在附近发生了车祸，身上未带钱。他们问范某有没有银行卡，并称已给公司打电话欲借其卡存取20万元，先暂借200元用于住宿。他们还对范某谎称："等我公司办成了，你可以来我公司上班。20万元如花不了，全部归你。"范某信以为真。随后，范某与两人一起来到农行自动取款机旁，并告诉他们密码，由他们取出200元钱。两男女称卡里有其20万元，就把卡骗到手乘"的士"走了，只留下一个手机号。范某回校后跟室友说了这件事，大家都认为他受骗了。范某拨打对方留下的手机号，发现是空号，遂打"110"报警，并到保卫处报案。保卫处值班人员立即与银行联系挂失,从而保住了卡中的 5300 余元。

(资料来源:《大学生安全教育辅导材料》)

(二)贪小便宜,急功近利

贪心是受害者最大的心理缺点。许多诈骗分子屡屡得手,很大程度上是利用了人们的贪心等非分之想,受害者往往是被诈骗分子开出的"好处""利益"吸引。这些人见"利"就上,对诈骗分子的所作所为不加深入分析,不作调查研究,最后落得"捡了芝麻,丢了西瓜"的可悲下场。一些同学往往为诈骗分子承诺的"好处""利益"所吸引,有的自认为是用最小的代价获得了最大的利益和好处,结果却落得个"鸡飞蛋打"的结局。

一名女研究生,在为撰写毕业论文进行调研的途中,在火车站对面的旅社里认识了一个自称是开饭店的年方十七八岁的小姑娘。两人一见如故,谈得十分投机。小姑娘邀女研究生去山东贩银元,说是来回只大半天就可赚取 200 元钱。女研究生经不起诱惑,见对方年轻就未存戒心,于是同她结伴去了郓城。她万万没有想到:自己一个堂堂的大学高材生,竟被这个小姑娘以 2480 元的身价卖给了一个弓腰驼背的中年人为"妻",并失去自由长达 71 天。

(资料来源:《安全灾难事故的预防及处理》)

(三)有求于人,轻率行事

每个人都免不了有事求助于他人。能否如愿关键要看是什么事,对象是谁。如果不问青红皂白,为达目的而轻率交友,弄不好就会上当受骗。据调查,当前大学生容易被利用的心态是:想经商助学,但缺乏经商的实际经验;爱慕虚荣急于成名,却无意戒备;想得到理想的工作,而又缺少门路,等等。

某高校应届毕业生董某,为了能分配到某单位工作而四处奔波。经过

托人再托人，他结识了一个自称与该单位总经理儿子是"割头换颈的朋友"的胡某。胡某声称："此事没问题，包在我身上。交800元介绍费就可以了。"董某无奈，写信要父母寄来了800元"介绍费"。胡某一拿到钱，便消失得无影无踪了。董某再回头找那些萍水相逢的中间介绍人，得到的也只是几句"宽慰"的话。

（资料来源：《大学生安全知识手册》）

（四）不加选择地结交朋友

当今大学生大多是从学校走进学校，进入大学后吃住在学校，每天重复着宿舍——食堂——教室"三点一线"的生活。大多数学生喜欢结交朋友，但一些同学防范意识差，警惕性不高，从而导致上当受骗。

（五）缺乏社会经验和辨别能力

在大学校园里，每个学生都可能遇到一些来访的老乡、熟人或同学，或者是同学的同学、老乡的老乡、朋友的朋友之类的人。然而，这其中有的是真，有的是假，但许多学生缺乏刨根问底的习惯，在不辨真伪的情况下宁可信其有而不信其无，况且有些学生常常把他人来访看做是自己的一种荣耀，这就给骗子以可乘之机。

（六）疏于防范

资料显示，在校大学生被骗取钱物，绝大多数是因为疏于防范。事实上，很多大学生特别是新生，热情奔放，性格直率，经历的事情很少，缺乏处事经验，防范意识较差，大多数人被骗后追悔莫及。

（七）求人办事时成事心切

一个人生活在社会之中，难免求人相助。在校大学生涉世不深，有时为了办事而轻率交友行事，不分青红皂白，弄不好就要被骗。据了解，当前大学生容易被利用的心态一般为：急于求成，爱慕虚荣而无戒备之心；想经商助学而缺乏资金和经验；想找到理想的工作单位而又没有门路；不经过自己劳动而想摇身一变为富翁，等等。这些都是导致上当受骗的诱发心理因素。

二 犯罪分子的诈骗手段

随着社会治安的日趋复杂，形形色色的违法犯罪分子往往在我们年轻幼稚、思想单纯的大学生头上打主意，借结交之际或推销之名，变换手法，施展骗术，诱人上当。

（一）伪装身份，直接骗钱

李某，西装革履，风度翩翩，持某电视台名片，手提一部摄像机，来到某高校学生宿舍，声称要招数名电视节目主持人，要求每人先交50元报名费，经考试合格后录用。当即有20多名学生交了报名款。李某装模作样地为这20多名学生录了像，说是带回去审核时作参考，然后带着骗得的1000余元钱逃之夭夭。

（资料来源：《大学生安全常识》）

（二）假冒身份，流窜作案

【案例一】

两名男青年在某高校门口遇到一名在校女大学生。两人自称是北大研究生，随导师来沈办事失去联系，并把学生证、身份证给该女生看。取得女大学生信任后，两人称要买实验仪器，欲借15000元，回北京后立刻归还。该女生比较爽快地就将15000元钱交给了对方。两人拿到钱后匆忙离去，至今杳无音讯。

（资料来源：《大学生安全常识》）

【案例二】

2004年3月，两名女青年在某学院门口，遇到一名自称是从广州来沈阳做生意的男青年，因取钱时银行卡被吞，而现在又急于用钱。他欲借银行卡，然后由广州向卡里汇款。其中一名女青年就将自己的银行卡和密码告诉了对方，对方拿到卡后送给她一部手机，就匆匆离去。事后，该女青年发现是一部玩具手机，就用手机打电话想将自己的银行卡挂失，但为时已晚，卡内的2800元钱分三次被人取走。

（资料来源：《大学生安全常识》）

(三) 故意找茬，勒索钱财

2007年8月的一个晚上，某高校三名学生在灯光耀眼的大街上散步。这时，一个过路人莫名其妙地撞了过来。那人捡起掉在地上的眼镜说："你眼睛瞎了？我这副眼镜是进口玻璃、进口镜架，共值180元。"不知"行情"的三名学生以为三张正理嘴，不愁搬输赢。想不到又走来一伙人，摆出一副讲公道的样子说："你们撞人不认账，还想打人，若不赔偿，我们要帮他摆平……"三名同学见势不妙，只好掏光身上的钱，还挨了一顿打。在回校的路上他们才明白，今晚遇到的是合伙作案的骗子。

(资料来源：《大学生安全常识》)

(四) 骗取信任，寻机作案

【案例一】

梁某在火车上遇见了一名回家度假的学生林某。在聊天中，林某轻易地道出了自己的家庭及学校情况，并说出了自己同班好友吴某假期留校的情况。梁某听后心起歹意，借故下车，返身乘车来到林某所在的高校找到吴某，声称自己是林某最好的中学同学，利用假期特意来拜访林某。吴某热情地接待了梁某，安排他食宿。第二天，梁某对吴某说，自己来之前打电话叫家里寄钱到林某处，现林某不在，只好向吴某借点钱用，待林某返校后取出汇款再还给吴某。吴某听后对梁某深信不疑，很大方地借给梁某500元钱。梁某随后不辞而别。

(资料来源：《安全灾难事故的预防及处理办法》)

【案例二】

某校一名学生叶某，2003年因其哥哥身患尿毒症，曾在浙江卫视《帮助》栏目中播出一期节目"手足情深"。一个自称哈尔滨人的青年人孟某看完节目后，就到叶某的老家（福建）住了几天，并对叶某的哥哥百般照顾，临走时给叶某母亲留下500元钱，从此就失去联系。2004年2

月17日，孟某突然来到学校找到叶某，称自己在北京某拍卖行工作，到沈阳办事顺便来看看他。因购物手头的钱不够用，就找叶某借了1600元钱。叶某上午8点急于上课，而孟某又说用一下手机，于是将叶某的手机骗到手。等叶某10点下课回宿舍时发现孟某已离去，并将叶某的"随身听"一并带走，并留下纸条说5天后归还。叶某按照孟某留下的地址联系，均查无此人。

（资料来源：《安全灾难事故的预防及处理办法》）

（五）招聘为名，设置骗局

随着高校体制改革和社会经济的发展，高校学生分担培养费的比重逐步增加。为了减轻家庭的经济负担，勤工助学已成为大学生谋生求学的重要手段。诈骗分子往往利用这一机会，用招聘的名义对一些"无知"学生设置骗局，骗取介绍费、押金或报名费等。

【案例一】

某高校几名学生通过所谓的"家教中介机构"联系家教业务。交了中介费后，他们拿到手的只是几个用于联系的电话号码。其实，对方并不需要家教，或者是"联系迟了"，但若想要回中介费是绝对不可能的。

（资料来源：《校园交通安全网》）

【案例二】

某高校学生徐某打工时，曾认识一名社会青年周某。2006年，周某以找工作为名把徐某骗到一办公楼内。到达目的地后，徐某发现是搞传销，并且自己的行动受到限制。当晚徐某利用吃饭时间逃离。

（资料来源：《安全灾难事故的预防及处理办法》）

（六）以次充好，恶意行骗

一些骗子利用老师、学生"识货"经验少又苛求物美价廉的特点，上门推销各种产品而使师生上当受骗。一些到办公室、学生宿舍推销产品的骗子，一旦发现室内无人时，就会顺手牵羊，然后溜之大吉。

2004年，一名校外推销人员混入某高校女生宿舍楼推销产品。学生马某花费158元购买了一些化妆品。因缺少经验，她在买到手后方知是假货，但已悔之晚矣。

(资料来源：《大学生安全常识》)

（七）投其所好，引诱上钩

一些诈骗分子往往利用大学生急于就业或出国留学等的心理，投其所好、应其所急，施展诡计而骗取财物。

某高校应届毕业生丁某为了找工作，经过人托人再托人后，结识了一名自称与某公司经理儿媳妇有深交的何某。何某称："只要交800元介绍费，找工作没问题。"孰料，何某在拿到了介绍费以后便无影无踪了。

(资料来源：《大学生安全知识手册》)

三　常见诈骗伎俩及防骗提醒

（一）丢包分钱

诈骗伎俩：一个骗子故意"丢失"装了"钱"的信封，另一个骗子拾起信封示意受骗人到僻静处准备"平分"。这时，"丢钱"的骗子就会出现。拾钱的骗子会让受骗人藏好信封，然后再让受骗人押点钱或把值钱的东西给他。事实上，信封里装的根本不是钱，而常常是废纸。

防骗提醒：不贪图小便宜，就不会上当。

（二）不明来电

诈骗伎俩：骗子先是通过各种途径了解受害人的社会情况或家庭成员的基本情况及电话号码，其他同伙则编造故事，骗取受害人对"熟人"的信任。然后，骗子再以帮助解决困难、买房子、调动工作等为由骗钱。

防骗提醒：不要轻信似曾相识但又好像没有见过面的人。

（三）兑换外币

诈骗伎俩：骗子谎称急需用钱，多以作废的秘鲁币、巴西币等假钞冒充外币。扮演"托儿"角色的骗子，一般会谎称自己是银行工作人员，可以帮助鉴定。

防骗提醒：在银行网点附近，凡是遇到陌生人提出兑换外币交易时，都不要轻易相信。

（四）短信诈骗

诈骗伎俩：发布"电话号码中奖""出售廉价走私物品"等虚假短信，以代缴税金、订金、邮资、保险费等名义设计陷阱，诱使受害人按其指定的账户汇款，骗取钱财。

防骗提醒：面对此类手机短信，要不相信、不理睬、不联系。

（五）网络购物

诈骗伎俩：骗子在报刊、互联网等媒体上发布海关罚没的笔记本电脑、汽车、电脑配件、数码产品等信息，以需要货款、运送费、保密费等为由诈骗受害人的钱财。

防骗提醒：购买商品前一定要核实公司的身份，直接拨打公司对外公布的客服咨询电话，以辨别真假。

（六）飞来的"大奖"

诈骗伎俩：骗子通过宣传单、刮奖卡中大奖，或以无偿赠送的产品中奖、易拉罐中奖、电话短信中奖等为幌子，以索取公证费、手续费、个人所得税为由让受害人汇款。

防骗提醒：根据国家有关规定，抽奖或有奖销售的奖金不得超过5000元。中奖公证一般在开奖单位开奖时介入，公证费也应该由单位支付。

四 女大学生受骗原因及对策

在市场经济飞速发展的今天，一些"精明"的骗子越来越多地把目标锁定在女大学生身上，而且屡屡得手。究其原因，主要有以下3点：

（1）女大学生大多珍视感情，且富于同情心，容易对别人产生信任感和依赖感。一些骗子正是看准了她们的这一特点，而更多地对女学生行骗。

（2）女大学生大多讲义气、爱面子，容易迁就对方。女大学生常常碍于情面，对本该认真的事却羞于表达，对违背自己意愿的事又不忍拒绝，导致骗子得寸进尺。

（3）有的女大学生急于求成，喜欢搞短期行为，容易被一时之利诱惑。现实生活中，有些女大学生仅仅因为对方的一两句"我爱你""说话算数"，便很快对其产生了"讲信用，靠得住"的"良好"印象。一旦对方再施以小恩小惠，就很容易放松警惕，让骗子牵着鼻子走。因此，建议与别人不要有较大数额的经济往来，以免被骗后既伤害自己的身心，又造成财产的损失。

为防止上当受骗，女大学生应采取以下对策：

（1）不要等出事后才想起法律。增强法律意识，不仅是在事后知道要运用法律武器，更重要的是应将法律意识贯穿于事前和事中。事前要履行完备的书面法律手续，不作口头协议，书面手续要力求明细化。

（2）不轻易相信陌生人。在与人交往中，对陌生人特别是陌生男人要时刻保持警惕，对其提出的允诺不要轻易相信，不能把自己的身份、联系方式等轻易告诉他人，更不能随之独往。

（3）别幻想不劳而获。当你面对诱惑时，千万不要急功近利。任何时候都应想一想：人家凭什么给我这么多好处？这样做是否符合常理？天上不会掉下馅饼，如果掉下来，那么不是圈套就是陷阱。认真分析一下对方的许诺，就会得出比较客观和是否可行的结论。

（4）切忌感情冲动、意气用事。有很多不法之徒专以"交友""恋爱""求助"为名，利用女性的爱心和情感来行骗。因此，要当心甜言蜜语或"慷慨义举"后所隐藏的欺诈。

（5）一旦发现受骗，必须镇静。千万别慌神，以免打草惊蛇。要赶快想办法及时掌握对方的罪证，迅速报案。有的人认为把钱追回来是关键，所以在发现上当后便想"私了"，于是主动找上门去恳求骗子返还财产。这是很愚蠢的做法，等于告诉对方骗局已经暴露，提醒骗子赶快逃匿。聪明的做法是，一面装作仍被蒙在鼓里，随时掌握对方的行踪；一面查明对方所骗财产的使用流向，及时报告公安机关。

五　预防诈骗，维护个人安全

"害人之心不可有，防人之心不可无。"不要以为人人都是正人君子。对别人尤其是陌生人，不可以轻信，也不可以盲目随从。

（一）提高防范意识，学会自我保护

社会环境千变万化，青年大学生必须尽快适应环境，学会自我保护。要积极参加学校组织的法制和安全防范教育活动，多学习、多了解、多掌握一些防范知识对于自己有百利而无一害。在日常生活中，要做到不贪图便宜，不谋取私利；在助人为乐、奉献爱心的同时，要提高警惕，不轻信花言巧语；不要把自己的家庭地址等情况随便告诉陌生人，以免上当受骗；不能用不正当的手段谋求择业和出国；发现可疑人员要及时报告，上当受骗后更要及时报案、大胆揭发，使犯罪分子受到应有的法律制裁。

（二）交友要谨慎，遇事要冷静思考，避免以感情代替理智

人的感情是主体与客体的交流，既是主观体验也是对外界的反映，本身应该包含合理的理智成分。如果只凭感情用事，一味"跟着感觉走"，往往容易上当受骗。交友的基本原则有两条：一是择其善者而从之，真正的朋友应该建立在志同道合、情操高尚的基础之上，是真诚的感情交流而不是简单的利益关系，要学会了解、理解和谅解；二是严格做到"四戒"，即戒交低级下流之辈，戒交挥金如土之流，戒交吃喝嫖赌之徒，戒交游手好闲之人。与人交往要区别对待，保持应有的理智。对于熟人或朋友介绍的人，要学会"听其言，观其色，辨其行"，而不能"一是朋友，都是朋友"。对于初相识的朋友，不要轻易"掏心窝子"，更不能言听计从、受其摆布利用。对于那些"来如风雨，去如微尘"的上门客，态度要热情，处置要小心，尽量不为他们提供单独行动的时间和空间，以免给犯罪分子创造作案条件。

（三）同学之间要相互沟通、相互帮助

在大学里，无论哪个学院、哪个专业，班集体总是校园中一个最基本的组织形式。在这个集体中，大家向往着同一个学习目标，生活和学习是统一的、同步的，同学之间、师生之间的友谊比什么都珍贵，因此相互之间应该加强沟通、互相帮助。有些同学习惯于把个人之间的交往看成是个

人隐私，但要注意，既然是交往就不存在绝对的保密。有些交往关系，在自己认为合适的范围内适当透露或公开，更适合安全需要。特别是在自己觉得可能会吃亏上当时，与同学沟通或许就会得到一些帮助并避免受害。

（四）服从校园管理，自觉遵守校纪校规

为了加强校园管理，学校制订了一系列管理制度和规定，用来约束人们的行为，在执行中可能会给同学们带来一些不便；但这却是必不可缺的。况且，绝大多数校园管理制度都是为了控制闲杂人员和犯罪分子混入校园作案，以维护学生正当权益和校园正常秩序。因此，同学们一定要认真执行有关规定，自觉遵守校纪校规，积极支持有关部门履行管理职能，并努力发挥应有的作用。

 安全训练

1. 总结个人遇到的诈骗事件及启示，与同学们交流心得。
2. 如何才能有效地防范诈骗？

第八章 网络安全

网络社会已经悄然而至，我们既不能因为其强大的生命力和对学生产生的巨大正面作用而忽视它所带来的种种问题，也不能因为它的负面作用而敬而远之。我们应该加强对学生上网的研究，探索新情况，创造新方法，解决新问题，增强学生上网的成效。

第一节 正确利用网络

随着计算机网络技术的普及，互联网正走入千家万户，步入人们尤其是大学生的日常生活，"触网者"日渐增多。网络成为一些人工作、学习和生活中不可或缺的一部分。据调查统计，大学生的"触网率"在90%以上，有的高校则高达100%。在计算机大范围普及的今天，我们要引导与规范相结合，使学生养成良好的用"脑"和上网习惯。要通过各种途径告诉学生网络的虚幻性、信息的庞杂性，对其上网继续指导和适当规范，使其有防范意识，学会区分现实生活和网络世界的区别，培养他们的网络道德意识。要对学生进行网络知识的普及教育，增强他们的网络信息意识；同时给予适当的关心和爱护，多听听他们到底在想什么。既带好路,又提供"保护",在目前网络法规和技术不完善的情况下,这也许是家庭和学校解决上网不利影响的较为可行的一条重要途径。

 案例警示

【案例一】

沉迷网络　大学生被学校劝退

申月(化名)是江西某高校工学院电子信息专业2006级(1)班学生,由于迷上网络游戏而无心向学,每天上网时间常常达到十几个小时,学习成绩直线下降。被学校留级后仍不反省,申月上学期共5门课程没及格,最终被学校劝退。

面对记者,21岁的申月显得很沉默,怎么看他都不像个"坏孩子"。申月来自江西安义县石鼻镇一个小村庄,大一时一次偶然的上网经历,让他沉迷网络游戏不能自拔。后来,申月开始千方百计挤出时间上网,最后发展到逃课,白天在宿舍睡觉,晚上去网吧上网。"因为晚上包夜便宜,从晚上11时到次日早晨7时只需6元钱,而白天1个小时就1元多。"为了挤出上网的钱,申月常常一天只吃两顿饭,且大多是泡面或面包之类。

记者在学校下发的退学决定书上看到如下内容:申月,1987年3月出生,因考试不及格门数已经达到退学条件,申请自动退学。根据学校《学生管理规定(试行)》第三十七条,经2007年11月9日院系党政联席会议研究,建议给予其退学处理;经2007年11月21日校长办公会议研究,决定给予其退学处理。

申月的父亲无奈地告诉记者,儿子考进大学读了近3年,包括学费在内花费近5万元。对于一个农村的家长来说,培养一个大学生并不容易。儿子在学校天天上网成瘾,他和妻子竟浑然不知。直到这个学期开学,儿子还待在家里不去学校,他才知道儿子已被学校勒令退学了。现在儿子整天待在家无所事事,他们做父母的很担忧。申月的父亲表示,儿子因沉迷网络被学校劝退,是做家长的失败,他和妻子对此表示无法接受。

(资料来源:人民网 2008-03-28)

【案例二】

难戒网瘾　耽误大学毕业考试

一边是毒品般难以戒除的网瘾，他因此耽误了大学的毕业考试；一边是贫穷父母的殷殷期望，举债供他上大学。日前，省会某高校学生小黎（化名）因感觉愧对父母，在保定市火车站服毒自杀，幸亏医院抢救及时才脱离了生命危险。"要不是迷恋网络游戏，我儿子说啥也不会落到这个地步呀！"说起儿子服毒的原因，小黎的父亲不禁老泪纵横。他介绍说，自己是阜平县农民。小黎从小学习成绩非常好，2002年考上了省会的一所知名院校，家里千方百计借钱供他上了大学。读大一、大二时，小黎的学习成绩仍然十分优秀，且连续两年拿到了奖学金。但从大三开始，小黎迷上了网络游戏，学习成绩也一落千丈。随着上网费的增加，小黎开始频频向家中伸手要钱，最多的时候每个礼拜都向家里要二三百元。起初家里相信了儿子"搞关系、找工作"的说法，哪怕是到处借钱也尽量满足小黎的要求。直到有一天学校打来电话，家人才知道小黎要钱是为了上网，而且把学业也耽误了。4月16日，家中突然接到小黎同学打来的电话，称小黎已经一个多星期没回学校了，而且连毕业考试也没有参加。小黎的父亲赶到学校，最终在同学的帮助下在一家网吧找到了小黎。"把他从网吧拽出来的时候，我都认不出来了：头发像乱草，胡子老长，眼神游移不定，全身衣服又脏又皱，看着比叫花子还邋遢。"小黎的父亲一问才知道，儿子已连续在网吧"泡"了十多天，每天只吃两包方便面，困了就蜷缩在网吧的沙发上打个盹。4月19日，正当父亲忙着和学校联系，为小黎争取补考机会时，小黎又突然失踪了。4月20日中午，小黎的父亲接到学校的电话，这才知道儿子出事了。

小黎的父亲说："后来我才知道，儿子寒假后几乎就没在学校上过课。就是有机会补考，也根本没希望通过。"4月19日，小黎一人回到阜平县城后，感到无脸见家人，便买了一瓶农药转车来到保定。4月20日上午，身无分文的小黎被困在保定火车站，他左思右想觉得无路可走，便喝下农药想以死求得解脱。幸亏有好心人拨打报警电话，这才捡回了一条性命。

（资料来源：星辰在线 2006-04-28）

案例评析

电脑网络对大学生心理发展及心理健康的影响是双重的，有积极影响也有消极影响，关键在于广大心理卫生工作者、学校、家庭和社会如何进一步发挥电脑网络的积极效应，控制和减少其消极作用。这是我们面临的一个全新课题。

（一）网络对学生的积极意义

（1）网络为学生提供了求知和学习的广阔校园。在网络上的虚拟学校中上课，目前已成为国外大中学校的一种新颖的教育模式。据统计，截至2000年7月，我国已有近1000家大中小学校注册了域名，其中有不少建立了完整的学校站点。学生不仅可以通过网络及时了解学校的情况，还能直接学习课程，与学校的老师进行直接交流，解答疑难，获取知识。诸多网上学校的陆续建立，为学生的求知和学习提供了良好的途径和广阔的空间。

（2）网络为学生获得各种信息提供了新的渠道。获取信息是学生上网的第一目的。当前学生的关注点十分广泛，传统媒体已无法及时满足学生这么多的兴趣点，网络信息容量大的特点最大程度地满足了学生的需求，为学生提供了最为丰富的信息资源。现在，网络正在成为学生获取各种信息的最佳来源。

（3）网络有助于学生不断提高自身技能。美国的一些专家学者将计算机技能作为未来成功青年所必须掌握的五项基本技能之一，因为在网络上，我们几乎可以找到涉及人类生活所有方面的各类信息，对能够熟练使用计算机的学生来说，可以说是取之不尽、用之不竭、学之不完的知识宝库。

（4）网络有助于拓宽学生的思路和视野，加强学生之间的交流和沟通，增强学生的社会参与度，开发学生内在的潜能。网络的包容性使上网的学生处于与现实生活完全不同的环境中，在思考的过程中，学生不仅锻炼了自己独立思考问题的能力，而且提高了自己对事物的分析力和判断力；网络的互动性使学生可以通过网上聊天室或者是BBS等方式广交朋友，参与社会问题的讨论，发表观点和见解；而网络的无边无际也会极大地激发学生的好奇心和求知欲，使其潜质和潜能被有效地开发出来。

（二）网络对学生的负面影响

（1）网络对学生的人生观、价值观和世界观的形成构成了潜在威胁。网络是一张无边无际的"网"，内容虽丰富却庞杂，良莠不齐，学生在网络上频繁接触西方国家的宣传论调、文化思想等，这使得他们头脑中沉淀的中国传统文化观念与我国主流意识形态形成冲突，使学生的价值观产生倾斜，甚至盲从西方。长此以往，对于我国学生的人生观和意识形态必将产生潜移默化的影响，对于国家的政治安定显然是一种潜在的巨大威胁。

（2）网络使许多学生沉溺于网络虚拟世界，脱离现实，也使一些学生荒废学业。与现实的社会生活不同，学生在网上面对的是一个虚拟的世界，它不仅满足了学生尽早尽快获取各种信息的需要，也给人际交往留下了广阔的想象空间，而且不必承担现实生活中的压力和责任。虚拟世界的这些特点，使得不少学生宁可整日沉溺于虚幻的环境中而不愿面对现实生活。而无限制地"泡"在网上将对日常学习、生活产生很大的负面影响，严重的甚至会荒废学业。

（3）网络中的不良信息和网络犯罪对学生的身心健康和安全构成危害和威胁。当前，网络对学生的危害主要集中在两点：一是某些人实施诸如诈骗或性侵害之类的犯罪；二是黄色垃圾对学生的危害。据有关专家调查，因特网上非学术性信息中，有47%与色情有关，网络使色情内容更容易传播。据不完全统计，60%的学生虽然是在无意中接触到网上黄色信息的，但自制力较弱的学生往往出于好奇或冲动而进一步寻找类似信息，从而深陷其中。调查还显示，在接触过网络上色情内容的学生中，90%以上有性犯罪行为或动机。

 对策建议

我们根据调查的数据和结果，就如何正确引导和防治上网带来的弊端，做好大学生的网络安全意识工作，提出如下建议。

（1）充分认识网上思想渗透问题，强化对大学生的教育引导。必须加强对大学生的思想政治教育，以马克思列宁主义、毛泽东思想、邓小平理论和"三个代表"重要思想教育引导广大大学生，使他们坚定共产主义理想信念，树立正确的人生观、世界观和价值观，强化爱国主义意识和

弘扬民族精神。

（2）切实加强网上文明行为规范的建设。要广泛开展以宣传《大学生网络文明公约》为主题的各项活动，积极引导大学生遵守网络道德，提倡"五要五不要"，即：要善于网上学习，不要浏览不良信息；要诚实友好交流，不要侮辱欺诈他人；要增强保护意识，不要随意约见网友；要维护网络安全，不要破坏网络秩序；要有益身心健康，不要沉溺虚拟空间。努力创造干净、健康、文明、有序的网络环境。

（3）构建网络和社会互动的大学生教育体系。网络时代的大学生思想教育是一项复杂的系统工程，因此政府、社会和家庭要协作联动，努力做到"三结合"：一是要把传统的大学生教育的政治优势与互联网的特征有机结合起来；二是把党、政府和群众团体的组织力量与培养网上青年志愿者的工作结合起来；三是把网站的建设工作与对现有大学生组织和机构运行机制进行必要的改革结合起来，以适应网络发展的需求。另外，还要着重加强对大学生的社会化教育，提高大学生适应现代社会的能力，使他们勇敢地直面现实世界，积极投入到改造社会的实践中去。

（4）培养一批适应网络时代要求的大学生工作者。调查显示，目前大学生工作者中有5.6%的人根本不会用电脑，38.4%的人根本没有接触过网络。这种情况很难适应网络时代的教育要求，所以，必须加强对大学生工作者队伍网络技术的培训，让他们尽快掌握与互联网有关的知识和技能，丰富自己的知识容量，改善自己的知识结构，了解大学生的所思所想，这样才能使教育工作更具有针对性。

（5）开辟更多更好的青年网站，积极占领网络阵地。目前，大多数大学生网站没有新鲜感和时代感，显得比较呆板，不容易产生强烈的凝聚力和号召力。因此，要尽快建设内容丰富多彩、形式独特而富有新意的大学生网站，以"主题鲜明、形式活泼、清新高雅、健康向上"的风格对大学生进行正面教育，真正在"以理服人、以情感人"上有所突破。同时，要加强大学生教育软件的开发制作，利用法律和技术上的可行性打击网上违法犯罪现象，走上"依法治网"的良性发展轨道。

 **安全训练**

（1）提高网络安全意识，加强网络法律法规的学习。学校要通过创

第八章　网络安全

办网络安全主页,对网络安全的法律、法规进行及时的登载,这样既方便学生学习网络法律法规知识,同时,也使学生一进入网络首先能感受到网络安全的重要氛围,在思想上形成一道能抵御外来反动、邪恶势力侵蚀的"防火墙"。

(2)遵守网络文明,坚持网上道德。树立良好的网上风气,摈弃不文明、不道德的网上行为,自觉抵制网上有害信息的侵蚀,倡导文明、健康的网络生活。

(3)不登录反动网站。不看淫秽及格调低下的网页,不下载传播反动及煽动性信息,不在网上发表煽动性言论,对个人电子信箱中接收到的反动信件要自觉删除,保证不转发、不投递。实践证明,教育学生自觉抵制校园网上的有害信息,是防止校园网络遭受恶意攻击最有效的方法和途径。

第二节 远离网络犯罪

随着个人电脑的逐渐普及,电子信息网络技术给我们的社会生活带来了极大的便利。但同时,大学生采用计算机和网络技术手段实施的犯罪行为也时有发生,给社会、学校和个人都造成了严重的影响。

【案例一】

徐州破获一特大色情网站案　高校学生会主席当版主

据《现代快报》报道,徐州市公安局8月25日披露,由公安部督办的"风艳阁"网络传播淫秽物品案成功告破。该色情网站会员数多达10万,帖子数量超过34万,涉案人员涉及国内18个省市,服务器设在美国,招募高学历人员进行日常管理和维护。

经初步查实,截至2006年5月30日,该网站共有主题文章39197篇,帖子340118篇,日均新增帖子7000余篇,涉及淫秽图片、淫秽电影、淫秽小说等多个题材。拥有会员101524名，管理人员43名，日均在线人数1500余人。

在获取大量证据后，警方对徐州涉案嫌疑人实施了抓捕。"风艳阁"网站的管理员魏某是徐州某学院校工，他对犯罪事实供认不讳。根据其交代，专案组民警奔赴上海、常州、连云港、江西上饶、湖南长沙等地进行抓捕，历时20多天，终于将该案的十多名案犯一一抓获。

让办案民警们吃惊的是，这些嫌疑人中，大多数是拥有较高学历和稳定工作的年轻人。其中，网名为"风的小猪"的李某是"风艳阁"上海地区的版主，在一所名牌大学读大三的他，还在大学担任学生会主席。

近日，徐州鼓楼区人民检察院作出决定，对"风艳阁"色情网站案涉案的10名犯罪嫌疑人，以涉嫌传播淫秽物品罪批准逮捕，另外2名取保候审。

（资料来源：《现代快报》2006-08-27）

【案例二】

19岁的色情网站经营者

9月中旬，惠州市公安局网监部门发现了一个名为"六色链社区"的色情网站。该网站于今年8月底创建，服务器设在美国。网站开设了"自拍偷拍区""亚洲魅力区""欧美激情区"等多个栏目，设立了4个总版主、10个分版主。当时该网站已有注册会员1.4万多名，新会员还以每天2000名以上的速度激增。惠州公安机关迅速成立了专案组，经过不到三天的摸底排查，充分掌握了犯罪嫌疑人叶某的主要犯罪情况，并于9月27日一举将叶某抓获。叶某交代了自己创建、维护"六色链社区"网站的事实，并供出另一同伙——ID为"江南一匹狼"的王某。通过对"江南一匹狼"的即时调查，确定其在浙江台州，专案组立即派出追逃行动小组远赴浙江，将王某抓捕归案。王某供认了其"六色链社区"网站创建人和管理员的身份。经查明，王某先后化名"sexlam""tz"，在网站上发表463张帖、12篇淫秽小说、近3000张淫秽图片和近100部色情电影。

截至10月2日该网站被查获关闭，该网站已拥有3.9万多名注册会员。在短短一个月的时间里，该网站共发布了淫秽图片约1.5万张，淫秽文章约1000篇，淫秽视频文件约1000个，总点击数高达132万次。就在叶某被抓获的当天，王某做主将价值1500元/月的广告位，以200元/月的价格卖给一广告商。因此，办案人员表示，虽然只是区区200元，但叶、王两人还是构成了"传播淫秽物品牟利罪"。令办案人员震惊的是，叶、王两人的"得力干将"——两名核心总版主竟是刚满18岁的孩子。自打迷上了网上的花花世界后，这两个正在上学的孩子满脑子都是淫秽图片，再也无心向学。因为发帖积极，他被王某破格提升为分版主，可以随意增删图片、影碟，甚至屏蔽会员发言……现实中孤僻贫寒的何某在网络中获得了极大的成就感，他更加卖力地投入到网站建设中来。他夜以继日地忙着往网站贴图、上传色情影片，与"同道中人"交流切磋，为了不耽误网站"工作"甚至旷课逃学……由于发帖很积极，何某再度被提升为总版主，拥有了更大的论坛权限。之后，他更学会了到境外色情网站去寻找"资源"，下载"奇文异图"，丰富网站内容。

色情网站"经营者"呈低龄化趋势，这种现象实在值得我们深思。

（资料来源：《新快报》2005-10-28）

案例评析

从上面的案例可以看出，以"色"为"本"的色情网站就似潘多拉魔盒，而以青少年为"经营者"的色情网站就更令人忧虑。且不说他们自己是青少年，是在为牟取暴利而违法犯罪，单说他们的"经营"内容，就将毒害更多的青少年。网络世界的"开发"潜力几乎是"无穷"的，而我们面对"无穷"，制约措施却极其匮乏。大学生染指网络色情犯罪，大抵有以下原因。

（1）虽然有关部门比较有效地控制了社会上网吧对青少年的毒害，但是当下色情网站的情形仍然可以用"按下葫芦起了瓢"来形容。

（2）网络色情诱惑对青少年呈"无孔不入"的态势，仅仅靠清除不良网吧或者封锁青少年在网吧里追求色情刺激是远远不够的。不良网吧只是色情泛滥之"河"的"下游"，而真正的"源头"是色情网站。

（3）有关部门查处网上淫秽色情违法犯罪活动的力度，依然不能够打掉色情网站"汹涌澎湃"的势头，"学生会主席""经营者""19岁现象"是新问题，它以几何方式滋生蔓延。

（4）社会环境"金钱至上""金钱万能"的观念，以及社会上对一些类似于所谓"大学生辍学创业成亿万富翁"那样的"神话""事迹"的过分夸张炒作,侵蚀着我们的青少年。"经营"色网是一条"发财捷径"的看法毒害了一些青少年。

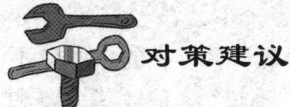 对策建议

色情网站是青少年性犯罪的温床,贻害无穷。怎样逐步使色情网站真正远离青少年,使健康向上的情趣主宰青少年的网络生活,尚待我们全社会在行动中进行反思,在反思后用实际行动去弥补。

(一)司法介入

(1)面对新的挑战,我们应该有新的理念和方式方法来处理。加大处罚和惩戒的力度是重中之重,不能让某些人存在侥幸心理。加大对技术的研究和研判,必要时可以成立专门的技术机构处理和分析目前的情况,当然可以进行强强联合,邀请一些科研部门的介入和协助。虽然网站的更新和诞生与日俱增,但是只要我们顺藤摸瓜追本溯源,跟踪和查个水落石出应该不是主要的问题,关键是我们的态度和持之以恒的决心。而对网吧的管理和监督又是其中的重点,多数网民追逐网络色情的场所正是网吧,因此加强对网吧从业人员的管理和监督,是司法部门长期的工作重点。

(2)明确审判标准。如何界定一个网站的内容是否属于色情,抑或如何圈定什么可以在网站中合理地存在,什么是应该禁止的、取缔的,我们应该审慎对待。显而易见的图片是首先被封杀的对象,其余一些模棱两可的东西应该看是否以营利为目的来作为裁定的标准之一。

(3)一些侥幸分子把站点建立在外国的服务器上,让司法部门无法判断和司法。我们相信,一定会有蛛丝马迹可以找寻,对待不良企图坚决不能姑息迁就,一定要重惩,要知道"星星之火,可以燎原"。

(二)软件阻击

互联网是一个共享和开放的平台,我们即使肃清了内部的环境,而对于外部的"自由"依然无法涉足。这需要我们的软件工作者的努力和良知,这是一个不计报酬的绿色行动,这是一个纯粹的公益活动。我们软件工作者的智慧一定可以阻击或者是抑制,起码在一定范围内的抑制是完全可以实现的。

目前已经有一些绿色软件产品问世,可以对一定的色情网站禁止访问。只要我们努力,就可以把色情网站的危害抑制到最小程度。同时我们可以研制一些跟踪的软件让家长来掌握,目前这方面的软件已经不少,但缺乏一定的简易性。我们的家长与孩子独处的机会较少,孩子在家玩什么,一般家长不得而知,并且有些家长对电脑还不太熟悉,有的根本就不懂电脑。如何让他们能了解自己的孩子每天在网上干什么,是极其重要和必要的。

(三) 提高网民的道德修养

网民的道德修养亦即一个网民自身素质的培养,这是一个长期而漫长的过程。上网的人千奇百怪良莠不齐,从根本上说我们没有必要也没有权利干涉别人在干什么。但是我们也应该看到,上网的人中以年轻人为主,同时,在校的和已经离校的学子是互联网的主流,他们是社会上较有知识的一代,应该维护好自身的声誉和形象。

网民的道德观念和自我保护观念亟待提高和完善,不能因为网民的无所谓和好奇心理,而放任一个个没有良知和责任的色情网站的存在。有些人甚至利用自己的小聪明大肆制作和传播色情,这更是人人深恶痛绝和强烈谴责的。网民应该有良好的道德修养,自觉地抵制访问色情网站,同时发现有人链接色情网站时要坚决地予以揭发和举报。

(四) 加强对网吧的管理

网吧常常成为人们浏览色情网站的温床。有些经营业主只知道谋取利益,缺乏起码的道德标准和法律意识,为了吸引网民的注意和提高自己的收入,不惜通过让网民浏览色情网站来提高自己的"知名度"。网吧应该多从自身的建设着想,采取多种构筑自身的良性循环,只要有自己的特色一定会立足的。

(五) 完善家庭监督

孩子误入歧途不仅仅是社会和网络的事情,家庭更应该承担一定的责任。网络只是一个平台,一个获得知识和信息资料的渠道。网络虽然很精彩,但是我们不能简单地认为网络上都是好的东西,家长应该保护好自己的孩子。对待孩子不能放任自流,适当的监督和了解,谈心、观察和必要的检查,应该是我们家庭的责任。

 安全训练

网络技术的迅猛发展，对于加强信息交流起到了重大作用。但是由于网络覆盖的广泛性和信息传递的多媒体化，也使之成为黄毒传播的"最佳媒介"。大学生们思想活跃，易于接受新事物，也更容易受到来自网络的负面影响。有计划地对学生进行这方面的教育，对于预防大学生网络犯罪，可以起到积极的作用。

（一）洁身自好，自觉远离不良内容

网络是一个崭新的事物，应以开放的心态来迎接它，但对它的负面消息也应该坚决抵制。在接受网络科技知识的同时，要强化自身的道德意识，不去浏览黄色网站，不去点击和回复色情帖子，给自己营造一个健康积极的网络环境。

（二）增强网络安全思想意识

要学会用相关的社会道德规范和行为规范来规范自己的行为，提高辨别善恶是非的能力；在论坛上发表言论时不能违反国家法令，提倡网络文明用语，不违背社会公德；自觉抵制任何利用计算机网络损害国家、社会和他人利益的行为；正确合理使用互联网，为拓展视野、增加知识服务。

第三节　谨防网络陷阱

由于网络的开放性和互动性，网络信息几乎无时无刻不在无限制地被广为传播。"网络陷阱"对于活跃思维、追求新奇而又缺乏分辨力和自控能力的在校生来说，诱惑力极大。如何识别网络陷阱，保护自身安全，是我们必须认真对待的问题。

【案例一】

女大学生网恋半年被骗26万元　两人竟从未谋面

单纯的女大学生在网络聊天室里遇上了心仪的"对象",并很快坠入情网。然而,令她意想不到的是,网络那端,心仪的"对象"对她付出的却不是真情——对方的目的从一开始就是骗钱。在半年多的时间里,对方先后用各种花言巧语从她手里骗走近26万元,直到女孩父亲发现并报警。令人更想不到的是,直到骗子被抓,她与这个心仪的"对象"也没有见过一面,而这个即将接受法律惩罚的骗子,也是一名刚刚走出校园的大学毕业生。

戴红涛曾是本市某高校学生。2008年6月毕业后,他抱着对美好生活的憧憬迈出大学的校门走向社会。然而,手握大学毕业证四处找工作的戴红涛经过一段时间的碰壁后,才发现现实生活与理想有很大差距,他日趋消沉,开始在互联网上消磨时光。2008年10月,戴红涛在网络聊天室里认识了一个名叫吴倩的女孩。聊天中,他得知吴倩是本市一所高校的在校生,家里经济条件很好。通过交往,戴红涛发现,吴倩是一个没有社会经验、非常单纯的女孩。于是,一个念头在戴红涛心中萌生——他要利用自己的"优势"从吴倩那里弄钱。此后,戴红涛谎称自己还是在校大学生,开始施展自己的"魅力"向吴倩发起"进攻";单纯的吴倩很快坠入情网。1个月后,见已经取得吴倩的信任,戴红涛开始编造谎言向吴倩"借钱"。

抵不住对方花言巧语　半年多被骗走26万元

"倩倩,我同学出了车祸找我借钱看病。他住石家庄,我想去看望他,需要一笔路费,可我手头儿有点紧,能不能借点钱给我?"吴倩收到戴红涛在网络上的留言后,立即按照戴红涛留给她的银行账号汇去800元。如此轻易得手,戴红涛的"胃口"越来越大。数日后,吴倩再次接到戴红涛发给她的信息,戴红涛自称在赴外地途中不慎将腿摔断,需要去北京治疗，以找名医、吃进口药及办理医保手续需要给人送礼为由多次找吴倩"寻求帮助"。而此时，吴倩早已被戴红涛美丽的谎言所迷惑，从几百元到数千元直到上万元，吴倩将钱一次次汇入戴红涛的账号。直至2009年3月，吴倩发现自己已无力继续资助戴红涛。

见吴倩不像以前那样慷慨，戴红涛开始翻脸："找你借钱是为了和朋友投资做生意赚钱，要不然以前欠的款我就还不上了。"无奈之下，吴倩只得一次次背着父母，从家里拿钱给戴红涛；而此时的戴红涛却正在得意地和朋友出入高档的酒吧、歌厅，花天酒地地尽情享受。

女学生父亲发现报警　警方出动骗子终落网

2009年5月，吴倩的父亲到银行取款时发现，自家的银行卡中一下子少了近26万元，连忙询问家人，才得知女儿将钱汇给了一名素未谋面的男网友。他立即意识到女儿受骗了，随即带吴倩来到市公安局北辰分局刑侦八大队报警。

根据吴倩提供的线索，民警找到了戴红涛的家，发现其已经不知去向。经多方查找，5月26日民警获取线索，戴红涛在本市西青区一所高校内出现，随即部署警力在该高校周边设下埋伏。昨天上午10点，戴红涛刚在学校门口出现，立即被擒获。

经讯问，戴红涛交代了半年多以来利用网络交友，以种种理由诈骗吴倩25.8万元的事实。据他交代，这些钱全部被他用来请客吃饭、唱歌喝酒，并为自己购买高档手机、名牌皮衣和手表等。目前，戴红涛因涉嫌诈骗已被刑事拘留。（文中人物均为化名）

（资料来源：新浪博客 2009-06-02）

【案例二】

大学生被骗　人财两空

南京某师范学校的大三男生小王有个在网上聊了半年多的辽宁女网友，对方一直自称24岁，是当地一家保险公司的白领。某日，女网友打电话给小王，说自己出差路过南京要和他见一面。可等小王到火车站接站时才发现，女网友的真实年龄至少有40岁。当晚，女网友在小王学校附近的一家旅馆住下后，说自己人生地疏，让小王陪自己聊天。结果，小王喝下她递上的"可乐"后，直到第二天中午才醒来。醒来后，小王发现自己身上的钱包（内有1200多元钱及一张银行卡）和CD机不翼而飞了。到总台一查，女网友登记的身份证竟是假的！

来自检察机关的数字表明，节假日中发生于网友之间的诈骗案较往常高出三成，作案人都是以见网友的名义实施诈骗，而受害人此前对他们的真实情况几乎都不了解，这给司法机关办案增加了相当的难度。有关部门为此提醒"聊友"，与网友见面一定要慎之又慎，要对网友有个起码的了解，对网友提出的要求也不要轻易答应。

（资料来源：《现代快报》2003-07-24）

【案例三】

通过QQ交友　不慎被骗财骗色

吴义是天津一所大学的学生，25岁。2003年，吴义从网上了解到有一种类似"会所"的高级卖淫组织方式，以"高额回报"怂恿女子"入会"，后以银行卡支付费用并收取"年费"。若和对方发生性关系并被拍录，更可以"要挟"她们从中渔利。于是，吴义便想到了先利用QQ广泛"撒网"的方式寻找机会。

2005年3月，吴义通过QQ认识了中央戏剧学院的一名女大学生姜西（化名）。被"高薪"引诱的姜西很快把手机号给了他，并定好在一宾馆内面试。

拍摄性爱录像敲诈10万元

随后，吴义将自己与姜西发生性关系的过程拍摄下来。趁姜西回校换衣服时，吴义将她的包、笔记本电脑和数码相机统统卷走。

几天后，吴义以打电话、发短信和发邮件等形式，要挟姜西往他办的卡里存10万元钱，否则就将拍的DV片子复制后发给她的老师和同学。后发现姜西没有存，吴义就将目标移向了姜西的父亲。这是吴义偷偷从姜西的手机里找到的电话。但他没想到，姜父来到北京后就报了案将其抓获。

用同样手段骗4名女大学生

经查，从2003年底至被抓获，吴义曾用同样的手段骗了来自中华女子学院、对外经贸大学、北京印刷学院等高校的四名女大学生共2万余元，其中还有2人被骗色。

(资料来源：青岛新闻网 2006-01-03)

 案例评析

当代大学生在社会中显然还并不成熟。加强学生的自我保护教育，提高学生的自我防卫能力显得十分重要。在对大学生进行自我保护的法律知识教育的同时，也要加强大学生的防范意识，使其学会识别网络骗子，保护自己的人身和财产安全。

网络诈骗犯罪具有以下特点。

（1）犯罪方法简单，容易进行。网络用于诈骗犯罪，使犯罪行为人虚构的事实更加逼近事实，或者能够更加隐蔽地掩盖事实真相，从而使被害人易于上当受骗，损失钱物。

（2）犯罪成本低，传播迅速快，传播范围广。犯罪行为人利用计算机网络技术和多媒体技术制作形式极为精美的电子信息，诈骗他人的财物，并不需要投入很大的资金、人力和物力，着手犯罪的物质条件容易达到。

（3）渗透性强，网络化形式复杂，不定性强。网络发展形成一个虚拟的电脑空间，既消除了国境线，也打破了社会和空间的界限，使得犯罪行为人在进行诈骗他人财物时有极高的渗透性。网络诈骗的网络化形式发展，使得受害人从理论上讲是所有上网的人。

（4）社会危害性极强，极其广泛，增长迅速。从CNNIC统计调查报告关于网民对网络的使用和需求来看，网络在进一步融入到人们的生活中去。以往高达88%的电子邮箱的使用有所下降，而搜索引擎、网上银行和网上销售等网上交易的使用和需求大幅提高。而且，由于网络诈骗的受害者分布广泛，因此造成了极为严重的社会危害。网络诈骗犯罪发展特别迅速，是所有网络犯罪中增长最快的一个。

 对策建议

未来的世界，将是网络化的世界；未来的中国，也将是网络化的中国。然而，在人们为进入数字化生存而欢呼的同时，也日益感到一种前所

未有的威胁正向我们逼近——这就是利用计算机所实施的网络犯罪。面对这样的新问题，我们必须认真研究，大胆探索，全面落实高校学生防网络诈骗教育，提高学生的自我保护能力。

（一）增强防范意识，提高自我保护能力

1. 提高识别能力，不轻信他人

骗子脸上没有贴标签，也没有明显的特征：有的衣冠楚楚，装扮成正人君子；有的衣衫褴褛，让人同情；有的言行仪表普通，容易被人认同。但不管是哪一种情况，他们都有一个共同的目的，奔你的钱财而来，或认老乡，或找同学，或攀亲戚，花言巧语，博得你的同情和信任，骗得你的钱财。所以同学们要认清一点：不认识的人不要相信他，天上不会掉下"馅饼"来，只要扎紧了心理的篱笆，别人就偷不走你的"红苹果"。

2. 增强保护意识，加强防范

当不熟识的人约你外出时，一定要提高警惕，或邀朋友同行，互相照应。特别是女同学，晚上外出一定要结伴而行，与同学打好招呼，告知行踪和活动时间，办好事情及时回校，避免在外逗留。

3. 胆大心细，及时报警

同学们在碰到紧急情况时，一定要胆大心细，处于危险境地而不惊慌失措，或严词斥责，或巧妙周旋，寻机脱身。万一碰到了侵害，要看时机敢于反抗。在公共场所一定要注意周边环境的情形，防患于未然。特别提醒女生，在人多的场合受到侵害时，要敢于喊叫，引起他人注意，博得同情，寻求他人的帮助和支持。在人数少的场合，要观察地形和有力的反击工具，以便不测之时绝地反击。到不熟识的房间，要注意把门打开，观察走廊楼道的走向，以备逃亡。面临不法侵害，要注意及时报警和保留证据，为警方破案提供线索和依据。在实践中，大学生与外面的人发生纠纷，大多是由于违反校纪校规引起的，不敢报告警方和学校，生怕引火烧身，受到处分。其实这一点担忧是多余的，老师总是关心和爱护自己的学生，违反校规可以进行处分，但与人身权益遭受侵害相比孰大孰小，自不待言。况且学生大多数的行为只是一个批评教育的问题，而不是行政处分和法律制裁的问题。

（二）加强学生自我保护观念，普及防诈骗知识

为了保障学生的人身及财产安全，避免出现被骗事故，各高校要切实

负责，对学生进行自我保护意识的培养，普及防诈骗的知识，加强防范意识，避免意外伤害。无论在何时何地都要保障自己的人身安全，不要随便透露个人信息，以免被别有用心的人利用。

 **安全训练**

大学生在网络交友中受骗上当的案例时有发生。面对这样的情况，我们一定要注意加强自我防范和保护意识。第一，不要过分信赖对方，而无所保留地暴露自己的信息；第二，交往中要保持与对方的距离，时刻提高警惕；第三，既不要轻视忽略对方，过高地估计自身的能力，也不要过分依赖对方；第四，特殊条件下，不要单独与对方接触，特别是女生更应避免在夜晚、陌生、人迹稀少且孤立无援等境地与对方见面。

第九章 心理安全

第一节 关注心理健康

关于大学生象牙塔生活的周期性，大学校园里有许多说法。虽然多含诙谐、滑稽甚至消极意趣，却也在不同程度上反映了大学生的心理发展轨迹。其中流传颇广、影响较大的一则，是巧借鲁迅先生的四部文集名并配打趣解释来描述大学生的四年生活：

大一——呐喊，不知道自己不知道；

大二——伤逝，知道自己不知道；

大三——彷徨，不知道自己知道；

大四——朝花夕拾，知道自己知道。

四年大学生活，四种主流的角色定向，将大学生四年的生活勾勒得清清楚楚、生动形象。经过四年的大学生活，大学生不断战胜自己，获得发展。那么，大学生在四年的学习生活中，通常会遇到哪些心理问题呢？大学生心理健康教育应关注哪些方面呢？

一　大一新生的迷茫：角色转变与心理健康

 案例警示

【案例一】

某大一男生面对心理教师的叙述

我是医学专业的学生，来到这个学校快三个月了，发现自己越来越不喜欢这个专业，也不喜欢这个学校。想到以后整天要同病人和死人打交道，心里就害怕。我想退学回家去复读高三，明年再参加高考，报考建筑专业。高考时填报专业是我自愿的。那时候觉得学医挺好，我们那儿的医生社会地位高，收入也不错。父母也都支持我，认为这个专业好。但大学老师不像中学老师那样关心人，我希望老师能像我妈一样对我说话，这里没有一个老师能做到。这里的同学也不像中学的同学好相处，一个个都很自私。现在我看见教科书就头皮发麻，学不进去。如果能退回去，一年考不取就考两年，反正不想在这儿读了。

（资料来源：余琳《大学生心理健康》）

【案例二】

一天，崔某（下称小C）由同乡陪同前来咨询。咨询员热情地招呼他们，请他们坐下慢慢谈。小C开口就说："老师，我想转学，该怎么办手续？"咨询员问道："转到哪里？""转回我家那边的大学。"小C答道。咨询员又问："为什么要转学？"接着，小C就"呜呜"地哭了起来。在咨询员和老乡的劝慰下，小C平静下来诉说道："我后悔不该来这里上大学，我简直待不下去了，成天想家。"

小C呜咽着说："我是刚入大学不久的新生。上大学前，幻想着大学生活浪漫、幸福，可是来到大学后却觉得人地两生。特别是到了周末、假日，看到当地同学陆续回家或与老同学团聚，我就特别想家，思乡之情油然而生。我是多么留恋过去的中学时代，过去的同学和朋友，过去熟悉的生活环境，甚至后悔不该报考外地的大学。其实我们那里也有不少像样的

大学，我们班的好几个与我要好的同学都在家乡的大学上学。我觉得大学还不如过去的中学时代好，人长大了，上了大学，但生活却没什么意思，还不如少年时代好玩。"

（资料来源：樊富珉《大学生心理咨询案例集》）

案例评析

经过高考的奋力拼搏，被录取的大学新生带着希望和梦想，步入了大学的殿堂。然而，当他们真正开始大学生活的时候发现，新老师、新同学、新校园、新的生活环境、新的教学风格、新的学习方式，一切都发生了根本性变化。这让他们感到很不适应。有的想家，有的暗自哭泣，有的甚至想退学。以上两个案例中的主人公，因为新近入学，还没有顺利完成自身的角色转换，进而导致了心理问题的出现。如果无视这种现象，任其自由发展，将影响到大学生的学习、生活和心理的健康发展。为此，分析这些心理问题产生的原因，积极采取预防措施，缩短大学生活的适应期，是每名大学新生应当重视的。

总体分析大学生角色转变中的心理矛盾，主要有以下几点。

（1）期望与失望。调查新生入校三个多月后的感觉，结果如下：22%的新生感觉心情舒畅，33%的新生认为过了些日子就没有新鲜感了，41%的新生感到竞争压力大。那么，为什么大一新生会有这种心理落差呢？其中一个重要原因在于，新生原来对象牙塔的理想境界有着无数美好的憧憬与向往，他们经历了高考的考验，进入到梦中无数次幻想的世界，当一切成为现实时，就会产生失望感，而且期望值越高，失望感越强。这与所考取的院校没有直接关系，这种失望感在清华、北大的新生中也确实存在。

（2）独立性与集群性。大学新生来自全国各地，五湖四海。他们在生活、学习等方面有着很大的差异。大学新生自我意识强，力求保持独立性，而另一方面大学新生刚刚来到一个新的环境，又力求与他人之间存在一种一致性，希望得到他人的关注和接纳。而这种接纳不是每个人都能获得的，于是难免产生失落感和孤独感，从而产生恋家情结。

（3）高文化知识与低社会经验。大学生对社会的认识主要是通过书籍获得的，社会交往能力还很不够。在新的环境中，面对新的面孔，他们非常容易使自身处于十分孤独的境地，导致对环境难以适应。

（4）"回归心理"。大学生由于上述心理冲突，长期处于一种怀旧、留恋过去的心理状态中。他们抱怨现在的生活，明知道回不到过去，却又十分眷恋过去。这会造成他们学习、生活上的不安心。

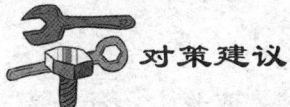对策建议

针对大学新生角色转变困难的问题，可以采取如下办法进行缓解。

（1）熟悉校园及周边环境。在一个陌生的环境容易产生焦虑情绪，随着对环境的逐渐熟悉，大学新生内心就会产生安全感。

（2）学会交往技巧，积极与他人交往。良好的人际关系会给大学新生一个强有力的社会支持，从而避免产生孤独感和失落感。

（3）排解思乡情绪。通过书信或者电话与老同学、老朋友或者家乡的亲人联系，以排解思乡情绪。

（4）培养业余爱好。整天紧张地学习和工作会使人感到生活单调乏味。培养业余爱好，既可以调剂枯燥的学习生活，又可以与周围的同学更快地熟悉起来，从而结交一些新朋友。

（5）树立远大理想。远大而切实可行的理想是一个人不断前进的动力。高中时期的理想是考大学，实现了以后，如果不及时树立新的理想，就容易变得空虚和失落，迷失前进的方向。尝试着与学长进行沟通，为自己今后的生活树立目标，这样就不会觉得茫然和无事可做。

安全训练

想知道你的心理适应能力吗？
——心理适应性量表

大学生角色改变的能力可以用心理适应性来评定。心理适应性是个体的一种综合性心理特征，反映个体适应周围环境的能力。

请认真阅读如下各题，从答案中选出最符合自己实际情况的一种：

（1）假如把每次考试的试卷拿到一个安安静静、无人监考的房间去做，我的成绩一定会好一些。

（很对，对，无所谓，不对，很不对）

（2）夜间走路，我能比别人看得更清楚。

（是，好像是，不知道，好像不是，不是）

（3）每次离开家到一个新的地方，我总爱闹点毛病，如失眠、拉肚子，等等。

（完全对，有些对，不知道，不太对，不对）

（4）我在正式运动会上取得的成绩常常比体育课或平时练习时的成绩好些。

（是，似乎是，拿不准，似乎不是，正相反）

（5）我每次明明已把课文背得滚瓜烂熟了，可是在课堂上背诵的时候，却总要出点差错。

（经常如此，有时如此，拿不准，很少这样，没有这种情况）

（6）开会轮到我发言时，我似乎比别人更镇定，发言也很自然。

（对，有些对，不知道，不太对，正相反）

（7）我在冬天里比别人更怕冷，夏天里比别人更怕热。

（是，好像是，不知道，好像不是，不是）

（8）在嘈杂、混乱的环境里，我仍能集中精力地学习或工作，效率并不会大幅降低。

（对，略对，拿不准，有些不对，正相反）

（9）每次检查身体时，医生都说我"心跳过速"。其实我平时脉搏很正常。

（是，有时是，时有时无，很少有，根本没有）

（10）如果需要的话，我可以熬一个通宵，精力充沛地学习或工作。

（完全同意，有些同意，无所谓，略不同意，不同意）

（11）当父母或兄弟姐妹的朋友来家做客时，我通常尽量回避他们。

（是，有时是，时有时无，很少是，完全不是）

（12）出门在外，虽然吃饭、睡觉、环境等变化很大，可是我很快就能习惯。

（是，有时是，是与否之间，很少是，不是）

（13）参加各种比赛时，赛场上气氛越热烈，群众越加油，我的成绩反而越上不去。

（是，有时是，是与否之间，很少是，不是）

（14）上课回答问题或开会发言时，我能镇定自若地把事先想好的一切都完整地说出来。

（对，略对，对与不对之间，略不对，不对）

（15）我觉得一个人做事比大家一起干的效率高些。

（是，好像是，是与否之间，好像不是，不是）

（16）为了求得和睦相处，我常常放弃自己的意见，而去附和大家。

（是，有时是，是与否之间，很少是，根本不是）

（17）当着众人和陌生人的面，我感到窘迫。

（是，有时是，是与否之间，很少是，不是）

（18）无论情况多么紧迫，我都能注意到该注意的细节。

（对，略对，对与不对之间，略不对，不对）

（19）和别人争吵起来时，我常常哑口无言，事后才想起来该怎样反驳对方，可是已经晚了。

（是，有时是，是与否之间，很少是，不是）

（20）我每次参加正式考试或考核的成绩，常常比平时的成绩更好些。

（是，有时是，是与否之间，很少是，不是）

评分方法：

凡单号题（1，3，5，…，19），从第一到第五种回答，依次记1，2，3，4，5分。

凡双号题（2，4，6，…，20），从第一到第五种回答，依次记5，4，3，2，1分。

全部20题得分之和即为个体的心理适应性情况。其关系如下：

0~20分　　适应性很差；
21~40分　　适应性较差；
41~60分　　适应性一般；
61~80分　　适应性较强；
81~100分　　适应性很强。

（摘自陈会昌的文章，1985）

二　大二学生的烦恼：人际关系与心理健康

 案例警示

【案例一】

　　小郑上了大学后，总觉得跟宿舍和班级里的同学无法交流，平时吃饭、自习总是自己一个人。他看着别人三五成群的样子很羡慕，而自己的心事和压力却越来越大，总是感到很孤独。后来他发展到不想去上课，不想见人，每天就在宿舍里面看书、睡觉，饿了就随便吃点东西，几乎足不出户，最后想退学回家。

（资料来源：王玲《大学生常见心理问题及疏导》）

【案例二】

　　小李性格冲动，从小经常与人发生争执和打架。虽然从小比较聪明，学习成绩一直不错，可是如何与人交往，怎样处理人际关系，却让他伤透了脑筋。父母和老师经常规劝他，他也知道自己的脾气太过火暴。特别是上了大学后，他与班上的同学相处很不融洽，跟同寝室的同学有过几次不小的冲突，关系相当紧张。他也因为几次打架而受到老师的批评，并影响了他的学习。

（资料来源：王玲《大学生常见心理问题及疏导》）

 案例评析

　　大学生的住宿生活中，接触最多的就是同学。于是，能否与同学之间和睦相处就成为大学生生活中一个重要的方面。然而，由于大学生个人性格、家庭背景、生活方式等许多方面的差异，他们之间更容易发生矛盾。一般说来，男生的人际冲突相对于女生来说比较直接、激烈，比如吵架、打架等；女生一般多为吵架，或者表现为同学关系冷淡，互不理睬，冷言冷语。不管是哪一种，对于当事人来说，都是一件难受的事情。以上案例

就是大学生人际冲突的典型表现。具体分析大学生人际冲突的原因，主要有以下几种。

（1）性格冲突。不同性格、不同气质类型的人有着不同的待人接物方式。例如：胆汁质的人比较暴躁，抑郁质的人则比较内敛。像上述案例二中的小李，就有着冲动性人格的倾向。案例一中的小郑，应该是一个很内向的人，很少能恰当地向别人表达自己的想法。这种性格方面的因素，虽然与先天的气质类型有关系，但也不是不可以调整的。

（2）社交技巧的缺乏。在人际交往中，有的人能得心应手，而有的人却屡屡受挫，这里就有一个交往技巧和艺术的问题。案例一中的小郑，就明显缺少社交技巧，更深入一点说，这源于他的不自信。知道如何很好地与人交往，掌握必要的社交礼节和交往方式，对一个人适应社会有重要意义。

（3）认知方面的偏差。有社交方面问题的人，通常不能够正确认识自己和他人，他们通常有这样或者那样的不合理想法。例如：自我中心，自我封闭，忌妒心理，敌对和猜疑，等等。正是这些不合理的认知，使他们看不到自己的不足，却从其他人身上找原因，使自身的问题久久得不到解决。

对策建议

针对大学生身上存在的人际交往问题，可以采取以下办法。

1. 认清自己，完善人格

大学生如果出现了人际交往问题，首先要反省自身是不是哪些方面存在缺陷，可以采用"卡特尔16PF"量表对自己的人格特征进行测查，找出性格上的主要缺点，不断进行自我探索，从而找到完善其个性的切入点。

2. 培养人际交往能力

人际交往的核心部分，一是合作，二是沟通。所以要鼓励大学生积极参与课外活动，积极与人沟通，提升交往能力。研究表明，人际关系的基础是人与人之间的相互重视、相互支持。对于真心接纳我们、喜欢我们的人，我们也更愿意同他交往并建立和维持关系。了解了这一原则，大学生就应该清楚怎样使自己的人际关系变得更好。

3. 端正人际认知观念

正确地认识自己和他人,纠正不合理的人际交往信念,彻底从内心善待自己、悦纳他人。比如,通常大学生都会认为家庭社会地位高的学生傲气、不好相处,这种先入为主的看法常常妨碍大学生的正常人际交往。还有的大学生在与人交往时把自己具有的某些不讨人喜欢、不为人接受的观念、性格、态度或欲望转移到别人身上,认为别人也是如此。如此一来,交往中往往很容易产生误解,不利于大学生的人际交往。

安全训练

人际交往中的自信心训练

1. 端正认知

(1) 了解自己和他人的权利。

(2) 人际交往中,我们有权向别人提出要求,也有权拒绝别人的要求,反之亦然。

(3) 如果我们因为别人的拒绝而恼怒,那就是在否认别人的权利,反之亦然。

(4) 说"不"并不会伤害别人。如果我们认为别人对我们说"不"是伤害了我们,那是我们自己的问题,而非对方的问题。

(5) 我们有权捍卫自己的利益,别人亦然。

(6) 人有权表达自己的正负情感。

(7) 人有权与人协商,以公平解决问题。

2. 训练用正确的行为指导语礼貌地表达自己的意思

举例如下:

学会问候、欣赏和感谢

情　境	行为指导语
1. 早上与人相遇	微笑着说:"早上好!"
2. 称赞别人的装束	"你穿这套衣服真好看。"
3. 感谢别人的帮助	"谢谢你帮助我,我很感激!"
4. 表达对别人的友好	"很高兴认识你。"
5. 表达对别人观点的赞成	"我的看法与您一致。"

维护自身利益和坚持自己的观点

情　境	行为指导语
1. 拒绝参加不情愿的社交活动	"对不起，今天我不想外出了。"
2. 到商场选衣服	"请把那件衣服递给我试一下。"
3. 寝室熄灯后还有人说话	"对不起，你说话影响我休息了。"
4. 不同意别人的观点	"我理解你的意思，但我的观点是……"

当别人伤害了自己

情　境	行为指导语
1. 对别人不守信用感觉不愉快	坦诚地告诉对方："你不守信用让我不舒服。"对别人温和、直接说："你这样给我带来了伤害。"
2. 向别人表达自己的不满	"我不喜欢你这样对待我。"
3. 对别人的讽刺做出回应	"请你直接告诉我你想要表达什么，好吗？"
4. 向别人承认自己感觉生气	"是，我是感觉有点生气。"

三　大三学生的困惑：爱情与心理健康

【案例一】

小梁，男，某大学三年级学生。自述女朋友要跟他分手，但是他不愿意，一直极力挽留。结果，女朋友很讨厌他，来电话不接，来人也不见。小梁非常难过，近来学习没有劲头了，同学们都觉得他怪怪的。他曾经想过用死来挽留女朋友的心。

（资料来源：王玲《大学生常见心理问题及疏导》）

【案例二】

小敏自述：我有一个男朋友，早我一年毕业，大一大二时他总是陪我上晚自习，周末陪我玩，当时很开心，学习成绩也好。现在他陪我的机会减少了，所以心情总不好，总想他能够天天陪我。有时候他答应来看我，又失约了，我的情绪便又特别低落，甚至想哭，想到旷野上呐喊几声。每当看到班里其他同学一双一对在一起,我好羡慕、好忌妒。

(资料来源:王玲《大学生常见心理问题及疏导》)

案例评析

在人生的不同阶段,对心理产生重要影响的人际关系的侧重点也不一样。对于大学生而言,恋爱关系对于大学生具有十分重要的意义。著名心理学家埃里克森认为,成年早期(18~25岁)的任务是获得亲密感,避免孤独感。这一阶段的个体渴望与异性交往,获得爱情。大学生正值此阶段。由于恋爱关系对大学生具有如此重要的意义,因此一旦失恋或者分别,他们就会产生强烈的挫折感和失落感。由恋爱引起的负面事件有以下几种。

1. 失 恋

恋爱是甜蜜的,失恋却是人生的苦果。面对失恋,有的大学生能够自己调控情感和行为,尽快从失恋的苦恼中解脱出来;有的却在痛苦的深渊里越陷越深,日渐消沉,出现痛苦情绪、绝望体验甚至过激行为。就像案例一中的小梁不能接受失恋的事实,在失恋的苦恼中不能自拔。这样的行为,无论是对自己还是对另一方,都是一种伤害。

2. 单 恋

误认为别人爱上自己或明知道别人不爱自己,但却深深地爱着对方,这种爱的情感越深,它所带来的情感折磨就越痛苦。

3. 三角恋

三角恋中的主动者主观上并不在乎三角恋的发生,甚至有意制造三角恋爱,内心里还得意洋洋;被动者则是在自己并不情愿或者不知不觉中陷入三角恋,他为自己和他人痛苦,极力想摆脱这种尴尬的局面。

4. 分离焦虑

恋人之间由于长期在一起,分别之后会对另一方产生依恋不舍的情绪。就像案例二中的小敏,由于与男朋友长时间在一起,一旦分离,就觉得自己的生活少了一部分,不能适应,甚至产生委屈和悲观的情绪。

对策建议

(1)确立"天涯何处无芳草"的信念。这是失恋者一种心理保护方式。既然好的异性到处都有，我就没必要纠缠在一个人身上。

（2）"酸葡萄"与"甜柠檬"效应。"酸葡萄效应"指失恋或单恋者为了缓解内心的痛苦，而去贬低另一方。就像吃不到葡萄就说"葡萄是酸的"，具体做法是列出以前恋人和单恋对象的一些缺点。"甜柠檬效应"则是罗列自己的各项优点，找出自己的美好之处，以恢复自信。单恋和失恋者可以通过这种做法来减轻自己的痛苦。

（3）环境迁移。面对与恋人的分别，尽量不要再涉足以前常与恋人待在一起的环境，以免引起自己的伤感。

（4）升华。恋爱的挫折可以化为一种动力。当你为了减轻心理紧张和痛苦而把热情投入到学业、事业中去时，就会把这种紧张和痛苦慢慢地释放，变成推动事业的动力。从贝多芬一生失恋多次而创下辉煌的乐章，可见恋爱挫折升华的力量。

（5）冷静对待自己的炽热爱情。当对某人产生强烈的感情时，请先冷静思考一下原因是什么，不要因为一时的心血来潮而做出让自己后悔的事情。

安全训练

谈恋爱

——你准备好了吗？

大学生在恋爱之前如果进行充分的思想准备，树立了正确的恋爱观，就可以减少乃至避免产生一系列由恋爱而引发的情绪情感问题。树立正确的恋爱观，正确处理好恋爱与学习、事业、婚姻的关系，对于获得纯真、高尚的爱情具有重要意义。树立正确的恋爱观，要处理好以下几方面的关系。

（1）爱情与人生的关系。爱情是人生的重要组成部分，但不是人生的全部内容。爱情是人生百花园中的一朵花，尽管它色泽鲜艳、光彩夺目，但是除了爱情外，人生还有无数的内容。有些大学生一旦进入恋爱，就深陷其中不能自拔，这是不可取的。人生需要爱情，但是不能仅为爱情而活着。那样的爱情不会给你带来成长和收获，只会让你变得越来越狭隘。况且，过分投入恋爱，把它当做人生的唯一来抓，难免会引起另一方的反感,反而不利于爱情的发展。

(2)恋爱与学业的关系。大学阶段是人生成长的"黄金时期"。大学生应当把主要精力放在学业上,努力培养和锻炼自己各方面的能力,积极与同学发展良好的合作关系,不能因为爱情而荒废了学业与友谊。大学阶段是未来进入社会的前奏,如果在这一阶段没有很好地增进知识、增长才干,只沉迷于恋爱之中,将来的生活将会有无尽的烦恼。

(3)恋爱与婚姻的关系。恋爱是培育爱情的过程,是婚姻的前奏曲,要坚决反对"不求天长地久,只求曾经拥有"这一分离爱情和婚姻的做法。要用理智控制自己冲动的感情,把自己的恋爱行为控制在社会和法律允许的范围内。

(4)培植文明高尚的爱情。首先,追求爱情一定要以尊重对方为前提,用自己的爱心去赢得对方的爱心,用自己的人品去赢得对方的倾慕,而不是将对方当做自己的一件私人物品来加以看管。其次,在爱情的表达方式上,应多从精神上、感情上进行交流,保持健康的交往。男女双方应当自尊自重,行为端庄,举止得体。大学生要特别注意在恋爱中表现自己良好的道德品质和精神风貌。

四 大四学生的选择:就业与心理健康

【案例一】

小唐,女,22岁,某大学四年级学生,是一位高才生,聪明、开朗、活泼,谈锋甚健。在一次外资跨国企业的求职面试中失败后,她整天昏昏沉沉,连思考最简单的问题也感到困难,睡眠越来越差。她十分烦恼,骂自己是笨蛋,断定自己当时一定是脑子坏了,要不然怎么会在准备多时的面试中屡屡犯一些低级的错误呢?求职失败后,由于害怕再次失败,她一直都不敢到其他公司去面试。眼看毕业的日子越来越近,她心里非常着急。

(资料来源:王玲《大学生常见心理问题及疏导》)

【案例二】

石家庄市一名即将毕业的女大学生刘某,因为不堪就业压力,以自杀的方式结束了自己年轻而宝贵的生命。她留下 10 万字的日记,记述了自己最后的心路历程。在就业形势十分严峻的情形之下,这个事件的出现就具有了非常典型的意义。

(资料来源:《燕赵都市报》2009-02-26)

案例评析

随着大学生就业制度改革,大学生人数的剧增,大学生就业难的问题越来越突出。大学生在择业过程中往往会遇到人生观与社会现实的矛盾,主观愿望与客观现实的矛盾,等等。大学生求职失败给莘莘学子造成很多心理困扰。

1. 怀疑自己的能力,迷失自我

很多大学生尤其是一些优秀的大学生,在他们走过的岁月中,没有遇到过什么挫折,这就使他们的抗挫折能力很弱,感情变得很脆弱。在求职前,大学生们踌躇满志,对前途充满了美好的憧憬,一旦求职失败,他们就觉得自己的人生充满阴影,于是很多人就会对自己的能力和前途产生怀疑,像案例一中的小唐一样,变得焦虑躁动、自暴自弃。

2. 感觉自己怀才不遇

有些大学生求职失败后,不去分析自身存在的不足,从而加以改进,而是过度地埋怨客观原因,例如抱怨用人单位要求苛刻、面试制度不公平,认为自己没有得到公平的对待。这种想法虽然可以满足个体的自尊心,但是对于大学生的健康成长是有害的。

3. 自 卑

大学生自卑感的来源多种多样。当求职失败后,这一经历就强化了先前的自卑心理。他们虽然表面上会表现出目标追求的低指向,但内心却仍然目标很高,于是就把一切忧愁和痛苦都深埋在心底,积郁时间久了,极易出现心理问题。许多大学生的自杀事件都与自卑有着很大的关系。

4. 攻击心理和行为

每年都有新闻报道说,某大学生因为找不到工作而对社会产生仇视心理，继而做出危害社会的恶劣行为。攻击是人类受挫后一种消极的情绪反应和行为方式，一些有破坏性的攻击性行为，其危害是非常大的；但是一些不伤害他人和社会的攻击行为是可以被接受的，例如在互联网上用战争游戏来宣泄情绪。

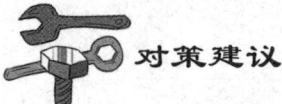对策建议

大多数人在求职过程中都不是一帆风顺的，一蹴而就的就业机会更是少之又少。面对求职的失败，要采取适当的方法，对失衡的心理进行调适。

1. 自我激励法

自我激励法主要指用生活中明智的思想观念来激励自己，同各种不良情绪进行斗争。失败、挫折已经成为过去，要坚信未来是美好的，勇敢地面对下一次机会，尽可能把不可预料的事当成预料之中的，即使遇到意外事件或择业受挫，也应鼓励自己不要惊慌失措，不要冲动、急躁，而是开动脑筋，冷静思考，寻找对策。大学生在择业过程中，要相信自己的实力，通过自我激励，增强自信心，消除自卑感，保持良好的情绪和心态。

2. 注意转移法

注意转移法，即把注意力从消极情绪转移到积极情绪上。当出现不良情绪时，可以采取转移注意力的方法去寻找令自己能够镇定下来的活动。例如：听听音乐，参加体育运动，和同学去逛街，等等，使自己没有时间沉浸在不良情绪反应中，以求得心理平稳。

3. 适度宣泄法

当遇到各种矛盾冲突，引起不良情绪时，应尽早进行调整或适度宣泄，使压抑的心境得到缓解和改善。宣泄的方法包括向你的朋友、师长倾诉忧愁和苦闷，使不良情绪得到疏导。在倾诉烦恼的过程中，可以获得情感支持和理解，获得认识和解决问题的新思路，增强克服困难的信心。

4. 自我安慰法

自我安慰法又称自我慰藉法，关键是自我积极暗示。大学生在择业中常常会遇到挫折，当经过主观努力仍无法改变时，可适当地进行自我安慰，以缓解矛盾冲突，解除焦虑、抑郁、烦恼和失望情绪，这样有助于保持心理稳定。遭遇挫折时，可用"亡羊而补牢，未为迟也""塞翁失马，焉知非福"等话语来进行自我安慰，以摆脱烦恼。

总之,在择业求职过程中,毕业生应提高自我心理调适的自觉性,立足于自身的努力使自己保持一种良好的心态。帮助自己面对现实,排除心理困扰,缓解不必要的心理压力,使自己顺利走向工作岗位。

 安全训练

就业前应做哪些准备?

面对严峻的就业形势和残酷的竞争市场,挑战其实是与机遇并存的。如何面对就业市场的机遇与挑战,培养良好的择业心理,进行充分的就业前准备,是每一名大学生都要认真思考的问题。

1. 正确认识现实的就业形势

俗话说:"好儿女志在四方。"大学生面对现实,首要的任务是对市场经济条件下的就业形势进行理性认识,客观地分析当前的就业形势。目前,大学生在择业过程中普遍存在就高(高收入)不就低(低收入)、就东(东部沿海)不就西(条件艰苦的西部内陆)、就城(大城市)不就乡(乡镇)、就富(经济发达富裕地区)不就穷(老少边穷地区)、就大(大企业、大单位)不就小(小企业)、就公(国有企事业单位)不就私(个体、私营企业,"三资"企业)等"六就六不就"的择业心理趋向,这无疑给自己的"自主"择业增添了难度,影响择业的成功率。大学生在就业过程中应当有长远的目标和方向,把眼前利益和长远利益结合起来考虑问题。切忌因偏重于自己的经济地位、急功近利而耽误自己的前程。

2. 正确评估自身条件,制定合理的目标

择业过程就是择业主体自身的条件与客观要求相适应的过程。大学生在择业之前,必须对自身的条件作出正确的评估,明确自己的条件和目标;只有这样,才能在择业过程中知己知彼,进退有余。

首先,要正确认识自我。认识自我是发展自我的前提和基础。面对社会上形形色色的职业,究竟哪种职业适合自己的个性特征,并能充分发挥自己的才能呢?这就需要大学生对自己有个正确的认识和评价,然后根据自己的生理、心理特点和优势,从所了解的单位和职业中作出正确的选择。不要因为一两次的失败就怀疑自己。也就是说,在就业过程中,我们只有知己知彼,选择能扬长避短的职业,才能有所成功。那种不顾自身素

质和专业特点，依据社会偏见而盲目选择职业的做法，不仅会造成人才浪费，同时也是对自己不负责的行为。

其次，要明确就业方向。所谓就业方向，就是对自己的就业职业类型、就业地点等客观条件有个大致的方向，这样在找工作的时候才不会特别茫然。例如，一个人的梦想是去做一名大学老师，那么，一些公司和企业的面试就可以不去参加，不要让自己疲于奔命，而在真正的机会来临时又不知所措。但是，在确定就业方向的时候，切记一定要符合当时当地的情况，不能好高骛远。

再次，针对即将面临的面试，做一些必要的准备。所有行业的面试，都有一定的面试内容。确定了自己的择业目标后，要根据这一行业的面试内容进行充分的准备，这样才不会在面试中慌了阵脚。

第二节　开展心理咨询

大学生个体正处于从不成熟走向成熟的关键时期，这一特点集中反映在心理活动的各个方面。随着社会的发展，这个群体也紧随时代的脉搏，展现着独特而复杂的心理状态。大学生心理的健康发展，日益得到社会各界的广泛关注。在欧美和亚洲地区，许多大学都十分重视大学生的心理咨询工作，把它视为学校教育的一个重要组成部分。我国大学生心理咨询工作起步于20世纪80年代中期，并在不断发展壮大。

大学生常见心理问题所诱发的共同特征，主要表现为以下几点。

（1）焦虑。因担心达不到预期目标，或生活中受到挫折而紧张不安。常见的有考试焦虑，就业引起的焦虑。

（2）孤独。与社会隔离的孤立的心态，有一部分人是由于社交恐怖症所引起。孤独常常由环境因素刺激与自身性格特征而引发。

（3）抑郁。怀疑自己，认为自己没有存在的价值，被消极悲观的情绪所困扰。

（4）神经衰弱。脑力和体力不足，容易疲劳，工作效率低下，常有头痛等躯体不适感和睡眠障碍，严重影响大学生的生活和学习。

心理学发展至今，形成了许多行之有效的心理咨询方法。主要可以分为行为疗法、认知疗法、人本主义疗法和精神分析这几大类。

下面主要针对大学生常见的心理病态反应及咨询方法进行介绍。

一 焦虑症

【案例一】

小辰，女，某大学物理系一年级学生。她从小到大一直在重点学校就读，各门功课成绩名列前茅，一直担任班级干部，一帆风顺，从不用家长和老师操心。因为物理成绩优秀，曾经获得全国物理竞赛三等奖，于是报读物理系。

本来她对于自己的物理高考成绩很自豪，想不到进入大学的第一次期中考试，普通物理学就没考及格，而很多高考成绩不如自己的同学都考得比她好。从此，她一蹶不振，对集体活动不闻不问，特别害怕学物理，一见与物理有关的东西就头脑空空，思路不清。同时，她在班级人际关系紧张，看不起高考成绩比她差的同学，又认为别人都不关心她，都瞧不起她。晚上睡不着觉，常做噩梦。小辰白天在宿舍里像防贼一样防同学，怕被别人看出她有很多题目不懂，不敢向老师提问，上课竭力集中注意力，但效果不佳；而一回宿舍就想睡觉，但又担心自己一放松就更加追不上同学了，所以强迫自己坚持学习，学习效率很差。渐渐地，不光是普通物理学，连其他科目的功课也不能应付了。她只要一遇到自己不懂的问题，就开始发抖、冒汗，全身肌肉也变得僵硬，难以放松。

（资料来源：王玲《大学生常见心理问题及疏导》）

这是一个典型的学习焦虑案例。学习焦虑是指学生在学习中由于不能达到预期目标或不能克服障碍的威胁，致使自尊心、自信心受挫，或失败感、内疚感增加而形成的一种紧张不安、带有恐惧的情绪状态。人们的焦虑情绪通常有高中低程度的不同，完全没有焦虑的学生，对学习常常缺乏鞭策的压力；中等程度的焦虑则可成为督促学习的动力；而过高的焦虑又会对学习产生不利的影响，使学习成绩下降。

大学生中，像小辰这样的个案非常典型。尤其是在重点大学，许多学生在高中时候的学习成绩都非常优秀，每个人都认为自己是佼佼者。结果，在人才济济的象牙塔中，唯我独尊的时代一去不复返，自己不再是出众的学生了。由于一些学生在自我认知、人际关系、承受挫折、自我调节方面缺乏有关的能力，加上以前的自我感觉良好，往往会产生一些心理问题，如焦虑、忌妒、孤独和攻击性，不能及时调整自己、适应环境。如果不加以疏导和治疗，个别学生会进一步发展为严重的心理障碍，影响他们的正常学业与素质的全面提高。

那么，焦虑症患者有什么心理特点？怎样判断自己是不是患了焦虑症呢？

焦虑自评量表（SAS）

下面有20条文字，请仔细阅读每一条，把意思弄明白，然后根据您最近一星期的实际感觉，根据感觉出现的频率，在右侧适当的数字上打一个"√"。

题 目	没有或很少有	有时有	大部分时间有	绝大部分时间有
1. 我觉得比平常容易紧张或着急	1	2	3	4
2. 我无缘无故地感到害怕	1	2	3	4
3. 我容易心里烦乱或觉得惊恐	1	2	3	4
4. 我觉得我可能将要发疯	1	2	3	4
5. 我觉得一切都很好，不会发生不幸	4	3	2	1
6. 我手脚发抖打颤	1	2	3	4
7. 我因为头痛、颈痛和背痛而苦恼	1	2	3	4
8. 我感觉容易衰弱和疲乏	1	2	3	4
9. 我心平气和，并且容易安静地坐着	4	3	2	1
10. 我觉得心跳得很快	1	2	3	4
11. 我因为一阵阵头晕而苦恼	1	2	3	4
12. 我有时觉得要晕倒似的	1	2	3	4
13. 我吸气呼气都感到很容易	4	3	2	1
14. 我的手脚麻木和刺痛	1	2	3	4
15. 我因为胃痛和消化不良而苦恼	1	2	3	4
16. 我常常要小便	1	2	3	4
17. 我的手脚常常是干燥温暖的	4	3	2	1
18. 我脸红发热	1	2	3	4
19. 我容易入睡并且一夜睡得很好	4	3	2	1
20. 我做噩梦	1	2	3	4

SAS 的主要统计指标为总分。将 20 个项目的得分相加，即得粗分；用粗分乘以 1.25 以后取整数部分，就得到标准分。Zung 根据美国受试者的测评结果，规定 SAS 的标准分 50 分作为焦虑症状分界值。

 对策建议

扼制焦虑的万能公式就是：看清焦虑，分析自我，采取行动。为了克服学习焦虑，可以从以下几点做起。

（1）看清焦虑。冷静分析造成学习焦虑的原因，决不能采取回避现实的态度放任焦虑的发展。无论哪种心理问题，都或多或少与个体的认知有着千丝万缕的联系。只有自己在认知方面找出产生焦虑的根源，才能彻底地摆脱焦虑。而焦虑的产生，往往来源于个体的不合理的认知。在上述案例中，小辰因为一次普通物理没有考好，就认为自己笨，不能学好物理，这就是一种错误的认知。关于个体错误认知方面的调整方法，可以采用合理情绪疗法，这一疗法将在安全训练中作详细介绍。

（2）分析自我。正确认识和评价自己的能力，不能因为某次考试失败而对自己下否定的结论，应该对自己的能力有一个客观、准确的评价。不能把学习名次看得过重，学习的任务是丰富自己的知识，如果掌握了知识，即使名次不够靠前，也不必气馁，圆满完成学业，使自己在大学阶段德、智、体全面发展，就是一个大学生学习上的成功。

（3）采取行动。对自己和学习有了正确的认知观念后，就要采取行动，增强自信和毅力，调整和适应大学阶段的学习方法和学习方式，不怕困难和失败，保持情绪的稳定，适应大学的学习生活。

 安全训练

合理情绪疗法

20 世纪 60 年代，在心理咨询领域中最引人注目的一个进步便是认知咨询的崛起，其中合理情绪疗法（简称 RET）占有非常重要的位置。这是美国心理学家艾利斯（A. Ellis）在 50 年代创立的，后经不断完善，成为一种很有影响的心理咨询方法。

合理情绪疗法是认知疗法的一种。认知疗法普遍认为：心里痛苦在很大程度上是认知过程发生机能障碍的结果，改变认知就可以消除不良情绪和行为。艾利斯提出了 RET 的基本理论——ABC 理论。这一理论认为情绪不是由某一诱发性事件本身所引起的，而是由经历了这一事件的个体对这一事件的解释和评价所引起的。

ABC 来自三个英文单词的字首。A（Activiting events）指诱发性事件，B（Belief system）指个体的信念、观念系统，C（Consequences）指个体的情绪或行为的反应或结果。人们通常以为是事件 A 引起了结果 C，例如，甲今天变得沉默寡言、无精打采（C），那是因为他和同学网球比赛时输了（A）。但艾利斯不这样看，他认为只有 B——人们对事件 A 的看法与解释背后的信念及观念——才是导致 C 产生的直接原因。甲情绪不好的直接原因并不是输球本身，而是对输球的认识。他可能觉得自己在同学面前输了球，真没面子，同学会因此而瞧不起他。这些想法的背后是这样一种观念：我决不能输球，否则，我就是个毫无能力的人。正是这种观念使他产生了情绪障碍。

人们总结了不合理信念的特征，主要包括以下 3 方面。

（1）绝对化的要求，即从自己的意愿出发，认为某事一定会发生或一定不会发生。而一旦出现背离这种意愿的结果，持有这种信念的人就会受不了，从而产生情绪上和行为上的障碍。这种绝对化的要求反映了他不合理、走极端的思维方式。例如："我必须得考高分。"

（2）过分概括化，即以某件具体事件、某一言行对自己进行整体的评价。例如：自己在某一件事情上办得不好，未获得成功，就认为自己一无是处，而不会从多角度、全方位地去看问题。

（3）糟糕至极论，即如果某件不好的事情一旦发生，其结果必然非常可怕，糟糕至极，是灾难性的。这种思维方式导致焦虑、悲观、压抑和犹豫等不良情绪。将一件事情的负面结果夸大到极点，反映了个体极端的不合理的思维方式。例如："英语四级过不去，我就完了。"

二　恐怖症

小吴从小性格孤僻，没有伙伴，甚至和弟弟也不接触，当时并不觉得这是什么缺陷。上初中以后，她看到其他女同学经常来往在男女同学之间又说又笑，十分开心，自己对她们既羡慕又忌妒，自己为什么做不到呢？她自己虽然个性孤僻，但是内心里却喜欢与人交往。可是，她自己又做不到，同学们和她很少交往，因此她内心矛盾重重。

到了高中阶段，这种内心矛盾冲突更加强烈，每天独来独往十分痛苦。到了高三她几乎不怎么去上课，自己在家看书还能看下去，一到学校就心烦意乱看不进去书。由于过去学习基础好，所以考大学时没有落榜，她考上了专科。

入大学以后，她又产生了一种自卑感，总感到自己不如别人，怕同学耻笑，有时不敢去上课，不敢与同学往来，怕与别人的视线相对说自己不正经，不敢住集体宿舍，不敢去食堂打饭，上课不敢抬头听老师讲课。在自己的家也不敢去凉台晒衣服，夏天不管天气多么热，在室内总是挂窗帘。她在家里经常照镜子，反复表演出自己认为最佳的表情和风度。

（资料来源：樊富珉《大学生心理咨询案例集》）

这是一个典型的社交恐怖症案例。社交恐怖症是恐怖症中最主要的一种，多发病于少年，男女性别没有差异。主要表现为对人际交往感到紧张和害怕，害怕被人审视，因而避免和其他人打交道，回避社交情景。他们拒绝参加各类聚会，也回避所有的公共场所，如：餐厅（对坐吃饭）、车厢（面对面就坐）和电影院等，尤其回避与别人面对面谈话，并以害怕接触异性最多见。社交恐怖症重者回避一切社交场合，除紧张焦虑外，还有面红、心慌、出汗、震颤、恶心和行为笨拙等表现，患者多数有自卑心理，害怕别人议论自己。

产生恐怖症的原因，大致包括以下两个方面。

（1）先天性格特征。恐怖症患者性格偏向于幼稚、胆小、内向、孤僻和敏感。从上面案例中我们可以看出，小吴从小性格就孤僻，甚至都不与自己的弟弟玩，这也为她以后发病埋下了种子。在以后的生活中，家庭和学校没有对其加以正确的引导，最后导致了社交恐怖症。

（2）患者在首次发病前受到心理刺激。一些患者在发病前，就具有了易感的性格特征，这是易发恐怖症的心理基础。在发病前又受到严重的心理刺激，使这种神经症性心理问题彻底爆发出来。例如，某人遇到车祸，就对乘车产生恐惧。

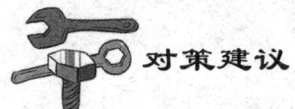
对策建议

目前，国内对恐怖症的治疗方法主要有以下5种。

（1）催眠疗法。精神分析师将其催眠，挖掘其心灵或记忆深处的东西，看其是否经历过某种窘迫的事件，试图寻找到其发病的根源。这种疗法时间长，花费也比较大。

（2）冲击疗法。让恐怖症患者站在车水马龙的大街上，或者让他站在自己很惧怕的异性面前，利用巨大的心理刺激进行强迫治疗。

（3）情景治疗。让恐怖症患者在一个假想的空间里，不断地模拟发生社交恐怖症的场景，不断练习重复发生症状的情节，同时不断地鼓励他面对这种场面，让其从假想中适应这种产生焦虑紧张的环境。

（4）认知疗法。这是一种不断灌输观念的治疗方法。咨询师不断地告诉患者，这种恐惧是非正常的，让患者正确认识人与人交往的程序，教他们一些与人交往的方法。

（5）药物疗法。这是目前被认为是最有效的治疗方法。主要是认为发病原因系体内某种化学物质的失调所致，所以运用药物调节平衡身体失衡的化学物质。

恐怖症的治疗主要采取行为治疗和药物治疗。行为治疗是最重要的手段，常采用系统脱敏法和暴露疗法；药物治疗主要是为了尽快减轻症状，以增加患者继续治疗的信心，但是不能改变患者的回避行为，两者合用，方可取得较好的效果。

 安全训练

(一) 系统脱敏法

系统脱敏法主要是诱导患者缓慢地暴露在能够导致神经症焦虑和恐惧的情境,并通过心理的放松状态来对抗这种焦虑、恐惧情绪,从而达到消除焦虑或恐惧的目的。

系统脱敏法的步骤如下。

(1) 学习放松技巧。主要是让患者靠在沙发上,全身各部位处于舒适状态。咨询师用轻、柔、愉快的声调引导患者依次练习放松前臂、头面部、颈部、肩、背、胸、腹及下肢,重点强调面部肌肉放松。每次20~30分钟,每日一次。一般6~8次即可学会。

(2) 建立焦虑和恐怖等级。把引起焦虑或恐怖的事件或者情境按从小到大排序,每一级刺激,应小到能被放松训练所排解的程度。

(3) 实施系统脱敏。首先让患者想象最低等级的刺激事件或情境,当他确实感到有些焦虑恐惧时,令其停止想象,并用放松训练来缓解这种情绪。直到想象这种程度的刺激不再感到焦虑紧张为止。

(二) 认识冲击疗法

冲击疗法是暴露疗法之一,让患者持续一段时间暴露在现实的或想象的唤起强烈焦虑或恐惧的刺激情境中,而不采取任何缓解恐惧的行为,让恐惧自行降低。

冲击疗法的步骤如下。

(1) 筛选确定治疗对象。冲击疗法是一种较为剧烈的治疗方法,求助者的身体素质很重要,必须排除以下情况:①严重心血管病,如高血压、冠心病等;②中枢神经系统疾病,如脑瘤、癫痫、脑血管病等;③严重的呼吸系统疾病,如支气管哮喘等;④内分泌疾患,如甲状腺疾病等;⑤老人、儿童、孕妇及各种原因所致的身体虚弱者;⑥各种精神病性障碍。

(2) 签订治疗协议。向求助者介绍治疗原理、过程和可能出现的情况。

(3) 治疗准备工作。主要包括刺激物的选择和治疗场所的选定。

(4) 实施冲击治疗。求助者治疗前应正常进食,最好排空大小便,穿戴简单。咨询师迅猛呈现刺激物,对求助者出现的回避行为应劝说并制止。其情绪反应要求超过以往任何一次焦虑紧张的程度,力求达到极限,即以情绪的逆转为标志。求助者显得精疲力竭,对刺激物视而不见、听而不闻,此时便可停止呈现刺激物。

冲击疗法一般实施2～4次,每日1次或者间日1次。

三　抑郁症

　　杨京,男,20岁,某理工大学二年级学生。他来自一个普通的家庭。上高中以前,身心状况一直良好,性格开朗,上进心、学习欲望都很强,和同学关系也不错,成绩一直名列前茅。上高中后,他曾经和班长发生过争执,而班长是班主任的侄子,所以认为班主任对待自己的态度和方式都相当不公平,开始郁郁寡欢。起初他怨恨班长和班主任,后来就怀疑是不是自己很讨人厌,大家都孤立自己,于是人际关系变得很差了。父母在此期间也没有好好地开导,而是对他严加训斥。这期间,他心情非常苦闷,但又无处诉说,精神上受到了极度压抑。到了高三,杨京感到身心疲惫到了极点,经常失眠、做噩梦。早上早早醒来,可是很难起床,心情极其郁闷,曾经想过自杀。

　　考上大学后,由于性格比较孤僻、多疑,他在适应大学生活的过程中遇到了很大的困难。首先是无法参与集体活动,经常为小事与同学吵架,生活自理能力很差,学习成绩很差。一年下来,有三门功课重修。他心情很压抑,不想说话,烦躁不安,总是觉得很累,无法积极地投入学习;说话时面无表情、面容憔悴、双目无神、语速很慢。

(资料来源:王玲《大学生常见心理问题及疏导》)

 案例评析

大学生活并不都是一帆风顺的,很多人会经历学业失败、他人的误解、失去心爱的人或其他各种痛苦,这时的人都会体验到悲伤、痛苦甚至绝望。通常,由这些明确事实引起的抑郁和悲伤是正常和短暂的,有的甚至有利于个体的成长。但是,有些人的抑郁症状并没有十分明确、合理的外部诱因,他们的抑郁状态持续得很久,远远超过了一般人对这些事情的反应,而且抑郁状态日趋恶化,严重影响了学习、工作和生活。案例中的杨京,其抑郁症状很明显,如果不及时发现和调整,后果将会很严重。

抑郁症与一般的"不高兴"有着本质区别。它有明显的特征,综合起来有三大主要症状。

一是情绪低落或悲伤。抑郁症患者总是高兴不起来,经常感到忧愁伤感甚至悲观绝望,对任何事情都不感兴趣,情绪低落。这些症状通常有晨轻暮重的特点。

二是思维迟缓。患者自觉脑子不好使,记不住事,思考问题困难,觉得脑子空空的、变笨了。

三是运动抑制。表现为不爱活动,浑身发懒,走路缓慢,言语减少等。严重的可能不吃不动,生活不能自理。

抑郁症的产生没有明确的致病因素,在没有任何诱发事件或疾病的情况下抑郁症也可以发作,所以,抑郁症往往是生理、心理和社会因素共同作用的结果。一般认为,生理因素构成了发病因素或倾向,心理和社会因素起到"触发媒介"的作用。

(1)生理因素。科学研究表明,当一个人中枢神经系统的5-羟色胺和去甲肾上腺素这两种神经递质之间不平衡,就可以导致抑郁症或焦虑症。研究表明,遗传因素对抑郁症的发病起着重要的作用,但这种遗传并不一定是直接遗传了致病基因,而是遗传了多个与抑郁相关的基因或易感素质。

(2)心理因素。个体的心理素质不同,对事件的认知、评价、态度和体验就不相同,情绪反应和应对的方式也不同。抑郁症患者,往往本身就具有抑郁的色彩。他们比较悲观,自信心弱,有不良的思维模式,性格内向、敏感、脆弱。

(3) 社会因素。心理疾患的产生除了受生物学因素影响外，还有时代变化与社会转型的影响。这包括家庭、工作、人际关系和社会文化等诸多方面因素。具体分析起来，原因大致有两方面：一是竞争所带来的压力与冲突；二是个体的现代观念与传统文化的冲突。

对策建议

抑郁症的心理治疗方法如下。

（1）支持性心理治疗。支持性心理治疗集中在对患者进行劝解、疏导、安慰、解释、鼓励、保证和具体的行为指导上。咨询师帮助患者认识到事情并不是他所想象的那样糟糕，给患者以心理上的支持。

（2）降低目标，缓解自身压力。抑郁症与个体的成就动机有关。个体对成功有过高的期望，而且在对成功的追求过程中精力充沛，却无法逃避失败时，就会感到绝望、希望破灭。所以，减轻患者的思想包袱，让他们懂得去欣赏自己，发现自己的优点，也是一种非常好的办法。

（3）积极的生活。有计划地做些能够获得快乐和自信的活动，尤其在周末，譬如打扫房间、听音乐、逛街等。另外，生活正常规律化也很重要。尽量按时吃饭，起居有规律，每天安排一段时间进行体育锻炼。

（4）参加体育运动。参加体育锻炼可以改善人的精神状态，提高植物神经系统的功能。不同的运动形式可以帮助人们减少压力，放松心情，减轻抑郁情绪，有益于人的精神健康。

（5）进行积极治疗。一旦患上抑郁症，并且已经有了自杀倾向，就要积极到正规医院的心理科治疗。药物治疗和心理治疗合并使用才是最有效的办法。

安全训练

青年大学生的突出特点是情绪丰富，情感热烈而又易变。大学生在学习生活中不可避免地会碰到一些情绪危机，这对大学生的身心健康会产生许多不良影响。那么，在面对情绪危机时，大学生如何调节自己的情绪，保持良好的心境呢？

1. 加强修养法

人的情绪除了受外界客观因素的影响，还受个人思想修养的影响。胸怀狭窄、斤斤计较的人，易疑神疑鬼、患得患失，经常处于抑郁愁闷的情绪之中；反之，心胸豁达、志向高远的人，能做到宽容待人，不为名利所困扰，即使在困难和不利的条件下，也能保持乐观、愉快和朝气蓬勃的心境。因此，青年大学生要保持乐观的情绪，就要加强修养、放眼未来，做一个能够高瞻远瞩的人。

2. 知足常乐法

研究表明，期望与现实的相符程度，对一个人的情绪有重要影响。要保持乐观的情绪，对自己和他人的期望就要适宜、适中，不可苛求。否则，脱离实际，期望越大，失望就越大。

3. 奋斗常乐法

心理研究告诉我们，满足是一种快乐，追求也是一种快乐。尽量使自己保持忙碌状态，求知求业的奋斗之乐，也能冲淡和抵消其他方面的不乐。

4. 合理认识法

任何事物都有合理、有利的一面，也有不合理、不利的一面。要有"塞翁失马，焉知非福"的心态，才能冷静对待生活中的挫折。面对生活中日益激烈的竞争，要保持良好的心态：与卓越竞争而不是与人竞争，进步才是最大的胜利；与自己较量而不是与别人较量，战胜自己才是最大的赢家。

5. 精神发泄法

当心中有了烦恼或怨气、怒气之后，可以直接或间接地宣泄出来，以达到心理平衡。宣泄的方法很多，可以去从事一些自己喜欢的活动，也可以找人倾诉。

6. 转移注意法

当人的情绪烦闷或激动时，可以强迫自己把注意力转移到别的事情上去，如看电影、逛街、打球等活动。在这些活动中，会使不良情绪得到缓解。

7. 自我疏导法

采用自我暗示或其他一些特殊的方法，来控制不良情绪。如利用数数、绕舌、深呼吸等方法，来缓解临场前的紧张情绪。

四 神经衰弱

案例警示

小张,男,某大学一年级学生。因对学习感到吃力,故延长学习时间,但是又容易疲劳,学习时间稍长就哈欠连天昏头涨脑,分心,眼花,嗜睡。注意力很难集中,学习兴趣明显下降,记忆力也大不如前。他经常觉得乏累,无精打采,做什么都感到有心无力。平时经常失眠,入睡困难,每晚躺在床上要两三个小时方能入睡,多梦,睡后极易惊醒,轻微响声都不能忍受。曾两次换寝室,但仍然不能解决失眠问题。他试图和寝室的同学协商,也得不到支持和理解,所以觉得同学们都不关心他,内心感到很孤独,易被激怒,好急躁、冲动,情绪不稳。

(资料来源:贵州民族学院大学生心理健康协会)

案例评析

小张存在典型的神经衰弱症。该生初到一个新的学习和生活环境,不大适应,感觉有无形的压力存在,而且学习任务繁多,长时间过度学习,不注意用脑卫生,因此导致神经衰弱。

神经衰弱是一种最常见的心理疾病,是指由于身心过度疲劳而引起的中枢神经系统刺激性障碍。神经衰弱的常见症状为:

(1) 精神容易兴奋和疲劳,经常感到疲乏,注意力不集中,记忆力不佳;

(2) 对刺激尤其是声、光刺激过度敏感,易激怒甚至暴怒;

(3) 有睡眠障碍,白天思睡,夜间难眠,多梦易醒,醒后再难入睡,次日早晨感到疲倦;

(4) 心境不佳,疑病和焦虑;伴有神经功能紊乱,表现为头痛、头昏、胸闷、气短、心悸、多汗、厌食、尿频及腹胀等。

产生神经衰弱的原因如下。

(1) 先天性格方面的原因。神经衰弱的当事人通常偏向于胆怯、自信心不足、敏感、依赖性强。也有的人争强好胜,任性,难以自制。这种性格的人，长期处于精神刺激或者处境不利时，相对于拥有健康人格的人，特别容易引起神经衰弱。

（2）精神方面的原因。凡是能引起持续的紧张心情和长期的内心矛盾的一些因素，使神经活动过程强烈而持久地处于紧张状态，超过神经系统张力的耐受限度，即可发生神经衰弱，例如：经历了高考落榜、人际紧张和失恋等负性事件。这些负性事件所产生的精神压力超过个体所能承受的范围，就容易产生神经衰弱。

对策建议

临床经验表明，对神经衰弱采取心理疗法、药物疗法、体育锻炼等综合措施，坚持治疗可获得较好的疗效。

（1）情绪宣泄。神经衰弱患者无论在身体上，还是在心理上，都有许多痛苦和烦恼。把这种无助、焦虑的情绪宣泄出来，释放压抑在内心的负面情绪，有助于缓解神经衰弱。

（2）启发诱导，改变不合理的认知。与其他心理问题一样，神经衰弱患者也有着许多不合理的认知模式，尤其随着身心问题的不断突出，心情会更加烦躁，难免会对周围的人和事产生歪曲的理解，这又加重了神经衰弱的病情。所以，神经衰弱患者还应该主动找出不合理的想法，为自己减压。

（3）积极参加体育锻炼。可以练太极拳、气功或听音乐，以调节神经和精神状态，改善情绪，提高神经系统的灵活性，有助于治疗神经衰弱。

除了心理治疗和体育锻炼，药物（特别是中药）也是治疗神经衰弱的重要手段。多种方法结合使用，可以很好地治疗神经衰弱。

安全训练

拥抱快乐

《家庭科学报》报道了美国舒勒博士推出的永远快乐的8条秘诀。

（1）承认弱点。"金无足赤，人无完人"，要承认自己的弱点，乐意

接受别人的建议和忠告。

（2）吸取教训。面对失败和挫折，应该从中吸取教训，勇往直前。

（3）有正义感。在生活中诚实和富有正义感，朋友们就会乐意帮助你。

（4）能屈能伸。我们对待人生的态度都应该是泰然处之，有错就改。

（5）乐于助人。帮助别人，与别人关系融洽，自然就会受人尊敬。

（6）宽恕之心。自己受到不公平待遇时，必须宽恕和同情他人。

（7）坚守信念。当你做任何事情时，都必须坚守个人的信念。

（8）心境开朗。

只要牢记并做到以上各条，快乐就会永驻心间。

第十章
求职安全

近两年来,打开各类报纸、网站,大学生在求职过程中被骗的事件屡屡映入我们的眼帘。一些不法分子将缺少社会经验、求职心切和防范意识较差的学生作为诈骗对象,从而使大学生求职的不安全事件呈现上升趋势。许多大学毕业生在求职时缺乏求职安全意识,尤其容易忽视一些细节问题,从而使自己的合法利益受到侵害。大学生在求职中被骗,不仅让大学生的权益得不到保障,还使他们的心理严重受挫,甚至威胁到其生命财产安全。因此,大学生要谨防求职过程中的各种陷阱,避免上当受骗。这除了需要依靠社会力量和法制健全以外,还需要大学生增强自身的防范意识,提高警惕,及时认清诈骗分子的惯用伎俩,达到自我保护的目的。

第一节 识别黑心中介

案例警示

【案例一】

某高校大一学生小孙和小李,从校园里捡到一张传单,上面写着某创业兼职中介公司免费为同学介绍工作,两人便前往这家公司寻找兼职机会。不料,中介公司要他们交50元"入会费"成为会员,否则就不给介绍工作。两人想尽快兼职赚钱,便同意了。

交钱后,小孙多次打电话给代理人,希望能提供发传单、海报的兼职机会;对方称传单类业务刚被他人承包走,让他们再等一段时间。

之后,小孙坚持打电话给中介公司联系人咨询兼职事宜。直到11月下旬,该公司才答应让他们前去"培训"。没想到这家中介公司竟然找了一个室内装饰公司"培训"他们,该装饰公司让小孙、小李做他们的校园代理。"装饰公司"说,如果他们想在学校推销什么商品,就告诉小孙、小李,由"装饰公司"提供货源,给小孙、小李提成。小孙觉得该公司不可靠,便给中介公司打电话,对方仍然说等有了相关工作再跟他们联系。12月底,小孙给中介公司打电话,却发现电话无法接通了,至今仍没有找到人。

据小孙反映,他的很多同学也通过各种中介公司报名申请兼职工作,但交钱后大部分公司没有给他们提供工作。小孙表示,希望广大同学尤其是大一新生慎重选择兼职中介,防止上当受骗。

(资料来源:网易新闻网2007-04-10)

【案例二】

许多市民反映,在深圳市南山区有多家"黑中介",他们先将一些求职者骗进公司做业务员,要求交400元、500元不等的押金,再给业务员"洗脑",灌输一些骗人理念,然后让业务员上街骗人。记者为了深入调查,应聘进公司做业务员,目睹了中介公司招聘业务员连环骗人的内幕。

记者混进位于南新路2033号的深圳某信息咨询有限公司。做完登记,接连交了200元钱后,被带到另一间办公室。一男子交待了一些工作职责后,让记者4日来上班。

12月4日上午7时许,记者来到公司,随即被安排跟着一名白衣男子"实习",熟悉市场。记者同一些人坐上面包车,驶向登良路。在车上,黑衣主管不时开窗向路边派发招聘传单的年轻男女打招呼调侃。

由于登良路上工业区较多,公司一路上设了多个点招揽业务。记者也被主管派到登良路一个路段"实习"。一旁的老员工训导记者,做这行要勤快,传单发得勤、搭讪搭得勤,即使只有一线希望都要费尽口舌将他

（她）拉到公司来。"我们只负责将他们拉到公司。至于进去了怎么样，就不用管，有人会招待的，多少都会交点钱。我们的工资就从他交给公司的钱里提：5000元以下提18%，5000元以上提20%，10000元以上提22%。也就是说，他交得越多你赚得就越多。"

记者看到手中的宣传单上密密麻麻地写满了各种招工信息，其中不乏一些大型企业。"真可以把人送进这些公司吗？"记者问。"我们跟求职者都要说可以，不然谁会把钱送给你啊。"一名老业务员说。

在发传单时，记者结识了穿着一身休闲服的小李。他怀揣宣传单，老练地盯着过往人群，不时凑到行人旁热情地介绍工作。"你猜我什么文凭？"看着这张略带稚气的脸，记者摇头。"我连初中都没毕业，没想到吧？别以为大学生了不起，大学生都是傻子，一点社会经验都没有，好骗得很。"小李一脸不屑，"我之前就带过几个南昌大学的，刚毕业，什么都不懂，你说什么他都信。也不用脑子想想，这路边拉人招聘的会是真的吗？大学的书都白读了！""我前段时间拉了个女孩进公司，她很相信我，交了750元，口袋都掏空了，最后是一毛一毛地凑齐的。"回忆曾经的"业绩"，小李颇有些"自得"。而在这种"自得"背后，是我们的大学生被骗的惨痛经历。

（资料来源：河北人才网 2009-08-04）

【案例三】

一名记者的调查实录记载道：近日，我来到××大厦609室。房间门口，两名学生模样的人正在等待应聘。我跟着两名应聘者一起走进房间发现，办公室内仅有两张桌子、一个茶几和几把椅子，墙壁上没有营业执照和工商税务登记证。一名穿白色西服的男子"热情"地问拿着钱的小伙子："你的证件都带来了吧？"看了复印件，让小伙子交30元钱押金，随后给小伙子开了一张介绍工作的条子。小伙子离开后，"白西服"问我想应聘什么岗位。我谎称应聘办公文员，询问所需条件。"白西服"只问我会不会用电脑办公软件，没有提及学历、工作经验等问题，就介绍起工资待遇："试用期每月700元，加上100元至300元不等的奖金。转正后，工资会更高。每天工作8个小时。"随后让我交身份证复印件、两张照片和100元的保证金。

（资料来源：河南教育网 2006-11-06）

 **案例评析**

无论是在校就读的大学生寻找兼职,还是即将毕业的大学生找工作,都会在求职的道路上遇到许多挫折。其中,最让大学生无奈的,便是那些黑心的中介机构。一些非法的、不规范的中介机构利用大学生急于求职的心理,以"急招"为幌子引诱学生前来报名登记,并绞尽脑汁想出各种理由,向大学生收取如中介费等一系列费用。一旦将这些钱骗到手,便采取各种方式蒙骗学生:或者将登记的学生搁置一边,不及时地为大学生们找到合适的工作;或者将一些没人干的工作介绍给大学生,让大学生自己提出不干;或者找几个做"托"的单位让学生前去联系,其实只是做个样子。这样折腾几次,让学生最终没有精力再与其纠缠下去,不再找中介公司,中介费等费用也算是白交。这些非法的中介公司就赚取黑心的中介费。更有甚者,有些非法中介公司竟然打一枪换一个地方,求职者交钱后连影子也找不着了。

这些非法中介机构通常都是采取先收费后中介的手段。他们要求大学生一次性交纳中介费等费用50~500元不等,然后再给大学生介绍工作。这些服务往往都是一次性的,且中介有时还会和聘方唱"双簧戏"。而聘方对大学生严责苛求,当大学生对工作感到不满意再回头找中介时,他们就不再为大学生服务了。据调查,这样的黑心中介一般具有如下特征:

(1)没有营业执照或营业执照过期;
(2)没有固定的办公场所;
(3)非中介机构,有时也在经营其他项目时兼做中介。

那么,骗人的中介公司是怎样做到掩人耳目,周旋在用人单位、求职者和社会各种监察机构之间的呢?

首先,招聘信息从何而来?是否真如中介公司所说,与招聘单位是良好的合作伙伴?是不是这些中介公司送人入厂都能成功?

一名在黑心中介公司做安置员的男子透露,其实黑心中介公司与那些招聘用人的公司一点也不熟悉。黑心中介公司的人通过报纸等渠道收集到招聘信息后,通过电话询问招聘情况和面试时间,随后,就带领交了中介费的求职者去面试。如果面试后不被录取,就拖更长的时间。他介绍说,黑心中介公司要求其业务员在街头拉求职者时,必须称公司与招工的公司是非常好的合作伙伴，只要交中介费，就可以满足求职者的要求。而事实上，面试的成功主要是靠求职者自身的条件，安置人员因与企业也不熟，起不到任何作用。所以，大学生在求职时，切记不要贪图便利而上了黑心中介公司的当。

其次，细心的人如果去工商部门查这些黑心中介公司的注册记录，可以发现在工商注册登记系统上并没有他们的任何登记注册资料。很明显，这些都是非法中介机构，黑心中介公司就是采用不注册的方式，来逃避工商部门的监管。

再次，招工企业的无奈。这些非法中介公司拿着很多知名企业的招聘信息，谎称这些知名企业与该中介公司是合作单位，该中介公司会定期给知名企业输送求职人员。但是与这些知名企业和招工单位联系就会发现，根本就不是那么回事。而且一般大型企业的招聘都是免费的，一些知名企业明确表示，公司从不委托中介公司招人，同时也提醒大学生等求职者不要上当受骗。

黑心中介如此猖獗，其原因究竟何在呢？

首先，也是最主要的原因，就是大学生缺乏安全防范意识，警惕性不够，这给黑心中介以可乘之机。尤其是大学生在急于找到工作的情况下，缺少社会阅历和经验的大学生特别容易轻信黑心中介的花言巧语，从而导致屡屡受骗上当。

其次，学校对大学生的自我保护教育还很不够。这种教育主要集中在新生入学时，此后，大学生就只能从学长那里知道一些学习和生活中将会遇到的挫折和自我保护办法，而很多大学生没有这样的学习机会，于是就只能在一次次血淋淋的教训中增加经验。大学校园的管理也不够完善，特别是对校园内张贴的广告缺乏有效的监督管理措施。而且，由于学校组织的勤工助学就业岗位较少，不能满足那么多学生兼职就业的需要，因此大学生不得不去求助于中介机构寻找兼职。

第三，在社会方面，非常缺少以大学生为服务对象的规范的兼职就业信息发布平台，为大学生提供社会实践的兼职就业岗位的企业与需要得到就业机会的大学生之间缺少沟通的渠道，导致一些不法分子就乘虚而入，从中牟取暴利。

最后，我国法律不够健全。大学生与中介机构之间的关系不是劳动关系，只是合同关系，目前尚没有强有力的法律依据来控告中介，因此，劳动监管部门对大学生兼职受骗也爱莫能助。

对策建议

鉴于以往的经验教训，有关部门提醒大学生：在求职时一定要擦亮眼睛，警惕"黑中介"，切莫因求职心切而急掏口袋。大学生在找工作、觅兼职的时候，要特别注意以下几个问题。

（1）大学生通过中介机构找兼职，一定要看清其证件是否齐全。要看中介机构有没有劳动部门颁发的"职业介绍许可证"，工商部门颁发的营业执照，物价部门颁发的收费许可证并将收费项目和收费标准进行明示。

（2）不要轻易支付任何形式的费用。根据《劳动法》的规定，大学生通过中介机构寻找兼职，中介机构只有在提供并促成聘用的情况下，才能收取费用；如果没有促成，按《合同法》规定，只能收取电话费等实际发生的费用。

（3）在签订合同或协议时，大学生要给自己"留后路"，明确权利义务关系，对方要有合法的公章。大学生要避免掉进陷阱里。

（4）大学生发现被骗后，要向有关部门举报，学会维权。根据现行法规，在校生利用业余时间勤工助学，不视为就业，未建立劳动关系，不签订劳动合同，也不受《劳动法》约束。不过，作为劳动者还是受到其他相应法律的保护的。一旦权益受到损害，可以向有关部门投诉举报，必要时立即报警。

安全训练

认清黑心中介的真面目

当你走在路上，突然有人和你搭讪，说能帮你进大公司工作时，你不妨冷静地想一想，难道是天上掉馅饼了吗？千万别上当，这些人很有可能就是"黑中介"的业务员。他们一般采用发传单、贴广告、搭讪等方式，以推荐好工作为名引你上钩，把你骗至他们的职介所，收取所谓的押金、保证金、中介费后，原来承诺的"好工作"自然是没有着落了。而当你

发觉上当时，也休想再要回一分钱。有鉴于此，我们有必要了解"黑中介"的惯用伎俩，才能避免上当受骗。这些黑心中介机构经常使用以下几种"妙招"蒙骗求职者。

1. 广告漫天撒，诱你来上钩

让人看着心动的诚聘广告是"黑中介"骗钱陷阱的第一环。为了让更多的人上钩，骗子们在大街小巷到处张贴小广告，让那些急于找工作的人防不胜防。你可能在不少路段发现，许多电线杆上、树干上、桥墩上、墙上、公交车站牌上、灯箱广告上，都贴有"诚聘简章""招工信息"等小广告。从小广告的招聘内容上看，所招聘的岗位大多是办公文员、话务员、保安、押运员、宣传员、仓管员和市内送货员等，承诺的待遇比同行要高出许多。一旦你为这样的广告所吸引，就要提高警惕性，注意观察是不是"黑中介"了。

2. 笑脸来相迎，趁机骗押金

这是"黑中介"牵住求职者的关键一环。大多数求职者在不经意间被套住后，开始一次次向外掏钱。骗子们常用的招数是，笑脸迎客，热情接待，不在乎你的学历和工作经验，你想应聘什么岗位都会答应你，岂料这是"温柔陷阱"，接下来就该要钱了……

3. 利用签合同，骗你保险费

这一步也是骗子们惯用的招数。很多调查发现，骗子们经常说："不办保险，没办法签劳动合同。"他们是为求职者着想，是保护求职者合法权益不受侵害吗？不是，他们是利用这样的花言巧语骗走"保险费"。许多求职者眼见工作有了着落，对方又郑重地跟求职者签了合同，就毫不犹豫地交了"保险费"。"保险费"少则一两百元，多则一两千元。钱交了，对方往往以发票用完了或发票在总公司等为借口，不给求职者留下任何收据。

4. 安排你工作，来回"踢皮球"

这是让众多上当者清醒的一环。交了保险费，签了合同，本以为可以顺顺当当得到想要的工作，可以开始上班了，不料却被招聘单位推来推去。这个领导说让去找那个领导，那个领导又把求职者推向别处，到头来求职者工作没着落，中介费、保险金等也打了水漂。

5. 听说来要钱，当即就翻脸

这是骗子们惯用的耍赖招数。求职者发现上当后，纷纷找中介公司要求退钱,这时候中介公司就会使出浑身解数,软硬兼施,让求职者有口难言。有个被骗的求职者向中介要钱,中介回答说:"我们为你找了这么多家公司,上上下下打点都要花钱,你还好意思要这钱。"中介这么解释,倒好像求职者没有道理了。这位求职者不甘心,一次又一次地跟中介要求退钱,最后中介公司里的人都跟他熟悉了,就干脆很直接地告诉他:"不错,我们是骗你的。那些招聘单位都和我们一样,也是中介。"由于大多数求职者没有收据,所以也拿这些耍赖的"黑中介"没有办法,最终只能自认倒霉。

6. 劳动部门:伸手要钱的都是非法的

我国有关条例规定,凡是向求职者收取费用的招工单位,都是非法招工。根据《劳动力市场管理规定》,招聘用人单位禁止有下列行为:一是提供虚假招聘信息;二是招用无合法证件的人员;三是向求职者收取招聘费用;四是向被录用人员收取保证金或抵押金;五是扣押被录用人员的身份证等证件;六是以招用人员为名牟取不正当利益或进行其他违法活动。

《劳动力市场管理规定》要求,职业介绍机构应当在服务场所明示合法证照、批准证书、服务项目、收费标准、监督机关名称和监督电话等。禁止职业介绍机构向求职者提供虚假信息,以暴力、胁迫和欺诈等方式,牟取不正当利益或进行其他违法活动。所以,大学生求职者一定要擦亮自己的眼睛,及时识别"黑中介"的真面目,用法律手段来保护自己。

第二节　规避就业陷阱

当前,随着我国劳动力人口的不断增加,国内就业形势日益严峻。广大毕业生为了能早日找到一份满意的工作,通过各种方法和途径收集需求信息,发布个人简历,踊跃应聘,这是积极的就业态度。然而,由于各种类型毕业生的就业市场、人才招聘活动比较频繁,各种招聘信息鱼龙混杂,因此给不法分子以可乘之机。尤其在大学毕业生即将离校的日子,一些还未确定工作单位的毕业生此时容易紧张和迷惘,也更容易在难以辨别真假的用人信息中迷失自己。一些不法分子采取各种手段,欺诈毕业生及其家庭的钱财,甚至对毕业生本人的人身安全构成威胁。为维护自己的合法权益,大学生在就业过程中,一定要提高就业安全意识和自我防范能力,冷静对待各种诱惑,多作一些理性的思考,除了要警惕一些不法用人单位精心设置的求职陷阱外,还应多从自身出发,调整求职心态,规避就业路上因浮躁而产生的陷阱,不让违法犯罪分子有机可乘。

一　警惕网络骗局

眼下,网络已经成为大学生求职的一个重要平台,求职者可以在网上搜寻招聘信息,也可以将自己的个人简介挂到网上供用人单位挑选。这无疑为莘莘学子提供了便捷的就业信息与渠道。但是,在享受便利的同时,网站的安全性也着实令人担忧!

案例警示

【案例一】

　　某高校女生小陈在"前途无忧网"上发布了自己的个人信息。没过几天,她接到了一个自称为重庆某公司用人单位的电话,希望能够了解小陈的基本情况,随后询问了家庭电话。虽然小陈感到有些奇怪,但出于对工作的渴望,还是告诉了对方。

　　不料,小陈很快就接到了家里的电话。母亲语气焦急地问她:"孩子,你在哪儿?怎么你的老师说你出车祸了,要我寄几千块钱过去?这是怎么回事?"小陈丈二和尚摸不着头脑:"没有啊!我好好的呀!是谁给你打电话的?"一查电话号码,竟是自称重庆某公司的那个号码。虽然没有被骗成,但也着实让人捏了一把汗。

　　与小陈相比,福州某高校的大学生小李就没有那么幸运了。她把自己的求职简历挂到一家人才招聘网上,上面除了个人情况、求职意向外,还有她的手机号码等联系方式。第二天,一个自称广告公司负责人的男子打来电话,说在网上看见她的求职简历,在详细地询问了她的有关情况后,要求她留下家庭电话,以便通过父母作进一步的了解。结果,小李的父母很快接到了女儿"出事"的电话,并被骗走了8万元。

(资料来源:中国教育新闻网 2007-05-15)

【案例二】

2008年8月4日,四川男子李某轻信网上一则招聘信息,竟辞掉工作乘飞机来桂林,要应聘年薪20万元的"销售总监",不料被骗去电脑和手机。所幸的是,桂林警方早已在此"守株待兔",当场抓住了骗子。

李某原本是成都市某家具公司的一名高级管理人员。不久前,他在网上看到"广东东莞市某家具有限公司"发布的一则招聘广告,说公司要在桂林办一家分厂,急招一名驻桂林的销售总监,年薪20万~25万元。李某怦然心动,立即打电话与一名自称"刘总"的人联系。"刘总"要求他写一份营销策划书,然后存进手提电脑,并带上它来桂林面谈。李某唯恐受骗,还上网查看了该公司的网站,发现网站设计得不错,像是一家正规的公司。于是,他辞掉了原来的工作,带着资料赴桂林应聘。

李某乘飞机来到桂林。下机后,他接到"刘总"的电话,约他在桂林民航大厦附近见面。李某赶到民航大厦后,"刘总"又打来电话说因有急事,只能派公司的"小唐"过去接他。不一会儿,"小唐"开着一辆女式摩托车赶来,叫李某把笔记本电脑放在车子的踏板上。随后,"刘总"又拨打李某的手机,请他叫"小唐"接电话。于是,他就把手机给了"小唐"。"小唐"接过手机后将一个公文袋从摩托车上丢下去,叫李某下车帮助捡一下。待李某下车去捡时,"小唐"即驾车迅速逃走。

"螳螂捕蝉,黄雀在后",骗子的一举一动早就在桂林警方的掌握之中。"小唐"驾车逃出不远,就被"守株待兔"的民警逮个正着。不久,幕后的"刘总"也被警方抓获。

此前,他们以类似的手段将一名上海人诓到桂林后骗财,桂林警方已立案侦查。目前,两人已被警方刑事拘留。

(资料来源:广西新闻网2008-08-13)

【案例三】

一个从安徽来泉州找工作的祝先生,到网上求职;但他没有找到"伯乐",自己的家人却差点儿被骗钱,老父亲也吓出了心脏病。

祝先生是安徽人,一个月前来泉州找工作。他在网上留下真实的电话和姓名。两个小时后,就有一个手机号码为131338879**的人打过来,自称是厦门某港资公司人事部的工作人员,通知祝先生在当天下午2点到厦门面试，还让祝先生留下安徽老家的电话。

之后，祝先生到车站搭上前往厦门的车。在候车时，又一个手机号码为139798653＊＊的人给他打来电话。此人自称是泉州某武警中队的，说祝先生的手机信号与正被追捕的毒贩手机信号互相干扰，影响他们办案，命令祝先生立即关机4小时。

在关机一个小时后，祝先生的哥哥给祝先生的一位朋友打来电话说，家里刚接到一个陌生的电话，打电话者说他弟弟出了车祸，人在泉州市第一人民医院，急需5000元医疗费，要他们赶紧将钱汇到指定的账号上。祝先生的老父亲听说儿子出事，当场吓出心脏病来。祝先生立刻拨打了上述那两个号码。"根本打不通，全都关机。"祝先生恍然大悟，"原来这些人是一伙的，联合起来诈骗。"

（资料来源：阿里巴巴商人论坛2007-06-11）

已经工作多年的李某和祝先生，尚且没有识破网络骗子的阴谋；如果我们在校的大学生遇到这样的情况，结果就更难以想象了。

案例评析

对许多大学生来说，利用网络求职，可以在最大限度节约人力、物力的情况下"海投"简历，让求职成功的可能性无限延伸。在找工作越来越困难的今天，急于融入社会的学子，满怀憧憬地期待着能够找到一份适合自己且待遇优厚的工作，但也更加焦虑和急躁，这让不法分子有了更多的"空隙"可钻。

互联网具有快速、即时、匿名以及跨地区、无国界等特点，加上专用链接技术、镜像技术等，不法分子利用企业招人的幌子，不仅方便寻找上当的"肥羊"，更降低了被戳穿的风险，而且网上犯罪的证据被发现后很容易被毁灭，调查难、取证难、查处难，给警方的调查取证带来了极大难度。

网上求职遭遇的骗局多种多样。有些公司声称要"考验"求职者的水平，要求求职者为他们翻译文件或者设计策划，等到求职者辛辛苦苦地交了卷，他们却说已经招到了合适的人，把求职者当做免费劳动力来利用；还有一些民办学校在网络上打出广告，宣称只要参加他们开办的就业培训班，毕业后包分配好工作，但许多大学生在交纳了高额的培训费和学费后，却发现上课没有什么实际内容，最后分配的工作都在一些小型私人企业里，而非广告上承诺的"稳定""高薪"工作。

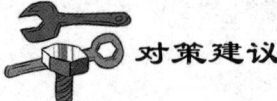对策建议

怎样提高大学生网上求职的"安全系数"呢？

首先，在网上求职是风险与机遇并存的，大学生在找工作时切忌急功近利，一定要保持冷静的头脑，尽量详细地了解招聘单位的实际情况，比如直接将目标公司名称通过百度搜索，查询该公司的法人资格和经营许可证等。

其次，要留心观察招聘单位在招聘时是否写明单位全称、具体经营项目及归属哪个部门管理等。如果有条件的话，还可以到招聘单位所在地的税务、工商等部门查询其是否为正规单位。通过对招聘单位是否有逃漏税或欠费等现象的调查，可以看出该单位的信誉度。

再次，加强网络安全管理。网站在加强对求职者个人信息保密的同时，也要注意审核广告，不可不加核实而随意接收企业广告。

最后，学校的有关部门要对学生做好安全教育，增强大学生的自我保护意识。

总之，只有在大学生个人、学校和社会等各方面的共同努力下，才能避免大学生落入求职网络骗局。

安全训练

网络求职须知

网络求职是一把"双刃剑"，既有方便快捷的优势，也有欺骗和陷阱的危险。如何趋利避害，顺利获得自己满意的工作呢？在上网求职时，至少应做到以下几点。

1. 选择正规合法的专业网站

正规、合法的求职网站是指经过有关部门审核、批准和注册的网站，一般在求职网站上都有特定的标志。选择正规合法的求职网站，可以确保信息来源的可靠性。另外，正规的网站不会将你注册的个人资料泄露给第

三方，减少了不法分子借求职者个人资料作案的机会。

2. 时刻保持警惕性

即使是正规的、经过审核批准的招聘网站所提供的职位信息，任何人也不能保证百分之百的可信度。这时，就需要大学生注意甄别真伪。对于一些可疑的招聘电话，要及时与学校、老师和家长沟通，增强安全意识，不能掉以轻心、疏忽大意。

3. 一旦上当受骗，要敢于用法律来保护自己

有些大学生受骗以后，觉得损失不大，可以承担得起，就自认倒霉，不去揭发不法分子的行为。孰不知，这是对诈骗者的纵容，也是求职网络骗局越来越猖獗的原因之一。大学生要有强烈的社会责任感，敢于维护自己的权益，用法律来保护自己，维护社会秩序。

4. 注意识破网络骗局

经调查，求职网络骗局大致有以下几种。

（1）假借培训，向求职者要钱。外语专业的李小姐通过一家招聘网站应聘某公司，该公司表示她的条件比较适合，但需要对她进行职业培训，要求她寄200元购买该公司的培训教材。在她把钱寄给该公司以后，该公司就再也没有跟她联系过。这是典型的打着职业培训的幌子骗取求职者钱财的例子。

（2）低劣培训，收取高额培训费，却不能安排上岗。韩小姐通过一家招聘网站应聘某计算机学校的会计职位。该学校以职业培训为名，向她收了800元的培训费，但等她培训结束后，该学校却以她条件不够为由叫她走人，培训费根本就不退。与（1）中的骗局相比，该骗局更具有欺骗性。

（3）"烟幕弹"信息，浪费求职者宝贵时间。现在的招聘网站上存在过时信息、垃圾信息甚至虚假信息。这些信息有些是招聘单位一种独特的广告宣传方式，如果求职者相信这些"信息"，不仅得不到职位，还会白白浪费宝贵的时间。

（4）诱你发送信用卡号、银行账号及社会保险账号。常常有网上"雇主"以招聘为名，要求求职者把自己的信用卡号、银行账号、社会保险账号、身份证或者身份证复印件发送给他们。这些本来属于个人机密的信息一旦落到那些别有用心的人手里，后果可想而知。

（5）以考查工作能力为名，让求职者徒劳"工作"。张某是外语专业

的研究生,通过招聘网站应聘一家公司。该公司以考查他的翻译能力为由,发送一些英语材料让他翻译,但是翻译了几次之后,仍未得到该公司录用的通知。最后,张某终于明白了,该公司只是让他为他们免费翻译英语技术材料,根本不招人。

二 识破合同陷阱

案例警示

【案例一】

　　李某是某高校 2007 届毕业生。毕业前夕,她和其他同学一样,应聘,面试,选择用人单位,签订就业协议和劳动合同……李某说:"当时,同时有两家单位都有意向和我签约:一家工资待遇较高,但发展潜力不是很大;另一家恰恰相反。"她在两家用人单位之间徘徊不定,权衡再三。李某来自农村,家中还有一个弟弟在上中学,她自己上学已用完了家中大部分积蓄,最终李某选择了工资待遇好的前一家单位。毕业后,李某与单位签订了一份正式的劳动合同。

　　在试用期间,李某因无意触犯了公司的规章制度,而遭到所在部门主管的严厉批评。此后,李某总觉得很压抑,缺少了应有的工作热情。她也怀着对另一个单位的留恋,这种心态影响到了现在的工作。出于对自己和公司的负责,李某认真考虑后决定辞职。

　　"我向公司递交了辞职报告后,公司同意了我的辞职请求,但同时提出按照合同我必须支付给公司违约金。"公司索要的违约金数额庞大。出于谨慎,李某咨询了有关部门,并获知劳动者在试用期内可以随时通知用人单位解除劳动合同,而无须承担违约责任。最终,李某运用自身了解的法律知识,与用人单位协商并达成一致,避免了经济损失。

（资料来源:中国校园网 2009-05-14）

【案例二】

　　小于 2005 年毕业后进入一家门诊部做 B 超医士。当时该单位以毕业生缺乏经验为由，不与她签订正式合约，只能以试用名义留下。小于无法享受正式合同工待遇，工资也以津贴名义每月只给500元。小于认真工作，从不请假，加班时没有加班费也忍了，只希望尽快"转正"。半年后，门诊部总算和她签订合同，但只签了半年。2006年6月底合同到期，单位没有再和她续约。据悉，门诊部又看上了新一届毕业的大学生。

（资料来源：搜狐教育网2006-07-26）

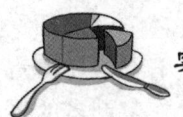

案例评析

与用人单位签订合同意味着求职已成功了一半。但在签合同时一定要小心谨慎，否则合同就会变成对自己极具杀伤力的"武器"。案例中的李某正是理解了合同和合同法，才成功地维护了自己的正当权益。

对于案例二中的小于，有关专家介绍，根据《上海市劳动合同条例》的规定：签订劳动合同期满一年以上才有最多三个月的试用期，而且必须包括在劳动合同期内。签订半年合同只能有一个月试用期。企业擅自延长规定的试用期都属无效。小于前半年在该企业工作，没有签订合同，却以所谓"试用期"工作，这属于企业的"霸王条款"，不符合上海市劳动合同条例的规定。小于前半年在该企业的工作属于事实用工。津贴500元也低于本市最低工资收入。因此，小于可要求原单位给予改正和补偿。如果单位不答应，则可以提请人事劳动部门进行仲裁。

那么，大学生在签订合同时，经常会遇到哪些"合同陷阱"呢？下面介绍5种给大家，以供参考。

1. 口头合同

一些用人单位与求职者就责任、权利和利益达成口头约定，并不签订书面正式文本。一些求职心切、诚朴老实的大学毕业生极易相信用人单位种种"许诺"。其实，这种口头"合同"是最靠不住的，一有"风吹草动"，这些口头许诺根本不起任何作用。

2. 格式合同

用人单位按照国家有关法律规定和劳动部门制定的合同示范文本，事先打印好聘用合同。从表面上看，这种合同似乎无可挑剔，实际上其具体条款表述含糊甚至有多种解释，一旦发生劳务纠纷，用人单位总会按照"合同"为自己辩护，最终吃亏的还是应聘者。

3. 单方合同

一些用人单位利用应聘者求职心切的心理，只约定应聘方有哪些义务，违反约定要承担怎样的责任，毁约要交纳违约金等，而关于应聘者的权利几乎一字不提。如果签订这样的合同，无疑是将自己送上"案板"，任用人单位来"宰割"。

4. 生死合同

一些危险行业用人单位为逃避应该承担的责任，常常在签订合同时，要求应聘者接受合同的"生死协议"：一旦发生意外，企业不承担任何责任。如果签订这种合同，真的发生意外后，恐怕交涉起来会有更多的麻烦。

5. "两张皮"合同

有些用人单位慑于有关部门的监督检查，往往与应聘者签订两份合同：一份合同用来应付劳动部门的检查；另一份合同才是双方真正履行的合同，而这份合同是不能暴露在阳光之下的。遇到这种情况，应聘者一定要当心，认真对比两份合同的异同，防止陷入仅有利于用人单位而侵犯自己合法权益的合同陷阱。

合同是维护双方合法权益的武器。大学生一旦掉进合同陷阱，合法权益便得不到有效的保障。因此，在签订合同时，一定要睁大眼睛，看清楚再签。

对策建议

劳动合同直接关系到大学生的切身利益，因此，大学生在签订劳动合同时，务必慎重小心，以免在将来引起不必要的麻烦。

首先，一定要仔细阅读关于相关岗位的工作说明书、岗位责任制、劳动纪律、工资支付规定、绩效考核制度、劳动合同管理细则和有关规章制度及附件。因为，这些文件会涉及受雇者多方面的权益，具有法律约束力。当劳动合同涉及数字时，应采用汉字数字大写。

其次，劳动合同至少一式两份，双方各执一份，要妥善保管。如果单位事先起草了劳动合同文本，要求签字时，一定要慎重。求职者要仔细推敲文本，发现条款表述不清、概念模糊时，及时要求单位进行说明并修订。

再次，为稳妥起见，在签订劳动合同前，也可以向劳动事务咨询部门或有关法律事务所进行咨询，以利于提高劳动合同的保险系数。

最后，签订合同别忽视聘用合同细节。对于劳动合同的签订要格外小心，千万不要忽视"工作内容"和"劳动保护和劳动条件"（包括工作时间）这两项。此外，"劳动报酬""违反劳动合同的责任""劳动合同终止的条件"等条款也要写入合同。大多数毕业生就业时了解得最清楚的是应聘公司的背景（包括公司规模和公司经营范围和公司性质等）以及自己的工作岗位和工作职责，而对于公司福利（包括奖金制度、休假问题等）却不甚了解，或者不能逐一了解。对于大学生来说，这都是不利的。

总之，毕业生在应聘前一定要了解相关劳动法规和相关政策，提高自己的求职素质和独立思考能力，重视合同中的细节部分，合理维护自己的正当权益。

安全训练

懂法、守法、用法——远离合同陷阱

大学毕业生一定要多储备一些劳动法方面的基本知识，防范就业纠纷，避免受到伤害。

（1）首先要明确就业协议和劳动合同两者的区别。前者是大学生和用人单位在签订劳动合同前，双方确定就业意向和权益的依据，具有民事合同的性质。后者是劳动者与用人单位确立劳动关系，明确双方权利和义务的协议，受《劳动法》约束。劳动合同应当以书面形式订立，并应具备7个方面的条款。订立劳动合同后，就业协议就自动终止了，但并非原来的协议条款都无效了。就业协议中的有关条款，包括合同期、服务期和试用期等合法内容，应当作为签订劳动合同的依据。

（2）签订就业协议时要对用人单位进行全面了解，认真审查协议书和补充协议的内容，首先要审查协议内容是否合法，其次审查双方权利和义务是否合理。

（3）《劳动法》第二十一条规定："劳动合同可以约定试用期。试用期最长不得超过六个月。"在试用期内，劳动者享有"无理由走人权"：依照《劳动法》第三十二条规定，劳动者在试用期内只要"通知"单位就可以解除劳动合同，无须提供任何理由，不用支付违约金，并且有权得到相应的工资。同时，单位享有"有理由退工权"：依照《劳动法》第二十五条规定，在试用期内，用人单位必须有证据证明劳动者不符合录用条件时，方可单方面解除劳动合同。即用人单位承担的是完全的举证责任，无权随意辞退劳动者。这些都是关系到大学生就业、择业的重要内容，对于这样的条款，大学生必须熟记于心。

总之，签约是一件慎重的事情。毕业生在求职时必须清楚，所有的口头承诺都是无效的，也不可能完全兑现。一定要按照要求与用人单位签订就业协议或合同，把双方口头商谈的内容全部写进协议，签约前还应反复检查，保证协议内容无歧义和遗漏。在签约之前多向学校老师或有经验的人取经，多问自己几个"为什么"，要敢于向用人单位提问，认真了解情况，充分论证后再签约。必要时，毕业生还应该勇敢地拿起法律的武器，维护自己的合法权益。

三　远离传销陷阱

 案例警示

【案例一】

杨某是某院校2006届毕业生，求职简历投出去上百份都石沉大海，杳无音讯。正当他被就业压力困扰之时，得知毕业于太原市某院校的昔日好友刘某已经在大连找到了一份高薪工作，内心很是羡慕，于是，他与刘某取得联系。刘某在电话中谎称自己生病，正需人照顾，顺便帮杨某找工作，将其骗到大连。

求职心切的杨某兴冲冲地来"投奔"同学，不料一下火车就被刘某等人监控起来，杨某方知受骗。刘某等人没收了杨某随身携带的所有物品，并将其带到一间数十人挤居的屋内。接下来的二十多天，杨某不断地被传销组织者"洗脑"轰炸，灌输"一夜暴富""善意的谎言"等思想。昔日的同学已经彻底走火入魔，不断鼓动杨某给父母打电话要钱。为了尽

早脱离虎口,杨某违心地给父母打电话,要求汇给他1.5万元钱用于找工作。几天后,父母凑齐了钱汇入杨某卡上。

杨某在刘某的监视陪同下从银行取出款后,刘某就开始巧言令色,要替杨某"保管"这笔钱,并随手抽出几百元钱给杨某当零用钱。早就渴望逃离传销组织的杨某,借机对刘某说要打电话通知家人已收到汇款,向刘某要回自己的手机,并趁其不备迅速钻进一条小巷,打车直奔火车站,登上了返回太原的列车。

(资料来源:深圳劳动合同法网2009-04-13)

【案例二】

李某毕业于某重点大学,找工作时在网上看到某地一家食品加工企业招聘营销经理,对应聘者所学专业、工作经验等都没有要求,只需要大专以上文凭,而薪水竟是每月8000元。李某喜出望外,当即把求职简历投了过去,很快便收到了"录用"通知,告诉他随时可以去上班,并请他带点现金过去,以便安排生活等事宜。到公司上班没几天,李某的身份证就被收走,并缴纳了8000元的新聘用员工"培训费"。参加培训那天,李某才发现自己落入了传销陷阱。

(资料来源:中安在线网2009-06-28)

案例评析

随着大学扩招,毕业生越来越多,大学生求职更加困难。面对如此激烈的就业竞争环境,一旦就业机会出现,很多大学生就急于抓住。传销组织便利用大学生的这一心理及其社会阅历浅、思想单纯、缺乏思辨能力的弱点,以"高薪回报"为幌子,打着"培养精英人才"的旗号,大肆鼓吹"锻炼人""轻易赚大钱""一夜暴富不是神话",再通过强大的心理攻势和严密的组织控制,逐步将大学生"俘虏"。一起起大学生非法传销案,为我们敲响了警钟。

经过对类似案例进行综合分析,非法传销组织针对大中专毕业生的诱骗手段还有"网上恋人""共同创业"等,不一而足。这些手段看似高明,令人防不胜防,但究其实质,不过是"利诱""色诱"。大学生只要保持清醒的头脑,不好高骛远,就一定能识破传销者的阴谋。

复旦大学保卫处的专家指出，大学生被骗去传销主要有两方面原因。

其一是社会阅历少，思想单纯，容易感情用事，加上自我防范意识差，客观上给了传销组织行骗的机会。对于"初相识的朋友"，不少学生缺少刨根问底的习惯，在不辨是非的情况下，甚至在助人为乐的思想下上当受骗。

其二是当前大学生就业压力增大，就业形势严峻，不少大学生找不到合适的工作，有的即使找到了工作，其所获收入也往往达不到预期值，因此求职心切，求高薪心切。传销组织假借招聘名义，打着"高收入""好工作""高回报"等幌子将大学生骗入传销陷阱。

 对策建议

保护大学生，抵制传销，需要各方面的共同努力。

首先，要求进一步加强高校校园安全管理和学生管理，防止传销向高校学生渗透。各高校要加强学生思想教育，引导学生充分认清传销活动的本质及其危害，提高自我保护和求救报警主动性。要加强对大学生就业、实习等的组织指导工作，完善大学生管理制度，防止大学生误入传销组织。对极少数不服从教育管理、多次参加传销活动或在传销活动中起重要作用的学生，要按照学生管理规章制度，给予必要的纪律处分。

其次，大中专毕业生包括普通待业人员在求职过程中，要摒弃好高骛远的心态，拒绝"好运从天而降"的诱惑，同时注意甄别招聘信息的真实性，以免陷入传销陷阱。

第三，大学生一旦误入传销组织，感觉所接受的培训内容跟从业技巧毫不相干时，则应及时退出，并用法律来保护自己。

 安全训练

大学生只有从内心深处树立起正确的择业观和价值观，才能避免落入传销陷阱。除此之外，大学生应该怎样识破传销骗局，保护自己呢？

（1）要防止被传销组织迷惑，增强识别能力。传销团伙经常宣称自己是直销。其实，传销和直销最大的区别在于组织结构不同：直销是指商品从生产者直接销到消费者手中，没有通过其他中间层；而传销的主要特

点是"拉人头"。

（2）学会辨别传销组织的主要诱骗伎俩，坚决拒绝传销诱惑。以下几种是其惯用招数，大学生一定要擦亮双眼，看清其本质用心：请君入瓮，"让你最信任的人欺骗你"；精神鸦片，"你也能当百万富翁"；本来面目，"骗钱没商量"；双重枷锁，人身控制和暴力威胁。

（3）在找工作或加盟、创业的过程中，大学生最好对自己即将就业的公司、加盟的项目进行严格考察，包括公司是否有合法的营业执照、正规的办公场所等，多听父母和老师的意见，切忌偏听偏信。

（4）大学生在应聘时最好将详细行程告诉老师或亲友，不要轻易将有效证件和通信工具交由他人管理。万一发现自己落入传销骗局，应在保证人身安全的前提下，抓住机会向当地工商部门、公安机关投诉求救。

四 认清高薪诱惑

案例警示

9月6日，一名女大学生被"高薪招聘"骗来后差点吃亏，于是联合被冒名公司将该男子诱出，并将其擒获后扭送派出所。

据这名李姓女子介绍，8月中旬，她在一家招聘网站上看到某大型电子厂招聘秘书，待遇优厚，要求"女大学生，相貌端正"。李某看到后动了心，于是向招聘方提供的邮箱里发了求职简历。几天后，招聘方就给她打来了电话："出来见面聊聊吧！"对方只在电话里说了这么一句话。禁不住好工作的诱惑，李某就如约去会面了。不料，一名自称人事部经理的年轻男子开口根本不问她业务，一直谈的都是男女的情事，"性""爱"等字眼一直挂在嘴边。李某见对方不地道，拔腿走了。但是，以后的几天里，那名男子经常给李某打电话，以招聘的名义约她见面。

感到很恼火的李某上网查询男子所在招聘公司的信息，她发现在这家公司里并没有一个这么年轻的人事部经理。于是，女孩迅速与这家公司取得联系，并约招聘男子出来见面。就这样，女孩与公司将涉嫌欺诈的招聘男子擒住送到了派出所。

（资料来源：青岛信息港网 2008-09-08）

 案例评析

这是较为常见的求职陷阱,以街头小广告和虚假短信形式为主,受骗者大多是外地打工者和涉世未深的学生。不法分子在广告上许以高薪,当你前去面试时会让你支付保证金、抵押金和服装费等,然后让你回去等通知。当然,这个等待将会遥遥无期。更有甚者,求职者前去面试时被扣押证件,施以暴力,被迫从事色情行业或被拐卖等事件也时有发生。高薪陷阱通常结合以下方法共同使用:

一是说培训,为骗钱。一些招聘单位条件诱人:不收任何抵押金,带薪培训。但上岗后却要求求职者购买本公司产品,提出"象征性"地收取费用。

二是到外地,再打劫。一些大学生通过网络或其他形式在外地发现了待遇优厚的工作,经过与对方联络后,前往对方企业所在地面试。结果,前来接站的人常常会以借用电话或其他事由骗取求职者的财物,更有甚者将求职者带到偏僻的地方直接行抢。

三是一份钱,多份活。一些私人企业在招聘时写明一种岗位,上岗工作时一个人却要干几份活,而工资只开一份。比如,某杂志社在招聘的时候名曰招聘文字总监,结果上岗后这个文字总监既要采访写稿,又要编辑版面;既要拉广告业务,又要送杂志搞发行,却只有文字总监一份工资,而且工资也比当初承诺的要少得多。高薪只是幌子,让你多干活才是真正的目的。

 对策建议

对于高薪陷阱,毕业生自己必须清醒认识才能免受侵害。

(1)要充分认清就业形势,准确定位,掌握就业技巧,树立正确的就业观,以最好的状态积极参与竞争。同学之间也要团结友爱,提倡信息共享,避免同学之间不正当竞争。

(2)找工作之前要给自己的脑子里上根弦,不要盲目追求高薪而忽视自身安全。看到"高薪"字眼,首先要掂量一下自己,然后再摸清对方的背景。凡学历要求过低而薪酬却很高的工作,表面上看能得到丰厚的

薪水，实际上却暗藏祸心。

（3）求职不能心切，要对自己的职业生涯发展脉络有个清晰的构想。心切便会失去判断是非的能力，而且会让一些人找到借机骗财的机会。这些骗子以各种名义收取应聘者的费用后便人去楼空。

（4）毕业生在个人联系求职时一定要擦亮眼睛，对于一些利用租用的场地作为应聘地点的公司，不要把自己的毕业证、身份证和押金等轻易交给对方，避免落入圈套。凡是要求收取押金、体检费和服装费等，或者不让去公司洽谈而约在某个地方见面的，肯定有问题。这些费用有些确实存在，但按规定均应由用人单位承担。国家明令禁止在招聘过程中以任何名义收取费用，包括培训费等。因此，凡要求缴纳费用的，都应该警惕。

安全训练

大学毕业生择业时如何防止受骗？

1. 正确选择择业渠道

（1）参加政府人事部门、劳动部门或高校举办的正规人才招聘会。这样的招聘会，招聘单位一般都是较正式的机构和厂矿、企事业单位。大学生在供需见面会上双向选择，这才是主渠道，不要轻率地自找门路。

（2）如果要到中介机构求职，一定要核准中介机构的营业执照、信誉等资质条件；国家已在职业介绍领域实行许可制度，从事职业介绍业务必须经劳动保障部门批准，领取职业介绍许可证。营利性的职业介绍机构还须报工商部门登记。

（3）网上求职应该登陆的网站是政府人事、劳动部门举办的，或者正规的企业及专业人才网站。网络、报刊等公共媒体上的招聘信息，一定要先经多方核实，不应盲目上门应聘。有条件的可以亲自登门，不妨拉上家人或者朋友同学一起去看看，实地考察和核实用人单位的信息，以防孤身一人落单。还可以通过当地工商行政管理部门等查询单位是否合法及其资质情况。这样除了防止受骗外，还便于在和用人单位签订合同时，使自己更加主动，防止以后发生一些民事纠纷。

（4）不盲目接受陌生人的用工信息和要求；不轻信各种用工启事、电话信息；不轻信贴在电线杆、车站牌、偏僻角落、街头路边的各类非法小广告或口头招聘广告；对于标榜高薪、没有明确单位地址、只有联系电话和联系人的招工广告，要敬而远之。

（5）毕业生接到用人单位（尤其是陌生单位）或个人招聘电话后，应与学校就业指导中心联系，并要求用人单位经过学校就业指导中心确认。对未经联系而主动打进寝室的招聘电话要非常警惕，对敏感地区来的招聘信息要加倍小心谨慎；对只留联系手机号码，而以各种理由搪塞或拒不提供固定电话号码的招聘信息，不要轻信；对无正当理由只招女生，甚至规定不准同学或家人护送去面试的招聘信息，女生千万要小心；如有来学校招聘的单位广告，一定要看清是否有学校就业指导中心审核并加盖的公章。

2. 个人资料加强保密，慎递简历

（1）毕业生制作个人简历时，不要轻易填写过于翔实的个人信息。例如，不要将自己的家庭详细地址、联系电话写进求职简历，一般提供手机号码和电子邮件即可。

（2）大学生对个人信息应加强自我保护，尤其是在网络上。现在不少高校通过设置个人电子文档为毕业生提供就业服务，以方便用人单位获取第一手资料。另外，为方便学生"推销"自己，一些学校还在其网站上增加了可投递个人简历信息的网页。因此大学生对自己的一些个人信息要作必要的保留，因为不少网站存在信息保护不力的问题，容易出现违法招聘。

（3）不要采取"天女散花"的求职方式。如果将个人信息和家庭信息随意发布，被不法分子得到，他们把简历进行分类，然后提供给职业中介、婚姻中介、假证制造者、短信服务商、广告商们，那么，接下来的骚扰就源源不断了。

3. 维护自己的权益，慎重抵押

大学生在求职时，如遇见用人单位要求抵押证件，或是交押金、保证金、服装费和培训费等财物时，应坚决予以拒绝。《劳动合同法》规定，用人单位招用劳动者时，不得扣押居民身份证和其他证件，不得以担保金、押金等名义收取财物。违反者将由劳动行政部门责令限期退还证件，并依法给予处罚。同时，《居民身份证法》也规定，除公安机关在少数法定情形下可以扣押身份证之外，任何组织或个人不得扣押居民身份证。

五 "试用期"陷阱

案例警示

某高校大学毕业生小王去应聘某房地产中介公司的会计，招聘广告上标明月薪1500元。经过简单面试后，小王被录取了。但当她去报到时，却被告知按照公司的规定，所有员工必须在一线锻炼一段时间，熟悉整个公司的运作流程后方可回到本职岗位。到了月底，小王为公司赚得租赁中介费1100余元，但公司还是以"不能胜任工作"为由，解除了劳动关系，并只发给她500元基本工资。

（资料来源：辽宁某高校就业指导中心"如雪生活网"2010-01-30）

案例评析

赚取廉价劳动力陷阱，又称为试用期或实习期陷阱，其实质就是借试用期榨取廉价劳动力。据了解，利用试用期骗取廉价劳动力主要有两种形式：一种是试用期结束后以各种理由告诉求职者是不合格的，公司解聘也是无奈之举；另一种就是无故延长试用期。

在上述案例中，名为招聘会计，实则招聘业务员。新人永远会因为莫须有的"试用期不合格"而遭辞退，种种"注水"招聘让求职者深受其害。"注水"招聘虽然隐蔽，但往往有很多破绽：

（1）招聘信息过于简单，岗位职责和应聘条件不明确；

（2）面试极为草率，面试官似乎对你的专业和能力不感兴趣；

（3）刚面试完即被告知录用，但却迟迟不签劳动合同；被录用的职位与原先应聘的职位不符，对方还会提出种种不合理要求；

（4）双方口头或书面约定的合同中有明显的不公平条款。求职者应该学会分辨形形色色的假招聘，保护自己的合法权益。

在进入试用期前，要多了解相关政策和规定。大学生应多向老师和已经就业的学兄学姐取经，尽可能多地了解相关企业的信息，防患于未然。即使在试用期间遇到了这种情况，也不要忍让退缩，要以相关的法律法规为武器，保护自己的正当权益。

 对策建议

大学生遭遇就业陷阱的根源

无论哪种就业陷阱，都有一个共同点：就是用人者其实根本不想安排就业，而是利用毕业生求职心切、经验不足的特点，通过各种手段榨取他们的钱财和劳动力。那么，出现这种现象的根源是什么呢？只有弄清原因，才能帮助大学生规避就业陷阱。

（1）我国法制不够健全，有时候对上当受骗的大学生也爱莫能助。所以，健全法制是惩治不法个体、保护大学生的必由之路。

（2）目前人才市场对招聘单位的监管存在一些漏洞。按规定，一家单位进入人才市场招聘，需要出具营业执照、招聘人员身份证和单位介绍信等，但大多数人才市场都无法对营业执照的真伪作出有效的鉴定。一些业内人士不无担忧地说，大学生缺乏足够的社会阅历和经验，如果仅靠主观印象去辨别招聘单位的真假，难免上当受骗。所以，人才市场也应该肩负起保护大学生、监察招聘单位的责任。

（3）大学生社会经验不足，分辨能力差。大学生长期生活在"象牙塔"之中，涉世不深，阅历不多，相对单纯，容易上当受骗，而社会上的人际关系相当复杂，很多求职的大学生稍不留神就容易上当受骗。

（4）大学生维权意识淡薄。大学生在上当受骗后的自我保护行为实在不容乐观。根据调查，遭遇就业陷阱后，近五成大学生选择忍气吞声，这无形中助长了黑心中介或骗子的嚣张气焰。

 安全训练

加强大学生职业生涯规划教育

所谓职业生涯规划，是指个人发展与组织发展相结合，对决定一个人职业生涯的主客观因素进行分析、总结和测定，确定一个人的事业奋斗目标，并选择实现这一事业目标的职业，编制相应的工作、教育和培训的行

动计划，对每一步骤的时间、顺序和方向作出合理的安排。

一个毕业生，只有树立了个人阶段性的或长远的人生目标，他才会对自己的才能、特长和爱好有充分的估计和定位，才会根据自己的情况去选择、去追求。如果他觉得适合在大城市，到热门行业，那么他就可以到这些地方去；如果他觉得在中小城市、在中西部能够实现人生的最大价值，他就不会跟风，就会按自己的意愿去选择。

有的毕业生求职碰壁的一个重要原因是不了解用人单位的要求，不知道在人家的考核体系中自己是否合格，只是一味地跟风，而不清楚自己是否适合这个职位，是否与自己的职业发展目标、人生规划相一致。带着这种盲目性求职，自然不会顺利。当然，大学生能不能准确定位，取决于两个方面：一是对自己的了解，二是对用人单位的了解。因此，当前的学校或就业指导单位，要把引导毕业生面向基层、面向西部、融入国家西部开发的建设与对毕业生职业生涯教育、人生目标规划教育结合起来，做得实实在在，不能笼统地号召、空洞地要他们降低期望值，等等。

总之，求职陷阱并不可怕。只要大学生们平时多注意求职安全知识的积累，在求职过程中提高自我保护意识，不贪心、不轻信、不盲从，就不会被这些陷阱所迷惑。如果不小心遭遇求职陷阱，应沉着冷静，采取必要的自救措施，并第一时间通知警方和家人，尽可能将损失降至最低。

第十一章 防灾避灾

自然灾害是人类赖以生存的自然界中所发生的异常现象，自然灾害对人类社会所造成的危害往往是触目惊心的。中国的自然灾害种类繁多：地震、台风、暴雨、洪水、内涝、高温、雷电、大雾、灰霾、泥石流、山体滑坡、海啸、道路结冰、龙卷风、冰雹、暴风雪、崩塌、地面塌陷和沙尘暴等。每年都会在全国和局部地区发生自然灾害，造成大范围的损害或局部地区的毁灭性打击。自然灾害频繁发生，不可避免地影响到了大学生的学习和生活。那么在面临自然灾害的时候，大学生应该注意些什么呢？这里就以常见的地震、雷击和洪水为例加以介绍。

第一节 地 震

中国位于世界两大地震带——环太平洋地震带与欧亚地震带之间，受太平洋板块、印度板块和菲律宾海板块的挤压，地震断裂带十分发育。20世纪以来，中国共发生6级以上地震近800次，遍布除贵州、浙江和香港特别行政区以外所有的省、自治区和直辖市。

我国的地震活动主要分布在5个地区的23条地震带上。这5个地区是：①台湾省及其附近海域；②西南地区，主要是西藏、四川西部和云南中西部；③西北地区，主要在甘肃河西走廊、青海、宁夏、天山南北麓；④华北地区，主要在太行山两侧、汾渭河谷、阴山—燕山一带、山东中部和渤海湾；⑤东南沿海的广东、福建等地。地震的发生给我国人民的生命财产安全带来了巨大损失。那么，大学生在面临地震时，应做好哪些准备呢？

案例警示

【案例一】

2008年5月12日14时28分04秒，8.0级强震猝然袭来。一时间，大地颤抖，山河移位，满目疮痍，生离死别……西南处，国有殇。这是新中国成立以来破坏性最强、波及范围最大的一次地震。地震重创约50万平方公里的中国大地！

截至2009年5月25日10时，共遇难69227人，受伤374643人，失踪17923人。其中四川省68712名同胞遇难，17921名同胞失踪，共有5335名学生遇难或失踪，直接经济损失达8451亿元。四川损失最严重，占到总损失的91.3%；甘肃占到总损失的5.8%；陕西占总损失的2.9%。国家统计局将损失指标分为三类：第一类是人员伤亡问题，第二类是财产损失问题，第三类是对自然环境的破坏问题。在财产损失中，房屋的损失很大，民房和城市居民住房的损失占总损失的27.4%；学校、医院和其他非住宅用房的损失占总损失的20.4%；另外还有基础设施，道路、桥梁和其他城市基础设施的损失占总损失的21.9%。这三类是损失比例比较大的，近70%的损失是由这三方面造成的。

这是中华人民共和国自成立以来影响最大的一次地震。震级是自1950年8月15日西藏墨脱地震（8.5级）和2001年昆仑山大地震（8.1级）后的第三大地震，直接严重受灾地区达10万平方公里。

（资料来源：163门户网 2009-07-27）

【案例二】

2008年，刘某是某高校一名大四的学生，跟所有面临毕业的学生一样，正忙着准备毕业论文。5月12日地震这一天，她跟往常一样在图书馆里忙碌着。

"突然楼开始晃了，越晃越厉害，楼体破裂的声音就像收割机的声音一样。"刘某这样描述着她刚感到地震时的情形。该校的图书馆在地震中是学校最危险的楼，当时刘某正在图书馆二楼准备着毕业论文的资料。楼开始晃了，大家都开始往外跑。因为图书馆里的人太多，而馆里的楼梯太窄，大家都用力地往前拥挤着。随着楼摇晃的加剧，图书馆墙上粉刷的石灰开始不停地往下掉。等到刘某跟随着人群挤出来时，浑身被石灰染白了。"我不害怕，我脑子里什么也没想，只知道要快点出去，出去了就平安了。"在谈起逃生经历时，刘某如是跟记者说，"当时一点也不害怕，没想过有多严重，因为我在六年级的时候也曾经历过地震，并没有什么大事。"

逃出来之后，学校已不让学生回宿舍居住，只给每个人十分钟的时间回宿舍拿被褥，晚上大家被安置在了学校的草坪上。因为学校地处山上，大震后的余震又特别多，有传言说山上的一个湖要决堤了，学校又组织学生往山的更高处转移。地震后的第一个晚上，刘某和她的同学们就是在不停地奔跑中度过的……

（资料来源：新华网江苏频道2009-05-08）

 **案例评析**

汶川大地震是新中国成立以来破坏性最强、波及范围最大的一次地震，地震的强度和烈度都超过了1976年的唐山大地震。由于汶川地震主要发生在山区，错动时间特别长，波及面积大，诱发大量的地质灾害和次生灾害，因此给救援工作带来极大困难。另外，地震发生时正值上班、上学高峰期，大量房屋倒塌，大量人员被埋入废墟，因此造成大量的人员伤亡。

这次地震对于灾区的大学生来说，是一次较为严峻的考验。在地震中，如果不能采取有效的逃生手段，就很可能有生命危险。案例中的刘某非常幸运地逃过这一劫难。对于大学生来说，知道一些地震中的逃生知识，至关重要！

大学生一般都是集体生活在一起，人员比较密集。一旦发生地震，一定要知道以下几条：

（1）房屋摇晃时立即关火，失火时立即灭火；

（2）不要慌张地向户外跑；

（3）将门打开，确保出口；

（4）在户外时，要保护好头部，避开危险之处；

（5）在人员密集的地方，要尽量依工作人员的指示行动，切不可乱了方寸；

（6）务必注意山崩、断崖落石或海啸；

（7）避难时要徒步，携带物品应在最少限度。

 对策建议

面对地震这种破坏力极强的自然灾害，大学生必须做好全方位的准备。那么，在地震前、地震中和地震后，大学生都应做些什么呢？

（一）临震安全准备工作

1. 平时的准备工作

（1）对大件家具等做好固定、防止倾倒的措施，特别是睡觉的地方，更要采取必要的防御措施。

（2）在窗户等的玻璃上粘上透明薄膜或胶布，以防止玻璃破碎时四处飞溅。

（3）加固室内家具杂物。为防止因地震的晃动造成衣柜门敞开，里面的物品掉出来，应在衣柜拉门等处加以固定。

（4）不要将花瓶等放置在较高的地方，以免地震时掉落砸伤人。

（5）为防止散落在地面上的玻璃碎片伤人，平时准备好较厚实的拖鞋。

（6）确定疏散路线和避震地点，要做到畅通无阻。

（7）落实防火措施，易燃物品要妥善保管；注意储水，准备防火用沙；学习必要的防火、灭火知识。

（8）学会并掌握基本的医疗救护技能，如人工呼吸、止血、包扎、搬运伤员和护理方法等。

2. 准备紧急备用品

这些紧急备用品有：饮用水，食品、奶粉等，急救医药品，便携式收音机、手电筒、干电池、现金、贵重物品，内衣裤、毛巾、手纸等。

3. 从平时起，建立互助的协作机制

（1）发生大地震时，一定要发扬同学之间的团结互助精神，合理分配每人震时的应急任务，以防手忙脚乱、耽误宝贵时间。

（2）积极参加学校的防灾组织，积极学习地震知识，掌握科学的自防自救方法。

（3）积极参加学校组织的防灾训练，适时进行应急演习，以发现并弥补避震措施中的不足之处，正确识别建筑物是否有坚固的地基。

（二）震中安全逃生策略

由于地震的发生比较突然，发生的过程也极为迅速，所以在面临地震时，很多人都会感到措手不及，不知道怎么办好。一旦发生地震，依据所在场所的不同，大学生可以采取不同的逃生策略。

1. 学校避震

在学校中，地震时最需要的是学校领导和教师的冷静与果断。有中长期地震预报的地区，平时要结合教学活动，向学生们讲述地震和防震、避震知识。大学生要认真学习。如果有地震预警，学校应在震前安排好学生转移、撤离的路线和场地；一旦发生地震，学校要沉着地指挥学生有秩序地撤离。

关于震时是跑还是躲，我国多数专家认为：震时就近躲避，震后迅速撤离到安全地方，是应急避震较好的办法。发生地震时，大学生如果在比较坚固、安全的房屋里，可以躲避在室内结实、能掩护身体的物体旁，或易于形成三角空间的地方。在操场或室外时，可原地不动蹲下，双手保护头部，注意避开高大建筑物或危险物；一定不要回到教室去，不要跳楼，不要站在窗外，不要到阳台上去。震后应当有组织地撤离。

躲避地震时应采取的身体姿势：伏而待定，蹲下或坐下，尽量蜷曲身体，降低身体重心，抓住桌腿等牢固的物体。保护头颈和眼睛，掩住口鼻。避开人流，不要乱挤乱拥，不要随便点明火，因为空气中可能有易燃易爆气体。

2. 家庭避震

地震时，如果恰巧在家，由于地震预警时间短暂，此时采取室内避震更具有现实性。室内房屋倒塌后形成的三角空间，往往是人们得以幸存的相对安全地点，可称其为避震空间。这主要是指大块倒塌体与支撑物构成的空间。室内易于形成三角空间的地方是：炕沿下、坚固的家具附近，内墙墙根、墙角，厨房、厕所和储藏室等空间小的地方。

3. 公共场所避震

听从现场工作人员的指挥，不要慌乱，不要拥向出口；要避免拥挤，避开人流，避免被挤到墙壁或栅栏处。

在影剧院、体育馆等处：注意避开吊灯、电扇等悬挂物；用书包等保护头部；等地震过去后，听从工作人员的指挥，有组织地撤离。

在商场、书店、展览馆、地铁等处：选择结实的柜台、商品（如低矮家具等）或柱子边，以及内墙角等处就地蹲下，用手或其他东西护头；避开玻璃门窗、玻璃橱窗或柜台；避开高大不稳或摆放重物、易碎品的货架；避开广告牌、吊灯等高耸或悬挂物。

在行驶的电（汽）车内：抓牢扶手，以免摔倒或碰伤；降低重心，躲在座位附近。地震过去后再下车。

4. 户外避震

如果大学生在地震发生时恰巧在户外，那就比较幸运了。但户外避震也有其注意事项。一定要选择开阔地避震，避开人多的地方，蹲下或趴下，以免摔倒；不要乱跑，不要随便返回室内。一定要避开高大建筑物或构筑物，如：楼房（特别是有玻璃幕墙的建筑），过街桥、立交桥，高烟囱、水塔。一定要避开危险物、高耸或悬挂物，如：变压器、电线杆、路灯、广告牌和吊车等。也要避开其他危险场所，如：狭窄的街道，危旧房屋，危墙、雨篷下，砖瓦、木料等物的堆放处。

5. 高楼避震

如果地震时正处在高楼上，也不必惊慌。"震时保持冷静，震后走到户外"是避震的国际通用守则。国内外许多起地震实例表明，在发生地震的短暂瞬间，人们在进入或离开建筑物时，被砸死砸伤的概率最大。因此专家告诫，室内避震条件好的，首先要选择室内避震。如果建筑物抗震能力差，则尽可能从室内跑出去。

此外，避震位置至关重要。住楼房避震，可根据建筑物布局和室内状况，审时度势，寻找安全空间躲避。最好找一个可形成三角空间的地方。蹲在暖气旁较安全，暖气的承载力较大，金属管道的网络性结构和弹性不易被撕裂，即使在地震大幅度晃动时也不易被甩出去；暖气管道通气性好，不容易造成人员窒息；管道内的存水还可延长存活期。更重要的一点是，被困人员可采用击打暖气管道的方式向外界传递信息，而暖气靠外墙的位置有利于最快获得救助。

近水不近火，靠外不靠内。这是确保在都市震灾中获得他人及时救助的重要原则。不要靠近煤气灶、煤气管道和家用电器；不要选择建筑物的内侧位置，应尽量靠近外墙，但不可躲在窗户下面；尽量靠近水源处，一旦被困，要设法与外界联系，除用手机联系外，还可敲击管道和暖气片，也可打开手电筒。

（三）震后自救方法

地震时如果不幸被埋压在废墟下，周围又是一片漆黑，只有极小的空间，你一定不要惊慌，要沉着，千方百计保护自己，树立生存的信心，相信会有人来救你。要为逃生作出最好的准备。

首先，要保持呼吸畅通，挪开头部、胸部的杂物。闻到煤气、毒气时，要用湿衣服等物捂住口、鼻；避开身体上方不结实的倒塌物和其他容易引起掉落的物体；扩大和稳定生存空间，用砖块、木棍等支撑残垣断壁，以防余震发生后环境进一步恶化。

其次，要设法脱离险境。地震后，往往还有多次余震发生，处境可能继续恶化。为了免遭新的伤害，要尽量改善自己所处的环境。如果你在三脚架区，可以利用旁边的东西来护住自己，以免余震再次把你伤害；再把手和前胸伸出来，把脸前的碎石子清理干净，让自己可以呼吸，等人来救你。如果找不到脱离险境的通道，应尽量保存体力，用石块敲击能发出声响的物体，向外发出求救信号。不要哭喊、急躁和盲目行动，以免大量消耗精力和体力，尽可能控制自己的情绪或闭目休息，等待救援人员到来。如果受伤，要想法包扎，避免流血过多。

第三，维持生命。如果被埋在废墟下的时间比较长，救援人员未到，或者没有听到救援的声音，就要想办法维持自己的生命。防震包中的水和食品一定要节约，尽量寻找食品和饮用水，必要时自己的尿液也能起到解渴作用。

第四，倡导震后互救。震后，外界救灾队伍不可能立即赶到救灾现场，在这种情况下，为使更多的被埋压在废墟下的人员获得宝贵的生命，刚刚脱险的人要尽量积极投入互救，这是减轻人员伤亡最及时、最有效的办法，也体现了"救人于危难之中"的崇高美德。抢救越及时，获救的希望就越大。有关资料表明，震后20分钟获救的救活率达98%以上；震后1小时获救的救活率下降到63%；震后2小时还无法获救的人员中，窒息死亡人数占死亡总人数的58%。他们不是在地震中因建筑物垮塌被砸死，而是因窒息死亡，如能及时救助，是完全可以获得生命的。唐山大地震中有几十万人被埋压在废墟中，灾区群众通过自救、互救使大部分被埋压人员重新获得生命。

第五，在灾后特殊环境下生活的注意事项。注意饮食和个人卫生，搭建和居住防震棚要注意防火，积极投入恢复重建工作，按规定服用预防药物，增强身体抵抗力，防疫灭病。

 安全训练

(一) 震前征兆早知道

1. 地下水异常

由于地下岩层受到挤压或拉伸，使地下水位上升或下降，或者使地壳内部气体和某些物质随水溢出，从而使地下水冒泡、发浑和变味等。

井水是个宝，前兆来得早：
天雨水质浑，天旱井水冒；
水位变化大，翻花冒气泡；
有的变颜色，有的变味道。

2. 动物异常

震前一两天，牛、马赶不进圈，乱蹦乱跳，嘶叫不止，烦躁不安，饮食减少；一些猪羊不吃食，烦躁不安，乱跑乱窜；狗狂叫不止；鸡不进窝，惊鸣不止；鸭不下水；家兔乱蹦乱跳，惊恐不安；鸽子在震前数天惊飞，不回巢；蜜蜂一窝一窝地飞走；老鼠反应最灵敏，在震前一天至数天，老鼠突然跑光了，有的叼着小老鼠搬家；有些冬眠的蛇爬出洞外，爬上树；鱼惊慌乱跳游向岸边，翻白肚等。

震前动物有预兆，老鼠搬家往外逃；

鸡飞上树猪拱圈，鸭不下水狗狂叫；

冬眠麻蛇早出洞，鱼儿惊慌水面跳。

3. 地光和地声

地光和地声是地震前夕或地震发生时，从地下或地面发出的光亮及声音，是重要的临震预兆。

（二）地震中逃生十大法则

1. 以比桌、床高度更低的姿势，躲在桌子床铺的旁边或墙边等

地震中，大的晃动时间约为 1 分钟。这时首先要注意人身安全。应在重心较低且结实牢固的桌子旁边躲避，并紧紧抓牢桌子腿。在没有桌子等可供藏身的场合，无论如何也要用坐垫等物保护好头部。

2. 摇晃时立即关火，失火时立即灭火

大地震时，如果失火，不能依赖消防车来灭火。我们每个人及时关火、灭火，能将地震灾害造成的损失控制在最小程度。平时就要养成即便是小的地震也关火的习惯。为了不使火灾酿成大祸，厉行早期灭火是极为重要的。地震发生时，关火的机会有三次：第一次机会在大的晃动来临之前的小晃动之时，在感知小的晃动的瞬间，即刻互相招呼："地震！快关火！"关闭正在使用的取暖炉等；第二次机会在大的晃动停息的时候；第三次机会在失火之后，在 1～2 分钟之内还是可以扑灭的。

3. 不要慌张地向户外跑

一旦发生地震，人们的第一反应就是逃生。至于怎样科学逃生自救，还应听专家的。发生地震时，身处不同场所就应根据实际情况而定。夺门而逃是最不明智的选择，除非你住在平房里，能在短短几秒钟内跑到安全地带（但我们大学生的生活通常不具备这样的客观条件）；否则，最好就地避震，待首震过后再迅速撤离。哈佛社区（harvardbbs.com）里面的地震专家网友说，地震发生后，慌慌张张地向外跑，一旦碎玻璃、屋顶上的砖瓦、广告牌等掉下来砸在身上，是很危险的。此外，水泥预制板墙、自动售货机等也有倒塌的危险，不要靠近这些物体。

4. 将门打开，确保出口

钢筋水泥结构的房屋等，由于地震的晃动会造成门窗错位而打不开门，曾经发生有人被困在屋子里的事例。请将门打开，确保出口畅通。平时要想好万一被关在屋子里时的逃生办法，准备好梯子、绳索等。

5. 户外的场合，要保护好头部，避开危险之处

当大地剧烈摇晃，人站立不稳的时候，人们都会产生扶靠、抓住什么东西的心理。身边的门柱、墙壁大多会成为扶靠的对象。但是，这些看上去挺结实牢固的东西，实际上却是危险的。1987年日本宫城县发生海底地震时，由于水泥预制板墙、门柱的倒塌，曾经造成过多人死伤。因此，切忌靠近水泥预制板墙、门柱等躲避。在繁华的街区、楼区，最危险的是玻璃窗、广告牌等物掉落下来砸伤人。要注意用手或手提包等物保护好头部。此外，还应该注意自动售货机翻倒伤人。

6. 在公共场所按照工作人员的引导行动

在百货公司、地下街等人员较多的地方，最可怕的是发生混乱。请按照商店职员、警卫人员的引导来行动。就地震而言，据说地下街是比较安全的。即便发生停电，紧急照明电也会即刻亮起来，请镇静地采取行动。如发生火灾，烟雾即刻会蔓延开来。要以压低身体的姿势避难，并做到绝对不吸烟。发生地震时，不能使用电梯。万一在搭乘电梯时遇到地震，应将操作盘上各楼层的按钮全部按下，一旦停下，迅速离开电梯，确认安全后避难。高层大厦的电梯，都装有管制运行的装置。地震发生时，电梯会自动停运，停在最近的楼层。万一被关在电梯中，应通过电梯中的专用电话与管理室联系求助。

7. 汽车靠路边停车，管制区域禁止行驶

发生大地震时，汽车会像轮胎泄了气似的，无法把握方向盘，难以驾驶。此时，应避开十字路口将车子靠路边停下。为了不妨碍避难疏散的人群和紧急车辆的通行，要让出道路的中间部分。都市中心地区的绝大部分道路将会全面禁止通行。应注意收听汽车收音机的广播，附近有警察时，要依照其指示行事。有必要避难时，为避免卷入火灾，请把车窗关好，车钥匙插在车上，不要锁车门，并和当地人一起行动。

8. 务必注意山崩、断崖落石或海啸

发生地震时，在山边陡峭的倾斜地段，有发生山崩、断崖落石的危险，应迅速转移到安全的场所避难；在海岸边，有遭遇海啸的危险。感知发生地震或海啸警报时，请注意收听收看收音机、电视机等的信息，迅速到安全的场所避难。

9. 避难时要徒步，携带物品应在最少限度

因地震造成的火灾蔓延燃烧，出现危及生命、人身安全等情形时，应

采取避难的措施。避难的方法，原则上采取徒步避难的方式，携带的物品应在最少限度。绝对不能利用汽车、自行车避难。

10. 不要听信谣言，不要轻举妄动

在发生大地震时，人们心理上易产生动摇。为防止发生混乱，每个人依据正确的信息，冷静地采取行动，显得极为重要。应从携带的收音机中把握正确的信息。要相信政府部门发布的信息，决不轻信流言飞语，不要轻举妄动。

地震知识小调查

1. 您经历过地震吗？
   A. 是　　　　　　　B. 否
2. 您对地震的认识
   A. 一无所知　　　　B. 粗略了解　　　　C. 十分仔细
3. 您希望了解地震的起因以及逃生方法吗？
   A. 没什么兴趣　　　B. 很有兴趣
4. 您认为学校是否有必要开设地震逃生课程？
   A. 有必要　　　　　B. 无所谓　　　　　C. 根本没必要
5. 若有地震发生，您的第一反应是什么？
   A. 不知所措，惊慌失措　　　　B. 沉着冷静，临危不惧
6. 您认为滨海有可能发生地震吗？
   A. 没什么可能　　　B. 有很大可能　　　C. 不知道
7. 您有意愿成为志愿者吗？
   A. 暂时没有　　　　B. 有，很想帮助他们
   C. 有人组织我才去
8. 是什么让您不能成为志愿者？（前面一题答了A选项的读者回答）
   A. 学习太忙，没有时间　　　　B. 不知道方法路径
   C. 缺乏这方面知识　　　　　　D. 没人组织
9. 请问下列哪些属于地震前的征兆？（多选）
   A. 井水发浑、冒泡、升温、变色、变味
   B. 老鼠等穴居动物大量逃窜
   C. 大范围手机失灵、声音忽大忽小、时有时无、有时连续出现噪声

D. 大地出现裂缝鼓起几天后消失，反复多次

E. 其他

10. 当您在户外时，地震突然来临，您应该怎么办？（多选）

    A. 蹲下或趴下，以免摔倒

    B. 不要乱跑，避开人多的地方

    C. 不随便返回室内

    D. 马上回家

    E. 其他

11. 如果被埋压怎么办？（多选）

    A. 大声呼救，自己尝试脱离险境

    B. 设法用砖石、木棍等支撑残垣断壁

    C. 不要随便动用室内设施，包括电源和水源

    D. 搬开身边可搬动的碎砖瓦等杂物，扩大活动空间

    E. 其他

12. 当您在家里时发生地震，您会怎么办？（多选）

    A. 躲在炕沿下、坚固的家具附近

    B. 立刻向门口跑去，离开房屋

    C. 躲在内墙墙根、墙角

    D. 躲进厨房、厕所、储藏室

    E. 其他

13. 当您在学校时发生地震，您会怎么办？（多选）

    A. 赶快逃，能跑多远跑多远

    B. 正在上课时，要在教师指挥下迅速抱头、闭眼、躲在各自的课桌下

    C. 乘电梯离开

    D. 在操场或室外时，可原地不动蹲下，双手保护头部，注意避开高大建筑物或危险物

    E. 其他

14. 当您在野外时发生地震，您会怎么办？（多选）

    A. 避开山脚、陡崖，以防山崩、滚石、泥石流等

    B. 遇到山崩、滑坡，先往山下跑

    C. 遇到山崩、滑坡，蹲在地沟、坎下

D. 遇到山崩、滑坡，应躲在结实的障碍物下
E. 其他
15. 下列避震要点，哪些是正确的？（多选）
A. 伏而待定，蹲下或坐下，尽量蜷曲身体，降低身体重心
B. 抓住桌腿等牢固的物体
C. 震时就近躲避，震后迅速撤离到安全地方
D. 地震时马上逃跑

第二节 雷 击

雷电灾害被中国相关权威部门称为"电子时代的一大公害"。雷击除造成人员伤亡和财产损失外，还导致火灾、爆炸、信息系统瘫痪等事故发生。从卫星、通信、导航、计算机网络到每个家庭的家用电器，都会受到雷电灾害的严重威胁。随着信息技术的快速发展，城市高层建筑物和智能大厦的日益增多，现代计算机和网络技术在各行各业的普遍使用，对防雷系统的要求也越来越高。雷电灾害的危害程度和造成的损失也越来越大。

据中国国际防雷论坛透露，中国每年因雷击及其负效应造成的人员伤亡为3000～4000人，其中不乏大学生。据北京师范大学地理学与遥感科学学院苏筠教授调查，大学生对灾害的关注程度偏低，防灾意识较弱，掌握的灾害理论知识很少，只是基本掌握一些正确的应急行为知识。对大学生进行防雷击的安全教育迫在眉睫。

 案例警示

【案例一】

2006年8月1日晚8时20分左右，大沙头码头发生雷击惨剧，就读于某高校的小严在树下避雨时丢掉了性命。小严的姨娘靳女士说，当时，她的丈夫沈先生正在售票口，等候领取已经预订的游船票，而包括小严在内的其他5人，正在游船旁边的空旷地带等候票和游船。突然，天空中乌

云滚滚，一道闪电划破长空，将码头映衬得如同白昼。随即"劈啪"一声巨响，码头上的游客顿时传出一片尖叫声。

"打雷啦！下雨啦！"人群中有人高喊。靳女士就拉了一下小严，走在前面；小严的母亲抱着靳女士的3岁女儿，和小严的父亲走在后面。候船的游人都在往回走，准备去找一个可以躲雨的地方。这时，铜钱大的雨点已开始向头顶洒落。这使得大家更加快了撤退的步伐。

突然，一道耀眼的火花闪亮在众人头顶。说时迟那时快，"啪"的一声响，靳女士只觉得双脚膝盖一麻，双腿一软，就倒在了地上。同时，靳女士看到，她身边的小严也"噗"的一声倒在了地上。再回头，身后的小严的父母，以及她自己的孩子，都倒在了地上。

但其余人都很快起身，只有小严依旧躺在地上一动不动。靳女士走上前去一看，借着游船上的灯光，只见小严的嘴巴、鼻孔都在不停地流血！"救人啊！"靳女士慌了，她凭自己的直觉，感觉小严的情况非常严重，马上就拨打了"120"和"110"。

靳女士说，小严腹部以下的衣服都被烧焦了，裤子上还有两个大洞。当晚9时多，医院宣布小严由于伤势过重，已无法治疗。而她的父亲满面流血，鼻梁骨骨折；她的母亲和姨娘只受轻伤。

（资料来源：新浪网新闻中心 2006-08-03）

【案例二】

蔡某系马来西亚某高校人力资源专业的一名大专三年级女生。一日下午3时左右，她在听完一场校外讲座之后，与同学结伴返回位于哥打三马拉汉市新校园的宿舍。由于当时正在下雨，她与另外两名同学共撑一把雨伞。一路上3个人有说有笑。突然，她的手机响了起来，于是她本能地按下了接听键。

让人始料不及的是，伴随空中一声炸雷，一道闪电不偏不倚地劈在了她的身上，另外两人也被当场"电"倒在地。不幸触电的她身上着起大火，待同伴奋力将大火扑灭之后，她全身尤其是上半身已经严重烧伤。奄奄一息的她随即被同学们送到附近的沙捞越医院抢救。然而仅仅数分钟之后，她便因伤势过重而宣告不治。两个同伴仅受轻伤，在接受门诊治疗之后并无大碍。

（资料来源：新浪网新闻中心 2007-01-24）

【案例三】

2008年5月26日下午2时许,广州某高校医学院口腔学系两名女大学生在上学途中遭雷击,后被紧急送医院抢救。

据了解,5月26日下午2时许,雨势又急又猛且伴有闪电。朱、苏两名女大学生同撑一把伞,路经学校北门到教室上课,不幸被闪电击中,当场昏迷。后由路人救起并被送往暨南大学附属医院急救。其中,苏姓女生的头部被灼伤,朱姓女生的胸部被灼伤,两人受伤面积均在10%以下。经抢救,两人苏醒后被送往普通病房观察。

(资料来源:《广州日报》2008-05-27)

案例评析

自然界每年都有几百万次闪电。雷电灾害是"联合国国际减灾十年"公布的最严重的十种自然灾害之一。最新统计资料表明,雷电造成的损失已经上升到自然灾害的第三位。全球每年因雷击造成人员伤亡、财产损失不计其数。据不完全统计,我国每年因雷击及其负效应造成的人员伤亡达3000~4000人,财产损失为50亿~100亿元人民币。

大学生是天之骄子,承载着祖国、社会和家人的无限希望与寄托。切不可因为一时的掉以轻心,而酿成不可挽回的悲剧。因此,大学生在面对司空见惯的打雷现象时,也要提高警惕,增强自我安全保护意识,防患于未然。

雷击时,很多时候都"比较怪",这可能与被雷击者身体的电阻有关系,也可能与被雷击者当时的位置,以及身上所戴的金属(如项链),或所带的雨伞、手机等有关系。案例三的两名女同学被雷电击倒,很可能与她们手中的雨伞有关。

案例一中的小严当时身处江边,可能是她被雷击中的一个重要原因。水边是雷击比较频繁的地带。专业人士提醒大学生,打雷时要尽量少到江边水边活动,也不要在大树下过多停留。如果当时来不及躲避,人们可立即双腿双脚并拢蹲在地上。

马来西亚华裔女大学生蔡某被雷击的原因显而易见,是她在雨中接听手机所致。手机的信号很强,范围很广,而且手机电磁波是雷电很好的导体，能在很大的范围内收集引导雷电。同时，手机会发射电磁波，如遇高空向下电流极易造成雷击。因此，大学生一定要牢记，不要在雷雨天气中接打手机，以免发生危险。

掌握雷电活动规律，有助于帮助我们在最大程度上减少被雷击的危险。那么，雷电活动有什么规律呢？换句话说，哪些地方是比较容易发生雷击的部位？

（1）局部土壤电阻率小的地方容易受雷击，因为雷电流总是选取最易导电的途径。

（2）湖、塘、河边的建筑物容易受到雷击，水边是雷击比较频繁的地带。

（3）空旷地区的孤立建筑物易受雷击。

（4）高层建筑周围的多层建筑比其他地区的多层建筑受雷击的概率要大。沈阳某高校的五层科技大厦远低于附近的23层银基科技园，该大厦于2005年7月11日被雷电击中。由于设置了避雷带，因此只是楼角的一小部分被削掉。

（5）高层建筑比多层建筑易受雷击，因为高层建筑容易产生更强烈的上行先导，将雷电引向本身。

（6）尖屋顶及高耸建筑物、构筑物易遭受雷击。2003年5月12日，辽宁彩电塔顶部遭雷击，造成电缆起火。

（7）高出周边建筑物的金属构件、设备易受雷击。2004年6月10日，沈阳市太原北街的一座大楼顶端的广告牌及电气线路遭雷击起火，九至十七层的部分房间被烧。

（8）金属屋顶或金属库容易受到二次雷击效应。建筑物本身构造及其附属构件积蓄电荷的多少，对雷击影响很大。金属屋顶具有良好的导电性能，是易遭雷击的部位。

 对策建议

防范雷击的技巧

雷雨天气常常会产生强烈的放电现象，如果放电击中人员、建筑物或各种设备，常会造成人员伤亡和经济损失。在雷雨天，人们要注意以下几

个方面。

（1）注意关闭门窗，防止雷电直击或防止球形雷飘进室内。室内人员应远离门窗、水管、煤气管等金属物体。

（2）关闭家用电器，拔掉电源插头，防止雷电从电源线入侵。不要将晾晒衣服、被褥用的铁丝接到窗外、门口，以防铁丝引雷。

（3）在室外时要及时躲避，不要在空旷的野外停留。在空旷的野外无处躲避时，应尽量寻找低洼之处（如土坑）藏身，或者立即下蹲，降低身体的高度，同时两腿两脚并拢，减少跨步电压带来的危害。

（4）远离孤立的大树。不要站在大树下，不能用手摸扶大树（因为这时潮湿的树干已变成了一个引雷装置），人最好离大树5米外。高塔、电线杆和广告牌也是如此。

（5）立即停止室外游泳、划船、钓鱼等水上活动。不要在水边和洼地停留，切勿站在楼顶、山顶或接近其他易导电的物体，应迅速到干燥的室内避雨。如找不到房子，应就近到山间或山岩下避雨。

（6）如多人共处室外，相互之间不要挤靠，以防被雷击中后电流互相传导。

（7）不要在孤立的凉亭、草棚避雨久留。注意避开电线，不要站在灯泡下，最好是断电或不使用电器。高大建筑物上必须安装避雷装置，以防御雷击灾害。

（8）不要拿着金属物品在雷雨中停留，随身所带的金属物品应放在5米外的地方；在雷雨中不宜打伞，也不宜将羽毛球拍等扛在肩上，在户外不要使用手机。

（9）雷暴天气中出门要穿胶鞋，这样可以起到绝缘作用，也不宜开摩托车或骑自行车。人在汽车内一般不会遭到雷电袭击，因为封闭的金属有很好的防雷功能，注意不要将头和手伸出窗外。对被雷击中人员，应立即采取心肺复苏法抢救。

（10）雷雨天尽量少洗澡，太阳能热水器用户切忌洗澡。保持室内干燥，房屋漏水应尽快修理好。

（11）尽量不要拨打或接听电话，也不要用电话上网，最好拔掉电源线和电话线。如有条件，可在电源线和电话上安装避雷器。

安全训练

雷击者的急救

1. 主　症

皮肤被烧焦，鼓膜或内脏被震裂，心室颤动，心跳停止，呼吸肌麻痹。

2. 急　救

（1）伤者就地平卧，松解衣扣、乳罩和腰带等。

（2）立即口对口呼吸和胸外心脏挤压，坚持到病人醒来为止。

（3）手导引或针刺人中、十宣、涌泉、命门等穴位。

（4）送医院急救。

3. 基本预防措施

（1）雷雨天气中不在室外走动，不在大树下避雨，拿掉身上的金属，蹲下防雷击。关闭电视、收音机，拔掉天线。

（2）打雷时远离电灯、电源，不靠近柱和墙壁，以防引起感应电。

（3）若在高楼，须快入室；若在高山，应快下来；如在游泳，要快上岸。

（4）关好门窗，切断家用电器的电源。

（5）在室外若感到头发竖立，皮肤刺痛，肌肉发抖，即有将被闪电击中的危险，应立即卧倒在原地，可避免雷击。

第三节　洪　水

洪水被称为自然界的头号杀手，是地球上最可怕的力量。我国幅员辽阔，除沙漠、戈壁和极端干旱地区及高寒山区外，大约三分之二的国土面积存在着不同类型和不同危害程度的洪水灾害。如果沿着400毫米降雨等值线从东北向西南画一条斜线，将国土分为东西两部分，那么东部地区是我国防洪的重点地区。东部沿海地区在遭受暴风的袭击后，经常会发生洪水灾害。而这些经济发达的地区，同样是高等学府的密集地。在我国福州，就发生过上千名大学生被洪水围困的情况。洪水的发生，直接威胁到了大学生的生命财产安全。

 案例警示

【案例一】

1998年特大洪水灾害

1998年汛期，长江上游先后出现8次洪峰并与中下游的洪水遭遇，形成了全流域型大洪水。全国共有29个省（市、自治区）遭受了不同程度的洪涝灾害。据各省统计，农田受灾面积2229万公顷（合3.34亿亩），成灾面积1378万公顷（合2.07亿亩），死亡4150人，倒塌房屋685万间，直接经济损失2551亿元。江西、湖南、湖北、黑龙江、内蒙古、吉林等省（自治区）受灾最严重。

6月12—27日，受暴雨影响，鄱阳湖水系暴发洪水，抚河、信江和昌江水位先后超过历史最高水位；洞庭湖水系的资水、沅江和湘江也发生了洪水。"两湖"洪水汇入长江，致使长江中下游干流监利以下水位迅速上涨，从6月24日起相继超过警戒水位。

6月28日—7月20日，主要雨区移至长江上游。7月2日，宜昌出现第一次洪峰，流量为54500米^3/秒。监利、武穴、九江等水文站水位于7月4日超过历史最高水位。7月18日，宜昌出现第二次洪峰，流量为55900米^3/秒。在此期间，由于洞庭湖水系和鄱阳湖水系的来水不大，长江中下游干流水位一度回落。

7月21—31日，长江中游地区再度出现大范围强降雨过程。7月21—23日，湖北省武汉市及其周边地区连降特大暴雨；7月24日，洞庭湖水系的沅江和澧水发生大洪水，其中澧水石门水文站洪峰流量19900米^3/秒。与此同时，鄱阳湖水系的信江、乐安河也发生大洪水；7月24日，宜昌出现第三次洪峰，流量为51700米^3/秒。长江中下游水位迅速回涨，7月26日之后，石首、监利、莲花塘、螺山、城陵矶、湖口等水文站水位再次超过历史最高水位。

8月份，长江中下游及两湖地区水位居高不下，长江上游又接连出现

5次洪峰，其中8月7—17日的10天内，连续出现3次洪峰，致使中游水位不断升高。8月7日，宜昌出现第四次洪峰，流量为63200 米^3/秒。8月8日4时，沙市水位达到44.95米，超过1954年分洪水位0.28米。8月16日，宜昌出现第六次洪峰，流量为63300 米^3/秒，为1998年的最大洪峰。这次洪峰在向中下游推进过程中，与清江、洞庭湖以及汉江的洪水遭遇，中游各水文站于8月中旬相继达到最高水位。干流沙市、监利、莲花塘、螺山等水文站洪峰水位分别为45.22米、38.31米、35.80米和34.95米，分别超过历史实测最高水位0.55米、1.25米、0.79米和0.77米；汉口水文站20日出现了1998年最高水位29.43米，为历史实测记录的第二位，比1954年水位仅低0.30米。随后，宜昌出现的第七次和第八次洪峰均小于第六次洪峰。

（资料来源：百度百科）

【案例二】

2002年7月29日，某高校2000级学生曹某在勤工俭学了20多天后，遵从父母之命，到二姑家探望久病的奶奶。他的二姑家在淮河大堤外侧。当时淮河正值汛期，洪水猛涨，波涛汹涌，十分危险。傍晚时分，他与二姑家的邻居申某及其14岁的儿子小申、小申的同学4人，步行到淮河边上看淮河。返回时，已是夜色朦胧。在经过一段被泄洪河水漫过的路面时，小申不慎滑倒水中并很快被洪水冲到深水区。其父立即跳入洪流中，抱住小申逆水游向浅水区；但是由于水流湍急，父亲精疲力竭、力不从心。

眼看父子两人将被洪水卷入深渊之中，危急时刻，不会游泳的曹某不顾一切地跳进水中抓住小申的一只手，奋力往岸边猛拉。每拉一把，小申父子就顺势向岸边靠拢一步。拉了一把又一把，小申父子逐步脱险，而曹某却因用力过猛跌进深水，被波涛吞没。同行的王某下水去救他，他拉着王某的脚向岸边游，但由于水流湍急，岸边太滑，几次靠岸不成。眼看两人又要一起被洪水冲走，危急关头，曹某又一次把生还的希望让给了别人，松开了自己紧紧抓住的双手。

（资料来源：大洋新闻网 2002-08-23）

【案例三】

2007年8月23日下午15时50分，凤山县公安局"110"指挥中心接到报警：在内龙电站附近一山洞内有人被洪水围困，有生命危险。接警后，公安局领导立即率人赶赴现场营救。

当时雨持续在下，洪水越来越大，3名大学生在洞中已被洪水淹及半身。由于现场地势复杂，洞口上方还有瀑布，水柱大，给施救工作造成极大困难。赶到现场的公安、消防及武警官兵10余人身穿救生衣、手握绳索，想游进3人被困的洞口。然而，由于水太大太急，施救民警经过数次尝试，都无法进到洞中。当得知遇险学生离洞口仅有20米时，营救人员急中生智，把绳索的一端绑在一块拳头大的石块上，然后扔给学生。待遇险学生接到绳索后，营救人员又把救生衣绑在绳子的另一端，让学生通过绳索把救生衣拉过去穿上。晚19时，3名遇险学生终于被一一救出。据悉，被困3人分别是来自北京、广州、南宁3所高校的大学生。

（资料来源：《河池日报》2007-08-25）

案例评析

洪水是指河、湖、海、江所含的水位上涨，超过常规水位的水流现象。洪水常威胁沿河、滨湖、近海地区人民的生命和财产安全，甚至造成淹没灾害。自古以来，洪水给人类带来很多灾难，如黄河和恒河下游常泛滥成灾，造成重大损失。但有的河流洪水也给人类带来一些利益，如尼罗河洪水定期泛滥给下游三角洲平原农田淤积肥沃的泥沙，有利于农业生产。

我国大部分地区位于中纬度地区，大范围的暴雨主要是由两类天气系统形成的：一类是西风带低值系统，包括气旋、切变线和低涡等，影响全国大部分地区。这类暴雨一般覆盖范围广，持续时间长，降水总量大，在大流域内常常形成组合型暴雨洪水，可造成大范围严重的洪涝灾害。另一类是低纬度热带天气系统，包括热带气旋、东风波等，多见于华南各省及东南沿海地区。这类暴雨持续的时间虽然较短，但往往强度大，也能造成严重的洪涝灾害。尤其是上述系统减弱成低压或外围云系，常常可以深入到我国中部或北部地区，造成大范围的强降水，酿成严重的洪涝灾害。

大学生在遇到洪水灾害的时候，切忌惊慌，应积极寻求救援，做好安全防范措施。

 对策建议

（一）洪水到来时的自救

（1）洪水到来时，来不及转移的人员要就近迅速向山坡、高地、楼房和避洪台等地转移，或者立即爬上屋顶、楼房高层、大树、高墙等高的地方暂避。

（2）如洪水继续上涨，暂避的地方已难自保，则要充分利用准备好的救生器材逃生，或者迅速找一些门板、桌椅、木床、大块的泡沫塑料等能漂浮的材料扎成筏逃生。

（3）如果已被洪水包围，则要设法尽快与当地政府防汛部门取得联系，报告自己的方位和险情，积极寻求救援。

注意：千万不要游泳逃生，不可攀爬带电的电线杆、铁塔，也不要爬到泥坯房的屋顶。

（4）如果已被卷入洪水中，一定要尽可能抓住固定的或能漂浮的东西，寻找机会逃生。

（5）发现高压线铁塔倾斜或者电线断头下垂时，一定要迅速远避，防止直接触电或因地面"跨步电压"触电。

（二）洪水过后的疾病预防

洪水过后，要预防肠道传染病，如霍乱、伤寒、痢疾和甲型肝炎等。人畜共患疾病和自然疫源性疾病也是洪涝期间极易发生的，如鼠媒传染病——钩端螺旋体病、流行性出血热等；水灾过后还可能患皮肤病——浸渍性皮炎、虫咬性皮炎、尾蚴性皮炎。另外，还要注意防治食物中毒和农药中毒等。具体而言有以下几种。

1. 细菌性痢疾

细菌性痢疾简称菌痢，是一种急性肠道传染病。主要表现为畏寒、高热、腹痛和腹泻，严重者可出现感染性休克或中毒性脑病。菌痢可通过消化道传播，病原菌随病人粪便排出，污染食物、水、生活用品等，经手、口使人感染；亦可通过苍蝇污染食物而传播。生活接触是引起散发病例的主要途径，水、食物污染常引起暴发。

2. 伤寒和副伤寒

伤寒、副伤寒是由伤寒杆菌和副伤寒杆菌甲、乙、丙引起的急性消化道传染病。水源污染是本病传播的重要途径之一，常呈暴发流行。临床上以持续高热、相对缓脉、特征性中毒症状、脾肿大、玫瑰疹和白细胞减少等为特征。肠出血、肠穿孔为主要并发症。

3. 钩端螺旋体病

钩端螺旋体病（简称钩体病）是遭遇洪灾后需要重点防范的传染病之一。发病者以青壮年、接触疫水者为主，猪是洪水型钩体病流行的主要传染源，家畜和鼠类、蛙类等是次要传染源。钩端螺旋体具有很强的侵袭力，通过皮肤、眼结膜、鼻或口腔黏膜侵入人体，迅速进入血液并繁殖，随后侵害肝、肾、肺、脑膜等器官引起多种症状。临床上常见的是发高烧、头痛、全身酸痛、腓肠肌（小腿）疼痛、眼结膜充血和淋巴结肿大等。

安全训练

（一）洪水到来之前的准备

1. 大学生个人所作的准备

（1）根据当地电视、广播等媒体提供的洪水信息，结合自己所处的位置和条件，冷静地选择最佳路线撤离，避免出现"人未走水先到"的被动局面。

（2）认清路标，明确撤离的路线和目的地，避免因为惊慌而走错路。

（3）自保措施：备足食品，准备足够的饮用水和日用品。搜集木盆、木材、大件泡沫塑料等适合漂浮的材料，加工成救生装置以备急需。将不便携带的贵重物品作防水捆扎后埋入地下或放到高处，票款、首饰等小件贵重物品可缝在衣服内随身携带。保存好尚能使用的通讯设备。

2. 学校所应作的准备

（1）防洪安全教育：利用广播、集会、班会和专题讲座等形式对师生进行防洪方面的安全教育。

（2）防洪安全工作：① 健全学校防洪工作机构，校防洪办公室设在学校办公室；② 校防洪办公室随时通过电视、广播和网络等媒介了解天气变化，并根据气候情况及时通知全校师生，并根据情况及时启动防洪应急预案;③备好抗洪救灾物资(如各种工具、沙土等);④及时将学校抗洪救灾情况报告教育局防洪救灾抢险领导小组。

(3)防洪工作措施:①发生洪涝灾害时,值班人员应迅速通知防洪领导小组,防洪领导小组及防洪抢险队成员应迅速到位,各司其职,有组织、有秩序地将教学楼各楼层学生疏散到较高的楼层或较高的地段;②防洪领导小组及防洪抢险队成员在投入防洪抢险中,在保证师生安全的前提下,尽最大限度地保护国家财产,将贵重物资设备转移到安全地带;③各分口负责人、教师共同管理好学生,严禁学生到处乱跑、乱窜,确保学生安全;④校医及时到位并通知卫生防疫部门到校做好救护和防疫工作。

(二)洪水过后的安全防范措施

1. 肠道传染病的预防

(1)要做好饮用水源保护,搞好饮水卫生。饮水卫生是灾后预防控制肠道传染病的关键措施,做好水源保护,防止水源污染。要推行用漂白粉或漂白粉精片对饮水进行消毒,确保受灾群众喝上合格的饮用水。

(2)病人及带菌者隔离治疗与预防性服药。对厕所和病人呕吐物、地面、衣物等进行严格消毒。

(3)注意饮食卫生。做到不吃腐败变质的食品,不吃淹死的家禽家畜,不吃霉烂变质的粮食,不使用污水洗瓜果、碗筷,不生吃海产品,不喝生水;生熟食品要分开,食物要煮熟煮透。

(4)洪水退后,住房必须进行彻底的室内外环境清理,及时清除处理垃圾、人畜粪便,开展内外环境消毒和卫生处理工作,做到洪水退到哪里,环境清理就搞到哪里,消、杀、灭工作就跟到哪里。

(5)要养成良好的卫生习惯。做到饭前便后要洗手,把住"病从口入"关。

2. 钩端螺旋体病的预防

加强对猪的管理,加强灭鼠;出现发热、全身酸痛、结膜充血等症状时及时就医。

3. 疟疾的预防

蚊媒防治主要包括各种防蚊灭蚊措施,如使用纱窗、纱网、蚊帐和各种防蚊灭蚊药物等;治理环境,清除室内外积水,消灭蚊虫滋生地;积极治疗病人。现症病人要及时发现,及时根治。治疗疟疾不仅能够解除患者的疾苦，同时也是为了控制传染源，防止传播。

4. 洪水过后饮用水如何消毒

洪涝灾害期间，水源容易受到细菌、病毒、寄生虫卵和幼虫的污染。喝这样的水，用这样的水洗食品、餐具或刷牙、漱口，便容易引起疾病的传播。因此，注意饮水的消毒是非常重要的。饮水的消毒方法很多，简便实用的是煮沸消毒和氯化消毒法。

5. 洪水过后如何灭蝇

大雨过后，苍蝇滋生地因水淹，蝇幼虫大多死亡。但由于水的冲刷使生活垃圾及有机物漂流到各种死角和缝隙处，容易形成面广、量大的新滋生源地，因此雨后灭蝇应从以下方面入手：

（1）清除过水后的垃圾死角，彻底消除苍蝇滋生地；

（2）旱厕及时清挖，生活垃圾要注意装袋封存，日产日清，防止散落；

（3）存放的干草、树叶等有机垃圾过水后发酵即可成为苍蝇滋生源，也要及时清除或采取沤肥处理；

（4）成蝇可采取菊酯类药物（如赛克宁稀释50~80倍）喷洒或蝇拍捕杀的办法进行杀灭。

6. 洪水过后如何灭蚊

蚊虫滋生于水中，大雨过后由于雨水的冲刷作用，原滋生地的蚊幼虫被水冲走，短时间内蚊虫的密度可能不升反而出现下降。但由于雨后空气湿度增高，更适合成蚊叮刺吸血繁殖后代，成蚊吸血频率增高。雨后各种积水增加，蚊虫滋生地增多，在雨后10天左右蚊虫密度将会形成一个高峰期，主要表现在人被叮的次数增加，同时感染各种蚊媒传染病［如流行性乙型脑炎（俗称大脑炎）、登革热等］的机会增加。因此，大雨过后灭蚊的关键是清除各种积水，疏通沟渠，主要是房前屋后、院落内的盆罐积水要清除，特别是饮料瓶、矿泉水瓶中的水。再生资源收集点是重点单位，可采取菊酯类药物（如赛克宁稀释50~80倍）喷洒的办法防止蚊幼虫滋生。沟渠积水要及时疏通，对于观赏池内的积水，可及时补充放养鱼类，采取生物防治的办法控制雨后蚊幼虫的滋生。

参 考 文 献

[1] 庄雷,任婉玲.大学生安全教育[M].北京:科学出版社,2009.
[2] 李晋东.大学生安全教育读本[M].西安:陕西师范大学出版社,2009.
[3] 桑希臣.大学生安全教育读本[M].长春:吉林大学出版社,2009.
[4] 中华人民共和国交通运输部.中华人民共和国交通法规汇编:2008[C].北京:人民交通出版社,2009.
[5] 顾雷,中国大学维权调查[M].北京:经济日报出版社,2004.
[6] 王玲.大学生常见心理问题及疏导[M].广州:暨南大学出版社,2005.
[7] 李洪渠,李友玉.安全警示录:大学生安全教育读本[M].武汉:武汉大学出版社,2007.
[8] 宋专茂,丁霞.大学生心理健康测量与导向[M].广州:暨南大学出版社,2005.
[9] 黄希庭,郑涌.大学生心理健康与咨询[M].北京:高等教育出版社,2006.
[10] 冯国斌,刘玉玲.大学生心理咨询[M].北京:中国社会出版社,1998.
[11] 邱鸿钟.大学生心理健康教育[M].广州:广东高等教育出版社,2004.
[12] 樊富珉.大学生心理咨询案例集[M].北京:清华大学出版社,1994.
[13] 余琳.大学生心理健康[M].武汉:武汉大学出版社,2004.
[14] 梅传强.大学生心理健康教育[M].北京:中国法制出版社,2001.
[15] 中国就业培训指导中心,中国心理卫生协会.国家职业资格培训教程:心理咨询师[M].北京:民族出版社,2005.
[16] 宋志伟,燕国瑞.大学生安全教育[M].北京:清华大学出版社,2007.
[17] 吴志功,李雪莲,杨文茹.大学生危机自救手册[M].北京:高等教育出版社,2006.
[18] 漆小萍.大学生危机事件管理[M].广州:中山大学出版社,2009.
[19] 杨振斌,冯刚.高等学校辅导员培训教程[M].北京:高等教育出版社,2006.